全国高职高专教育精品规划教材

就业设计与指导

杜志敏 编 著

北京交通大学出版社

·北京·

内 容 简 介

本书是按照高职高专大学生的培养目标，为有效地策划合理就业而编著的，其特点是通俗易懂，可操作性强。

本书共有9章，系统阐述了就业本质、高职就业的特殊性、就业过程、职业生涯设计及创新理念与方法。分析了影响就业的内在因素——大学生心理、行为、能力，以及外在因素——就业行为环境。重点设计了求职、面试、仿真训练、就业准备、现场工作等阶段的可操作性的方法和技巧。

本书可作为高职高专就业必修课教材，也可以作为各种专业大学生、学生家长、就业指导人员及企业人力资源管理人员的参考书。

版权所有，侵权必究。

图书在版编目（CIP）数据

就业设计与指导/杜志敏编著 . —北京：北京交通大学出版社，2011.2
（全国高职高专教育精品规划教材）
ISBN 978 - 7 - 5121 - 0519 - 5

Ⅰ. ① 就…　Ⅱ. ① 杜…　Ⅲ. ① 职业选择 - 高等学校：技术学校 - 教材
Ⅳ. ① G717.38

中国版本图书馆 CIP 数据核字（2011）第 026220 号

责任编辑：薛飞丽
出版发行：北京交通大学出版社　　　　　电话：010 - 51686414
　　　　　北京市海淀区高粱桥斜街 44 号　邮编：100044
印 刷 者：北京泽宇印刷有限公司
经　　销：全国新华书店
开　　本：185×260　　印张：16.5　　字数：400 千字
版　　次：2011 年 2 月第 1 版　　2011 年 2 月第 1 次印刷
书　　号：ISBN 978 - 7 - 5121 - 0519 - 5/G · 144
印　　数：1～3 000 册　　定价：28.00 元

本书如有质量问题，请向北京交通大学出版社质监组反映。对您的意见和批评，我们表示欢迎和感谢。

全国高职高专教育精品
规划教材丛书编委会

出 版 说 明

　　高职高专教育是我国高等教育的重要组成部分，其根本任务是培养生产、建设、管理和服务第一线需要的德、智、体、美全面发展的应用型专门人才，所培养的学生在掌握必要的基础理论和专业知识的基础上，应重点掌握从事本专业领域实际工作的基础知识和职业技能，因此与其对应的教材也必须有自己的体系和特点。

　　为了适应我国高职高专教育发展及其对教育改革和教材建设的需要，在教育部的指导下，我们在全国范围内组织并成立了"全国高职高专教育精品规划教材研究与编审委员会"（以下简称"教材研究与编审委员会"）。"教材研究与编审委员会"的成员所在单位皆为教学改革成效较大、办学实力强、办学特色鲜明的高等专科学校、成人高等学校、高等职业学校及高等院校主办的二级职业技术学院，其中一些学校是国家重点建设的示范性职业技术学院。

　　为了保证精品规划教材的出版质量，"教材研究与编审委员会"在全国范围内选聘"全国高职高专教育精品规划教材编审委员会"（以下简称"教材编审委员会"）成员和征集教材，并要求"教材编审委员会"成员和规划教材的编著者必须是从事高职高专教学第一线的优秀教师和专家。此外，"教材编审委员会"还组织各专业的专家、教授对所征集的教材进行评选，对所列选教材进行审定。

　　此次精品规划教材按照教育部制定的"高职高专教育基础课程教学基本要求"而编写。此次规划教材按照突出应用性、针对性和实践性的原则编写，并重组系列课程教材结构，力求反映高职高专课程和教学内容体系改革方向；反映当前教学的新内容，突出基础理论知识的应用和实践技能的培养；在兼顾理论和实践内容的同时，避免"全"而"深"的面面俱到，基础理论以应用为目的，以必需、够用为尺度；尽量体现新知识和新方法，以利于学生综合素质的形成和科学思维方式与创新能力的培养。

　　此外，为了使规划教材更具广泛性、科学性、先进性和代表性，我们真心希望全国从事高职高专教育的院校能够积极参与到"教材研究与编审委员会"中来，推荐有特色的、有创新的教材。同时，希望将教学实践的意见和建议及时反馈给我们，以便对出版的教材不断修订、完善，不断提高教材质量，完善教材体系，为社会奉献更多更新的与高职高专教育配套的高质量教材。

　　此次所有精品规划教材由全国重点大学出版社——北京交通大学出版社出版，适合于各类高等专科学校、成人高等学校、高等职业学校及高等院校主办的二级技术学院使用。

全国高职高专教育精品规划教材研究与编审委员会

2011 年 1 月

总　　序

　　历史的车轮已经跨入了公元 2011 年，我国高等教育的规模已经是世界之最，2009 年毛入学率达到 24.2%，属于高等教育大众化教育的阶段。根据教育部 2006 年第 16 号《关于全面提高高等职业教育教学质量的若干意见》等文件精神，高职高专院校要积极构建与生产劳动和社会实践相结合的学习模式，把工学结合作为高等职业教育人才培养模式改革的重要切入点，带动专业调整与建设，引导课程设置、教学内容和教学方法改革。由此，高职高专教学改革进入了一个崭新阶段。

　　新设高职类型的院校是一种新型的专科教育模式，高职高专院校培养的人才应当是应用型、操作型人才，是高级蓝领。新型的教育模式需要我们改变原有的教育模式和教育方法，改变没有相应的专用教材和相应的新型师资力量的现状。

　　为了使高职院校的办学有特色，毕业生有专长，需要建立"以就业为导向"的新型人才培养模式。为了达到这样的目标，我们提出"以就业为导向，要从教材差异化开始"的改革思路，打破高职高专院校使用教材的统一性，根据各高职高专院校专业和生源的差异性，因材施教。从高职高专教学最基本的基础课程，到各个专业的专业课程，着重编写出实用、适用高职高专不同类型人才培养的教材，同时根据院校所在地经济条件的不同和学生兴趣的差异，编写出形式活泼、授课方式灵活、引领社会需求的教材。

　　培养的差异性是高等教育进入大众化教育阶段的客观规律，也是高等教育发展与社会发展相适应的必然结果。也只有使在校学生接受差异性的教育，才能充分调动学生浓厚的学习兴趣，才能保证不同层次的学生掌握不同的技能专长，避免毕业生被用人单位打上"批量产品"的标签。只有高等学校的培养有差异性，其毕业生才能有特色，才会在就业市场具有竞争力，从而使高职高专的就业率大幅度提高。

　　北京交通大学出版社出版的这套高职高专教材，是在教育部"十一五规划教材"所倡导的"创新独特"四字方针下产生的。教材本身融入了很多较新的理念，出现了一批独具匠心的教材，其中，扬州环境资源职业技术学院的李德才教授所编写的《分层数学》，教材立意很新，独具一格，提出以生源的质量决定教授数学课程的层次和级别。还有无锡南洋职业技术学院的杨鑫教授编写的一套《经营学概论》系列教材，将管理学、经济学等不同学科知识融为一体，具有很强的实用性。

　　此套系列教材是由长期工作在第一线、具有丰富教学经验的老师编写的，具有很好的指导作用，达到了我们所提倡的"以就业为导向培养高职高专学生"和因材施教的目标要求。

教育部全国高等学校学生信息咨询与就业指导中心择业指导处处长

中国高等教育学会毕业生就业指导分会秘书长

曹　殊　研究员

序

　　大学生就业是我国全社会关注的重大问题之一，高职教育的就业问题更具有其特殊性。特殊性之一在于，中国的高等职业教育在高等教育中已占半壁江山，却受传统的思维习惯影响。追崇高学历，跟风般地攀登金字塔的塔尖，忽视职业教育，使职业教育处于一种弱势状态。特殊性之二在于，职业教育和市场脉动紧密相关，要求工作岗位技能突出，传统的教育理念、方法还不能在职业教育上满足社会需求，使用人单位对高校毕业生设了一道"两年工作经验"的门槛。因此，高职教育不仅使毕业生就业难度更大，而且也使用人单位缺少适用的职业人才。

　　与世界相比，中国的就业问题更为复杂。一边是人口最多的国家，一边是企业出现"用工荒"。一边是社会客观需求的就业结构，一边是个人主观愿望的求职选择。一边是行业发展速度产业升级需要熟练有经验的操作性人才，一边是人才进级滞后，高素质、强能力匮乏的一般性知识水平的群体。一边是个别专业一届接着一届就业难，一边是依旧重复昨天的故事"复制性培养"。一边是学校的育人择优是以择分数之优作为评价标准，一边是企业的用人之优是以择能力之优作为判断标准等等。与西欧国家适龄青年高校入学率高达35%以上，也没有出现显著的就业难状况相比，不能不说目前的高校就业难是具有中国特色的新现象。很明显的特征是，个人素质达不到用人单位要求，却好高骛远不愿意选择基础性岗位，以至于学校培养的人才与市场需求像两股道上跑的车，产生了"结构性错位"，导致出现高校毕业生就业断层现象，随之带来辛辛苦苦培养的大学生不能摆脱寄生性生活，家长却依然继续被"透支"的社会问题。这些足以说明，教育界的劳动成果具有两种命运，即既可能成为庞大的人力资源，也可能成为社会沉重的包袱。因此说，深入、细致、创新地研究就业问题是教育者十分迫切的使命般任务。

　　就业难首先反映的是就业理念转变难，本科扩招本来是为了提高国民整体教育水平，却误导了很多家长及学生停留在"计划分配"的想象中，以文凭提高设想选择工作时可以随心所欲地找到自己满意的工作岗位和角色。当教育界本科、高职、中职呈"倒三角形"时，高文凭的再多，也不能强制社会客观现实需要的高中低"正三角形"的人才需求状态加以改变。殊不知市场调节下的就业应该一种双向选择，是一种特殊条件下的"能力—价值"的交换过程。高文凭如果不能反映自己的综合能力整体提高时，个人的"能力短板"将成为决定用人单位如何选择使用你的依据。当你的愿望不足以获得人人追求的白领的位置时，做基层的高级技工和管理者也是应该的选择。当你的技能连高级技工工作都难以胜任时，文凭就是一张纸的作用。

　　解决就业难不是仅仅停留在如何提高就业教育阶段，就业是一个过程，不是就业前强化

I

认识的"片段"。犹如工厂的产品质量是制造出来的，不是检验出来的一样。教育者的"产品"是整个教育过程设计和逐步塑造出来的。因此，就业不仅仅是就业前教育问题，而应该尝试将其作为一门正规的就业规划与设计的课程，引导学生提前结合专业特点和自我的个性特征，设计出自己的职业生涯发展的规划。

就业过程受自己的个性特征（心理、行为、能力）的影响，也受个人所处的环境影响。帮助大学生认识自己个性的同时能清醒辨别什么是环境机会，什么是环境干扰，也是十分重要的问题。很多大学生就业后流失率居高不下，有个人问题，也有着环境干扰的消极作用。

在就业认识问题解决的情况下，大学生依然会产生不该产生的失误，说明了在正常认识就业应聘、面试环节、细节、技巧之后，还存在着一个熟练掌握、灵活应用的问题。这就要求就业指导应该有一个能变成学生行为及时展示的过程，这就是就业方面的各种实用性的训练。

本书作者能提出一个就业前准备过程，体现出与众不同的特点。就业前准备应该是在校企合作有组织的顶岗实习中加以完成，使学生能经受多种课堂上没有的能力磨炼，能及时调整心理，防止情绪化行为发生，能提供机会使公司提前认知大学生的工作水平而不盲目设定工作经验的门槛，也可以避免目前流行的提前就业同时又必须完成毕业环节的课题论文，让大学生"同时追逐两个兔子"的尴尬状态。作者能够提出这一阶段的可操作性的内容，与其坚持三年带高职生深入一线坚持校企合作顶岗实习指导的经验是分不开的。本书大量选取了直接来自高职生就业过程发生的案例，采取了新颖的引导大学生自我思考的方法，可以实现教师正常做就业规划指导时的补充作用，很值得同行们参考、研究。

教育与社会需求"失衡"是不得不承认的现实，只有面对现实不断地创新，寻找可行有效的方法而别无其他选择。我们都有责任为社会分忧，为高职教育的发展做出贡献。

全国职业教育教学改革创新指导委员会委员 、博士 、教授　杨克

2011 年 1 月 19 日于北京

前　言

　　"就业难"作为全球性问题，世界都为之苦恼。我国高校毕业生数量每年以两位数增长率增长的就业群体，更是让一切相关者忧心忡忡。从国家高层领导到负责就业的普通工作者，上上下下都在思考忙碌；从拥挤不堪的大学生招聘会到权威部门制定相关就业政策，方方面面都在寻找出路。

　　然而，任何抱怨都无济于事，任何设想也近乎于空谈，只有寻找大学生"就业难"的根源，才是明智之举，只有研究出可操作性的方法和手段，才是合理选择。

　　我国大学生"就业难"也已经多年存在并逐渐沉积，并且我国大学生"就业难"具有两种特性：一是在用人单位感叹"人才难觅"状态下发生的"就业难"；二是在就业后"流失率"居高不下的"就业难"。这些特征很值得人们深思。前者是用人单位面对蜂拥而至的大学生就业大军，却一直忧虑综合素质不符合其需求，不得不设定一道"两年实践工作经验"的选择门槛。后者是就业者对就业后状况不符合主观上的期望，形成不断跳槽的高流失状态，这不能不引起高校教育者的深刻反思。

　　大学生多是先围绕个人需要和目的为思考中心，分析就业形势，判断就业机会，选择就业岗位，从事就业工作，豪情万丈转眼不满失望，信誓旦旦转眼不辞而别，常抱怨"社会和用人单位为什么不满足我们"？很少想"我是否能让用人单位满意"，"我能为社会和公司创造多少效益"，这些不能不唤起大学生的扪心自问。

　　该责怪教育者吗？各院校的就业部门在全力以赴地工作，热情开展就业教育活动，开设就业指导培训，组织就业洽谈会，与企业携手搭建就业平台等等，却依然没有改变大学生好高骛远、急功近利、眼高手低的普遍心态。专职负责就业的教育者其辛勤努力又如何变成了"正确的废话"？

　　该责怪大学生吗？如果把就业难的责任归咎于大学生，显然无法让大学生们接受，因为他们是就业过程的主体，主体岂有不关心个人切身利益之理？多少学子是抱着远大理想，不惜借债而进入课堂；多少学生刻苦读书，成绩优秀而同样陷入就业迷茫；认真设计的求职文件转眼进入垃圾桶；极力考取各种职业证书依然得不到社会对技能方面的认可，甚至开始降低收入底线。大学生的辛勤努力又如何变成"无效的劳动"？

　　该责怪用人单位吗？将大学生拒之门外不是用人单位的初衷，毕业若能马上胜任工作岗位需要，对任何公司来说都会举双手欢迎。将"大学生先送入最基层磨炼"、"提供低档次的薪金待遇"、设置"两年工作经验"时间门槛，是公司对学校教育出的学生欠缺社会所需的意志、心态、诚信、技能等方面的必备条件，不愿意无偿先承担继续培训成本所做的无奈且无情的抉择。

作者作为教师队伍中的普通一员，工作之余一直冥思苦想这些问题，并且在教学实践和就业理论两方面进行了多年的探索。发现大学生很多时候是在认识误区中挣扎，在缺乏理性选择中碰壁。教育界多停留在"说教式"认识引导阶段，至今并没有很好地帮助学生解决诸如"自己适合做什么"、"准备做什么"、"能做好什么"、"怎样才能满足用人单位的需求"、"怎样才能实现自身价值"等行为选择问题，更缺乏就业如何以自我个性为主的可操作性技巧的研究。因此，需要系统性、前瞻性地教育学生了解和掌握就业市场的变化规律，了解自身个性特征与相适应的职业工作，增加抵制环境中消极干扰的鉴别力，理解并掌握提高就业能力的途径和手段，学会在就业前和工作中就业行为自主策划的方法，充分发挥就业主观能动性的作用，成功实现合理的就业。

通过亲身组织校企合作现场定岗实习的三年实践，作者发现就业前的有组织的训练和现场真实工作实习磨炼，对高职大学生有效地就业有显著的帮助。为此，决定编著一本适合于高职大学生作为一种必修课程形式所用的就业指导教材。

本书是在汲取相关理论的基础上，通过大量的就业实践调研后编著而成，认真听取了一些用人单位、毕业学生的建议，以发挥大学生自主安排就业行为的策划为主线，本书为解决当前大学生就业难的问题提供了新的思路和解决方法，为提高在校大学生择业、就业技能，提前了解未来工作中的操作细节及自我培训提供了较合理的手段。

本书的特点是通俗易懂，可操作性强，适合大学生、学生家长、就业指导人员及企业人力资源管理人员使用。

在本书编写过程中，吉林北华大学肖艳博士和北京化工大学杨瑞丰教授提供了无私的帮助，并提出了宝贵的意见。教育部全国职业教育教学改革创新指导委员会杨克博士为本书写序，作者在此深表感谢。

由于就业指导作为正规课程在我国还是属于创新探索阶段，且编者水平有限，加之时间仓促，书中难免有不当之处，敬请读者多提宝贵意见，本人不胜感激。

编　者
2010 年 12 月

目　　录

第一章 就业概论

【学习目标】

1. 准确理解就业、市场调节就业、可就业性等的含义，了解大学生就业的现象，掌握大学生就业的概念。
2. 理解就业本质的含义，研究和解析就业本质，掌握研究就业本质的重要意义。
3. 了解高职教育的概念、特殊性，理解如何强化高职教育的能力。

第一节 就业概述

一、就业诠释

（一）就业内涵

1. 就业定义

正确理解就业含义对大学生而言十分重要，目前在很多大学生心目中，对就业的认识处于一种简单而又模糊的认识阶段。

从字义上理解：就——从事、开始进入。业——事业、事情、所能做的工作等。

《现代汉语词典》中对就业的含义解释：就业是"得到职业、参加工作、从事劳动"。显然，这是从表象上对就业的阐述。

目前比较权威的定义是：就业是具有劳动权利、活动能力和就业愿望的，法定劳动年龄内的公民，从事法律允许的工作，获得相应的劳动报酬或经营收入的过程。其中最后一项是就业的主要标志——获得劳动收入。

就业定义中隐藏着三种内涵：就业人员、法律条件和劳动报酬。

☞ **分析衔接**

从原则上讲，只要世界上有劳动机会，就有就业机会。大学生作为经历过高等教育培养

的人，更不应该出现"就业难"的问题。社会不缺少以能"开资"作为就业标准的职业，只要这个职业合法，只要自己有劳动能力，办完相关手续就可以上岗。

但是，我国大学生存在着严重的"就业难"是不争的事实。由此看来，就业问题不是研究有没有劳动机会的问题，而是在有劳动机会前提下，对为什么依然存在"就业难"这一特殊现象进行研究，这对当今急于就业的大学生尤为重要。

2. 市场调节就业

目前的大学生就业是一种客观上计划经济向市场经济转型过渡期中，不成熟的市场化就业模式，按照国家相关部门的定义即是指市场调节就业。

市场调节就业是通过培育和发展劳动力市场，以市场机制为配置劳动力资源的基础性调节手段，实现用人单位和劳动者的双向选择。

市场调节就业有利于劳动力在竞争中实现最优化配置，有利于劳动者不断提高其自身素质，有利于劳动力资源从总体上得到充分利用和开发。坚持市场调节就业的基本方向，也是社会主义市场经济体制的内在需求。市场调节就业的目标主要是实现用人单位自主用人，劳动者自主就业，促进劳动者和用人单位相互选择，实现劳动力合理流动。

☞ 分析衔接

市场调节就业是为克服计划经济时代"统招统分"的弊端而提出的，但是任何美好的设想和运行机制都需要由系统的可操作性"细节"所构成。目前市场调节模式在育人和用人双方面没有实现衔接，就业部门停留在道理上讲解，缺乏可操作性方法的培训，作为就业主体一方的大学生在就业理念上处于失去"计划性"且不懂"市场性"的"动荡期"，作为就业主体另一方的招聘单位处于"守株待兔"习惯性且缺乏"衔接教育"的主动性的"观望期"，因此，社会出现了"就业难"和"招人难"双重困难。

3. "就业分配"与"推荐就业"

就业分配是计划经济时期用人"统招统分"的产物，由国家各级人事部门根据用人计划，将大学生分配到用人单位的一种体制。计划分配的特点是大学期间就知道去向、工作情况，毕业就有工作而且都是铁饭碗。不是量才使用，不考虑个人欲望，不服从将失去工作而且没有再选择的机会。

推荐就业是市场调节就业，由相关部门采取一定形式，使用人单位与求职主体（即大学生）见面相互选择。就业前不知道去向，工作没有铁饭碗，但可以量才使用，个人的欲望能够有条件地满足。

就业分配与推荐就业各有优势，就业分配就像家长指定婚姻，推荐就业相当于介绍对象。采取什么模式的用人机制，取决于经济发展状况、国家政治环境以及用人单位的权限等多方面因素。

☞ 分析衔接

很多家长带子女进入高职学院后依然抱着过去的就业理念，询问"分配不"，很多大学生误以为"推荐就业"就是单方面的根据自我需求就业。这两种表现都进入了就业认识误区，留恋计划分配的工作保险安逸、不担心有求职麻烦，是仅仅看到就业分配的一点好处。"推荐就业"个人有自主权，误认为可以为所欲为。传统观念中终身从事一项稳定的职业，直到退休，已不适应市场经济发展的要求。推荐就业的原则是双方互相选择，先考虑满足对方才是合作的前提。计划分配很多时候将大学精英们分到偏远的艰苦的地方，从来没有什么先满足个人之说。而目前的这种期望将计划分配就业和推荐就业的各自好处进行嫁接，成为既有上学就知道工作稳定去向，又能按照个人需求进行选择，是一种幼稚的幻想。

4. "可就业性"新概念

"可就业性"是指社会对个人的可选择性和个人对社会的可贡献性。它反映出知识经济时代职业流动和就业个性化的新趋势。

在市场经济中，存在着劳动者随时有"下岗"另谋职业或改变工作岗位的可能，当我们面临这种全新劳动机制时，必须去适应它，把握自己的命运。即提高个人的"可就业性"，随时能选择和被选择继续工作。"可就业性"意味着人人都要掌握两项或两项以上的专业和技能，其保证来源于个人知识的重组、才能的重构和价值的重塑。"可就业性"决定了个人在未来社会生活中的适应性和生存性，显示出来的是一个人的社会生命力。

"可就业性"强弱体现为有些人刻意追求"铁饭碗"的保险和对于"下岗"无所畏惧，"企业炒我的鱿鱼，我也可以炒企业的鱿鱼"。面临"就业难"的大学生更要提高自身的知识水平和技能素质，使自己具有"可就业性"。

一些企业流行向"双轨雇佣制"方向发展，其核心轨道是全日制的正式雇员队伍，辅助轨道是机动灵活的临时散工队伍。临时散工队伍不局限于简单劳动者，甚至重要角色也会雇用散工来完成。因此，"可就业性"也体现为一个人有一个主体工作角色，同时，又有一个甚至几个兼职工作角色。

📖 案例采撷

一个个体商人投入资金开设了牙科医院，招聘一些退休牙科医生、护士，在运用市场营销手段之后，因患者口碑宣传使得生意兴隆。在此基础上，为了进一步提高医院的声誉和业务，该商人采取了"双轨雇佣制"，开设周日专家预约门诊，高薪聘用在职专家周日就诊，深受患者的欢迎，也使医院效益大增。聘请形象好的社会青年周日在门前迎宾，使患者心情舒畅地自愿接受高费用的治疗。

分析：

1. 此案例说明散工可以是在岗专家，也可以是一般劳动者。无论什么人，能兼职并受欢迎就是"可就业性"强。

2. 可就业性强的人能创造更多的社会效益，本人也增加了额外收入。

3. 一个单位的重要角色可以由正式员工，也可以由非正式员工来担任。

---

5. 就业多元化概念

多元化是指事物的多种多样，不局限于唯一。就业多元化是指就业过程中能够实现相似的就业目标但又在就业方式上有所不同的就业大学生的组合。过去的国家分配属于一元化就业，如今"双向选择"、"自谋职业"、"自主创业"等都是能够实现生存发展目标，但又方式不同的多元化的就业道路，多元化就业将成为今后就业趋向。

就业多元化是我国社会经济发展的必然趋势，因为我们国家的改革开放政策的成果是人所共知的，其所有制从单一的公有、集体所有，发展成多元的国有单位、城镇集体单位、股份合作单位、有限责任公司、股份有限公司、民营企业、外资公司和个体工商户等。就业本身就是在工作单位通过劳动的付出换取合理的报酬，工作单位的多元化使就业也自然而然呈现多元化。

（二）就业现象

1. 就业矛盾现象

目前就业主体存在着矛盾现象。主体的含义是指事物的主要部分。按照哲学上理解，与"客体"相对。就业过程中，就业客体是指与主体相对应而存在的客观事物，包括就业环境和工作岗位等，就业主体就是大学生和用人单位。

权威部门研究显示，我国的就业难体现在两个方面：一方面大学生难以找到理想的工作，另一方面用人单位叹息缺少可用人才。这种矛盾性的现实说明，在就业文字理解的背后，有着更隐含的内容。

☞ **分析衔接**

就业行为是应该提前设计的行为，由于经常自我放弃推迟到毕业后考虑，而越临近毕业，头脑越感到迷茫，甚至感到不知所措。于是在就业行为上，常常表现出自我矛盾。理性上能讲出高深道理，热情高涨时能信誓旦旦，一接触真实社会，理性认识就被情感、情绪所左右，信誓因各种借口而被放弃。在对高职毕业生近两年跟踪调查时发现，许多行为结果连大学生自身也无法自圆其说。

"天将降大任于斯人也，必先苦其心志"曾作为演讲时所引用的词句，"不要为退却寻找借口"也是被认可的训练词。然而一个女生在第一个月收入达 1 700 元、免费供吃住的情况下，依然选择放弃，理由竟是员工中本校的只有她一个，太孤单了，并希望老师能理解她的理由，"假如再有一个同学为伴，也不会选择放弃"。

深知"创业要四海为家"、"创业要做好吃苦准备"的道理，离校时信誓旦旦，三个月后近三分之一的学生选择了放弃。其理由是"想家"、"挣的钱不够花"、"工作没意思"、"太累了"等等。当他们轻率地回到家长的身边，如今的家长又多以理解的心态接受事实，毕竟他们还是孩子呀。可是，在家长面前，他们永远都是孩子，难道要永远理解这种行为吗？

懂得"市场不相信眼泪，竞争只淘汰弱者"的道理，就业几天后流泪向老师电话诉苦"为什么社会和学校不一样啊，太复杂了"。细细询问，理由仅仅是与老员工发生了一点人际之间的小矛盾而已。

懂得"收入永远是所创造价值的一部分"的道理，内心却期望既无风险又有保障的高收入。这种就业行为目前非常有代表性，招聘单位普遍反感这种心态，并在行动上已多采用经过时间、基层磨炼然后再使用的做法。

目前就业的大学生中，许多行为都是自相矛盾，甚至脱离现实讲自己的道理，随意离开，重新择业，又发现新选择的也不如意甚至还不如原来，于是一再摸索选择。

在国外，高级知识分子当蓝领司空见惯，而具有中国就业观的特色的大学生宁可无端地徘徊在人才市场，游荡于"就业边缘状态"，也不会选择自己不满意的职业和岗位。用人单位固守传统用人习惯，面临着"招人难"的问题，大学生能力不适合需要，也不主动参与教育，宁可消极等待。

2. 就业主体愿望的制约现象

所谓的愿望，是指人心中期望实现的想法，就业主体愿望对就业者来说是对某一特定就业目标的欲望、向往或强烈倾向，是希望就业后能达到某种目的的认识。对招聘者来说，是对应聘者能最大限度地满足己方各种需求的一种期待。

在就业内涵中涉及权利、能力、愿望、法定年龄、合法性、报酬等诸多因素，其中就业愿望是一项对就业行为制约性最大的变量。就业作为一个活动过程，其主体就业人员和招聘单位人员都是具有高度发达的大脑，具有抽象思维、语言表达、自我认知以及解决问题的能力的高级智慧动物。正是如此，双方有了根据自己生理需要和心理需要所产生的愿望，并以这些愿望来决定、制约自己的行为。

☞ **分析衔接**

高级管理者和环卫清洁工人本质上都具备就业的三种内涵，社会中两种职业都有可观的就业群体，政治上地位相等。如果大学生只对高级管理者有接受愿望，个人能力无法满足另一个主体（用人单位）的愿望，相当于在就业过程中缺乏一个必要条件，因而无法实现就业。

固守着"守株待兔"习惯的众多用人单位的"招聘难"现状，主要也是自己的主观愿望制约着自己的行为所导致，即违背校园大学生无法获得工作经验的现实，非要一相情愿规定"两年工作经历"，异想天开地想把大学生招来即用。生活中的就业难很大程度是就业主体主观愿望的干扰所致。

3. 各自解释就业的现象

学校以有用人单位接收函、签署协议作为毕业的标志，并以此统计就业率。用人单位以能胜任工作岗位要求为标准，设定"两年实践经验"门槛。大学生以自我需要满足作为就业标准，宁可徘徊、跳槽，也要追求主观上的意愿。

于是学校的就业与用人单位的就业之间，形成一个空间地带，大学生在这个地带中，需要一定时间的摸索，处于一方认定的就业状态和另一方没接收的待业状态之中。

(三) 就业概念认同的奇异性

1. 不愿承认的就业

一般情况下，大学生就业主观愿望本身并不是错误，主观愿望对错的分水岭在于是否符合社会需要，是否有利于人生事业发展。

假如说，学市场营销专业的学生可以自己经营农产品就业；学电子技术专业的学生可以自己开设电器维修柜台就业；学农业技术的学生可以"回乡发展农业"等。这样的就业如果度过艰难的初始阶段，成功的案例有很多。但是这样的就业不仅会招来众多大学生和家长的"不认同"，就是学校本身也不敢将这样的事例作为就业率工作成果，更不敢把本校有多少大学生毕业回家"种植"、有多少大学生到一线做基层工作作为典型来宣传，因为这样做的直接后果是影响再招生。况且大学生是接受过"高等教育"的人才，在道理上本来应该从事复杂的高附加值的工作。于是乎，开设市场营销专业的必言"培养的是职业经理人"，学电子技术专业的极力推向大型企业，而农业似乎被认定为农民的职业。

2. 不觉委屈的就业

许多金融相关专业大学生进入银行，从事"窗口"服务工作，这是以前的技校生都可以从事的操作性工作，此时的大学生却心安理得，全然没有一点大材小用之感。

许多林业相关专业大学生纷纷拒绝去山区、郊外，靠家长的关系网进了市内公园，因为没有岗位被安排到公园入口处"卖门票"，全然没有"专业不对口"的惋惜之情，工作心情也没有丝毫"被歧视"的感觉。

许多家长花费金钱帮助子女安排"理想工作"，相当于工作前几年收入已经提前支付出去，没有报酬而言。这种做法使大学生仿佛可以松一口气不再担心自己的就业问题。

由此看来，很多大学生就业不是以简单的"得到劳动机会、获取工作报酬"为依据，而是以自己主观意愿为前提，而主观意愿并不首选"专业技能对口工作"。

二、大学生就业概念的准确理解

(一) 大学生就业的一般性

(1) 都是在法定劳动年龄内，从事合法劳动，通过付出取得相应报酬。

农民养猪和大学生养猪原则上都是就业，大学生养猪成就事业获取显著的经济效益的情况屡见不鲜。大学生初次进入社会工作岗位，有专业知识，但也与没文化的农民工一样，对工作环境、工作技巧都是近乎一无所知，满足生存是第一需要。

（2）都要经历艰苦、挫折失败的过程。

在就业实践运作过程中，无论发达国家的养殖场还是中国个体养殖户，无论是低文化的劳动者还是大学生，嫌脏怕累都一样会失败，决策失误都要付出代价，绝不会对大学生有所偏爱。

（3）都是双方平等自愿的价值交换的过程。

就业不会因为文化的高低而对客观要求有所取舍，求职与招聘双方平等自愿，是一方觉得"值得我做"，另一方觉得"人有所值"的彼此价值交换认可的过程。

（二）大学生就业的特殊性

1. 大学生就业是文化型就业

与普通就业的不同点是：大学生是经过系统的专业培养，智力因素突出，如果具备了社会用人单位需求的能力，应该从事的是复杂的综合性工作。文化不能杜绝失败，但能在工作中发挥合理分析、理性总结、创造方法等作用。

因此，社会应该承认大学生发挥自己的文化优势之后，有获得的高附加值劳动报酬的机会。大学生也必须清楚，只有将自己的文化优势化作社会效益，才有权利获得倍加收益。

2. 总体就业状况与个体就业状况不平衡

大学生在毕业时，既受所学专业影响，又受个人特性和工作环境的制约，因此，总体就业状况不会人人满意。在工作中，需要个人特性与工作特征融合，与工作环境融洽，需要各自能力发挥出效果，需要意志克服挫折等综合作用方能发挥就业预期目标。因此，同校同专业的毕业生命运会因时、因地、因人而异。"就业难"不是均衡分布，就业机会也是不平衡分布。

☞ **分析衔接**

从大学生总体上讲，存在着用人单位急需的紧俏专业人才，也存在着设计失误导致无法被用人单位接纳的专业大学生。

从大学生个体来说，没有任何一个专业能够实现百分之百的满意就业。据《2006年大学生就业形势分析及预测报告》显示："211工程"大学就业率为84.8%，普通院校的就业率为70.9%，而专科学校的就业率为58.9%。因为个人素质不同，使得求职过程中获得的机会不均等。因为在工作环境中所表现的社会能力的不同，相同专业能力的大学生，也会出现工作顺利与工作挫败的差异，发展机会得到与失去的截然不同的结果。

----

3. 大学生就业是能力与过程的合理化设计

社会专业化与分工决定了就业者在工作中要"术业有专攻"。每一种工作都需要不同的合理化能力结构，缺项不行，过于"短板"和"长板"也不合理。即使相同专业课程设置有所不同，教学优势突出点不同，大学生学习过程爱好、学习侧重点不同，构成能力也会有所不同。同时，就业又是从在校园中行动开始，到参加工作后依然随机应变的全过程。这个过程既是一个动态过程，又是一个竞争过程；既是一个不断深化的认识过程，又是一个控制情绪、强化意志的行动过程。大学生应该有能力自我分析个人的职业发展过程，更需要在能力上进行合理化设计。

☞ **分析衔接**

大学生就业前自己面对所选择的工作应该知道突出哪些能力？补充哪些能力？搁置哪些能力？大学生应明确人不可能全面优秀，任何社会工作也不会要求人的能力"面面俱到"。工作岗位首先要求"把眼前的事做得最好"，而不是评职称所考察的以往学过什么、有过什么成果。因此，大学生就业需要全过程、全方位、有所侧重的设计，需要随时自我思考、细微观察、灵活应变，绝不是目前流行的临毕业如何应聘成功的"片段"。

----

4. 就业主体双方愿望统一的原则

任何事物必有矛盾性，同时也具有统一性。作为就业主体的双方——大学生和用人单位，如果主观愿望达成认同性衔接，就能实现最理想的就业"双赢"状态。

☞ **分析衔接**

社会不乏安心做平凡工作的人，首先是他们主观上认为平凡的工作也能体现自身价值，愿意从事而且安心。社会上也有大学生放弃"铁饭碗"而冒风险从事个体养殖，即使失败也不放弃的人。有的人会认为这种放弃是一种"失业"，有的人则认为这种放弃实现了"再就业"。其实，这些人既没失业也不是再就业，只是变化了就业空间、就业形式而已。

客观上，社会环境如果实现认知大学生开出租车也是正常就业的氛围；主观上，第一反应从"能给我多少工资、能给我创造多少效益"转变为"对方是否给我一个创造价值的机会"，也会大大缩短就业主体的彼此愿望的差距，就业难自然会大大缓解。

----

5. "价值优先"的择业标准

价值优先是指就业选择不以就业形式为标志，而以就业过程能体现自身价值、有发挥最大潜力机会为标准。

通俗理解，能挣钱的工作就是好工作。自古就有"三百六十行，行行出状元"的名言，说的就是社会分工不同，没有高低贵贱之分。如今的大学生"就业难"，不是本质上的岗位缺乏问题，主要是很多工作不被大学生看好而不愿意选择的问题。尤其是频繁跳槽现象，绝大多数不是用人单位的放弃，而是大学生主观意愿的不满足导致的见异思迁。不是认识不到工作的发展前景，多是侥幸期盼有"寻找捷径"、躲避艰苦的投机选择。

分析衔接

由于社会从众心理的普遍性，很多大学生从小就被家长误导走上"华山一条路"，在"爱心"的遮蔽下，甚至放弃生活能力的获取机会和权利。大学毕业之后，心头一片茫然，甚至发现，早早进入打工行列的童年伙伴已创业成功，衣食无忧。选择工作时，老板的文凭甚至低于自己。其实，有的人适合当领导，有的人适合被领导，有的人适合埋头科研，有的人适合独创事业，价值优先原则体现的就是适者生存。

【课内案例】

一个牙科医院需要两位迎宾员，一位老师推荐吉林市一所高职学院大三女生去应聘。这位被选中的学生兴奋不已，开始向家长、同学炫耀，看似对工作非常满意。工作待遇是一个月试用期，工资1500元。试用期满工资2000元，工作表现如果获得满意可以办保险。然而十天后她就辞职了，辞职理由很多，看得出这个大学生是经过反复思考的，但却很少有能站得住脚的理由。

理由一：大家对她缺乏热情，都不愿意和她讲话。

理由二：不公平，干得多时没人表扬，做事一有错，七嘴八舌都指责她。

理由三：发现迎宾工作是吃"青春饭"的，而且专业不对口，将来怎么办？

理由四：还有两个月大规模招聘就要开始了，说不定会有好工作。

理由五：有个同学家里将他安排到警校，听说将来能顺利安排工作。

理由六：要是好好复习，也有资格考公务员。

【行为导航】

这名女高职生是电子商务专业的，该专业就业并不是很容易，网上被评为"十大尴尬专业之一"，应该对就业形势有清晰的认识。然而，对就业忽而兴奋忽而失望，本身就暴露出对就业内涵缺乏理性认识，现对其所有的理由加以分析。

第一，欺生是动物的本性，不愿意和你说话，只能说明自己没被接受，唯一的做法就是化"生"为"熟"。用能打动周围人产生好感的行为，持之以恒，不久就会解决。然而，带有自我为中心意识的大学生，很多会认为"凭什么必须我……"。

问题：你觉得欺生不对，但能否取消？遇到了欺生现象，你有什么好办法？

第二，大学生以为公平就是"一是一、二是二"，我做了一分成绩就应该得到一分肯定，犯了一分错误就该得到一分批评，因为大学生认为，没有经验做错了给机会是人之常情，否则，就是不公平，深感委屈。大学生这些要求在校园里很正常，也能得到老师的理解和自身满足。但是，在欺生导致的排斥心理和竞争导致的防范心理的社会人际环境中，原来的已经和谐的人群对内会有共同语言，彼此产生谅解，对外会有共同反感，指责错误都觉得是有理行为。

问题：对这种现象，究竟看做是社会不公平，还是看做人际融合过程中的一种惯例？假如你熟悉一种工作环境后，来了新人，你觉得怎么做合理？

第三，专业对口就业观已经过时，迎宾工作是吃"青春饭"的角色，但迎宾工作不可能是你的终身职业。如果五年之内你还不能在工作中提高自己，有能力做更高级的工作，就是你安心，医院也会淘汰你。从终身学习角度看，只要自己的能力在提高，总会有胜任更高工作的机会。

问题：你对专业对口就业如何理解？怎么才算是对口就业？

第四，"没准将来还有招聘机会，可能还有更好的工作"，这种思维使目前很多大学生就业处于"这山望着那山高"的心态，即使就业也保持"见异思迁"的思维。严格来讲，就业招聘随时存在，好工作也随时可能产生。

问题：有招聘机会就有好工作吗？有好工作就能成为自己的必然吗？

第五，听说同学工作安排得很好的消息，你怎么看？那个好工作对同学来说是真正的事实，对你来说可能就是一个传说，这样的事例在生活中很常见。任何就业成功事例都有其发展变化规律，都是各种因素综合作用的结果，其中个人个性特征起到了很大作用。现在的工作再艰苦也是真实的创造价值的行为，听说的工作再美好，那是"讲故事"，大学生就业不能在"故事"中实现。

问题：你是否了解到类似的就业现象？

第六，就业不取决于有无"资格"，资格也叫权利、先决条件，可以说每个大学生都有当老板、当领导的权利，但又不能说具备当老板、当领导的先决条件。比如，"经验"一条就能取消大学生直接做老板、领导的资格。好好复习也有资格报考公务员，这里的关键是仅

仅具有报考资格，与公务员就业差之千里。因为有报考资格就成为现实工作的干扰，显然是用假设来破坏真实，导致自我就业实践活动失败。

问题：作为高职生选择理想不是错，你是否也有好好复习选择报考公务员的想法？你的设想思路是什么？

第二节　就业本质与研究的意义

一、就业本质

(一) 就业本质的含义

就业的本质是指就业本身所固有的根本属性，是决定就业成功的内在因素。

就业本质的含义是在一定环境里，通过有效劳动付出后，为用人单位创造经济效益，换取生存的基本条件和主动权，发挥个人最佳潜力，发展事业，实现自身价值的过程。就业的本质如图 1-1 所示。

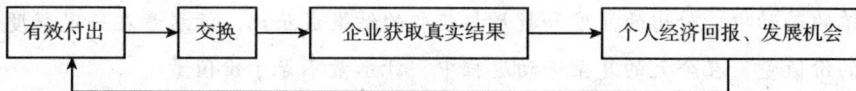

有效付出 → 交换 → 企业获取真实结果 → 个人经济回报、发展机会

图 1-1　就业的本质

(二) 就业本质解析

解析就业本质，找出问题关键点：前提是有效付出，本性是交换，标志是获得真实结果，在不断循环的状态下获取回报和提高自身价值。

按照就业本质含义理解可分为两个目的、一个前提、一个标志、一个本性。

1. 目的——生存、发展

就业目的是指大学生根据自身需要，借助意识和观念的中介作用，预先设想的就业目标和结果。一般来讲，就业一是为生存，二是为发展。

生存通常是指生命系统的存在和生长。就业生存是指离开校门，在最短时间里，寻求通过劳动获取维系自己生命存在的机会和资源，最简单的理解就是谋生。

就业发展是就业主体是在未来一定环境中所从事的具有一定目标、规模和系统的，对社会发展有影响的经常性活动。这种活动称之为事业，有事业心的人的就业和谋生具有本质区别。

就业目的不仅仅是物质性的，并不是以收入高低作为唯一标准。如果公司有困难甚至降薪，也有坚持者，因为还有非物质的因素（如信任、潜在机会）作为发展的长期选择。

2. 前提——有效劳动付出

就业前提是指实现目的的先决因素，成功就业的前提是有效的艰苦劳动付出在先，包括体力和智力的有效付出。

3. 标志——企业获得成果

企业是自负盈亏的机构，招聘员工的底线是提供结果，不是所谓的"结果不佳"或者"我已经尽力了"。

4. 本性——交换

很多大学生对就业是交换这一本性很不理解，似乎觉得是将经历过高等教育的人才参加工作庸俗化。其实，招聘时的对比选择及询问商榷，本身就蕴藏着讨价还价。就业后如果努力工作、创造，则提拔、加薪也是双方"各有所值"的思考。

☞ **分析衔接**

几乎所有的大学生都觉得自己已经有非常清晰的目标与结果，其实不然。两个目的是否明确，不是体现在欲望设计、原理认识上，而是反映在工作岗位上创造真实、有效的工作业绩。

就业发展具有主动自愿性——事业艰苦也其乐无穷；生存稳定基础性——自己成功解决生存问题；最大限度发挥自身优势——能认知自我，扬长避短；实现人生价值——不是唯利是图的短期行为。所谓的机会只给予有准备的人，说的就是目的明确、付出在先。

在简单的劳动中，付出的强度和数量与获取的结果成正比，汗水量在一定程度上决定了自己获得的价值量。在今天的复杂劳动过程中，汗水量不等于价值量。

如果大学生能够认识就业本质，不是好高骛远、眼高手低、自命不凡，而是像发达国家一样坚持："学业是知识学习的过程，职业是技能创造有效价值的过程的思想"。

二、研究就业本质的重要意义

（一）能够帮助大学生树立勤奋、坚强的就业信念

从长远来讲，勤奋和坚强的就业理念是克服懒惰本性、获取成功人生的法宝。

前面所述，一些大学生安心家庭的安排，进入所谓的理想行业。例如，金融专业大学生安心做银行"窗口"服务，一辈子都觉得无后顾之忧；林业专业的宁可留在室内公园，无非满足的是事业单位的安逸。不能说所有这样就业的大学生都没有发展机会，但是，总体上讲这样做与就业本质不相符，是对人意识深处存在的心理惰性的一种强化，追求的是浅层次生存谋生的轻松和回避奋斗风险的安全。人同时具有懒惰的本性和勤奋的智慧，但凡就业成功者，无不是先树立勤奋、坚强的信念，放弃舒服安逸的工作环境，在艰苦奋斗中实现生存和事业发展的人生目标。而在目前的招聘环节，很多大学生多采用自己幼稚的观点，寻求一种绕过艰苦、巧取成功的捷径。大学生之所以采取躲开艰苦的第一步，非最理想的就业机会不选择，还有一个原因是有"寄生条件"做基础，毕业不就业，依然可以依赖家长的供给维系生存。

（二）能够帮助大学生摆脱就业的肤浅认识

很多大学生选择就业首先奢望找到自己感到满意的工作，所谓的满意工作简单概括就是"工作轻松不累、收入满足消费、环境舒适开心、前途阳光明媚"。于是，每一次择业前，在既不了解工作的环境，又不知道能否胜任工作之前，关注的是用人单位能提供的收入，算计的是钱够不够花。这种理直气壮恰恰暴露出自己根本没领会"什么是就业"，没有很好地解决诸如"自己适合做什么"、"准备做什么"、"能做好什么"、"怎样才能满足用人单位的需求"等等，视乎社会就欠大学生一个自己满意的工作。这种肤浅认识下的就业，很难与用人单位达成共识，即使获得工作机会也会因为种种不遂意而选择"跳槽"。

（三）能够帮助大学生"有责任就业"

所谓的"有责任就业"，是指就业工作中始终带有一种强烈的责任感。就业不是满足个人的"随心所欲"消费，毕业几年很快要进入组建家庭阶段，接着进入十多年事业发展带动家庭生活水平提高的关键阶段，之后逐渐进入到中国老龄化状态下的"反哺"老人阶段。每一阶段实现理想状态，都需要有强烈的责任感做铺垫，需要提前承担安排自己就业行为。任何工作作为谋生手段会停留在敷衍了事、满足现状、得过且过状态，而有社会责任的就业，会在工作中挖掘自己的潜力，实现自身价值。

☞ **分析衔接**

目前社会对大学生已经产生了"定式看法"，好高骛远、自我意识强，公众意识差；追求高物质消费，不愿付出艰苦劳动；成长环境过于顺利，生存环境难以适应等等，这些不利大学生的定式效应，造成用人单位很少直接安排大学生承担重要岗位的局面。对家庭、对他人缺乏有责任就业者，很难满足自食其力的要求，即使"借钱也不降低生活水准"。有困难向家长张口，习惯将家长当做"提款机"，丝毫感觉不到家长的怜子之心是建立在牺牲自我的基础上。

（四）能够平衡社会就业中的"不合理"引发的心理不平衡

网上报道了研究生毕业收入不如农民工，因为都在生产线上工作，农民工技术熟练、心态稳定、工作刻苦，于是完成定额量多，奖金高。而一些女研究生们在生产装配线上，专业优势无法发挥，收入自然较低。从某种程度上讲是"不合理"，苦读寒窗的付出及精湛知识的拥有都体现不出"回报"。

这种表面上的不合理掩盖着事实上的合理，就如同一个房梁把它劈开做柴火用，那房梁的价值就是与树枝"大同小异"。研究生不如农民工，因为都放在谋生的简单劳动的比拼，如果研究生和用人单位都发现研究生的特长和作用，这种不合理自然会消失。

☞ **分析衔接**

有的大学生认为，有高文凭的人和低文凭甚至无文化的人做相似工作，是脸上无光。所

谓的双向选择，就是大学生能给公司提供什么换取公司给予大学生什么。大学生就业前应该扪心自问：选择一家公司时，自己究竟能给公司提供什么样的结果？如果大学生做的工作结果不如低文化的人做得大，收入自然会比低文化的人低。大学生是人才，创造了业绩，而公司不能公平对待，那是一种剥夺。同理，不知道能给公司创造什么之前想获得对方给予满意的收入，也是一种"占有欲"。

（五）能够帮助大学生合理认定角色，顺利发展事业

很多大学生不能顺利就业，不是没有工作发展机会，而是不能合理认定角色，自命不凡引起周围人的反感，眼高手低导致公司不敢重用。初次进入工作单位，角色是需要认真掌握技能、勤奋服务大家、用业绩换取报酬的学习及劳动者。不是人格歧视，是因为你需要别人做师傅教你、带你。很多大学生稍不随心即跳槽，貌似行使权利，其实耽误的是自己。每个地方都有比你先入的人，长期使自己处于一种陌生人的位置，事业发展只能推迟。

👉 **分析衔接**

就业首先是谋生，谋生不是异想天开的幻想，谋生下限是付出劳动获得维系生命所需的基本条件，谋生上限是无止境的。有些大学生总是认为找不到理想工作，大学"白念了"。我国考察团在德国看到一个本科生毕业后又去读技校，找到一份开清洁车的工作，如果专业对应的工作岗位没有时，他必须做一个能换来收益的工作，因为只有真实的工作能保证他的生存。

严格地讲，得到工作不等于是就业。如果是大家羡慕的单位人浮于事，一个人的工作分两个人做，不是本质上完全就业，而是相当于"半失业"。真正的就业必须能够最大限度地发挥出自身能力和潜力，不断创造价值，完善自己的生活条件的同时，不断实现自身价值。

三、大学生对就业本质的具体理解

强调对就业本质的具体理解，目的是将就业本质化作座右铭和可操作性的行动。座右铭本指古人写出来放在座位右边的格言，后泛指人们激励、警戒自己，作为行动指南的格言。座右铭深刻于心，会提示自己就业需要只争朝夕，是责任在身。尤其是目前大学生之所以有大批"游荡于职业边缘"的人，很大一部分原因是责任感"缺失"。

对于大学生个体来讲，可以更具体地从多角度理解就业的本质。

（一）就业是家庭多年逐渐投资开始逐步收取回报的转折点

大学生以前在付出体力、脑力劳动的同时，伴随的是家庭付出大量培养成本。就业是付出体力和脑力劳动的同时，能获取加倍的回报（包括现时劳动补偿和以前投资的收回）。求学不是花钱学知识，家长含辛茹苦的付出，本质上换取的不是知识，而是通过大学生知识转变为直接创造价值的能力，进一步获取经济收入、生活快乐等回报。从这个角度看就业，大

学生必须想方设法让自己成为具备创造高附加值能力的劳动者。

（二）就业是承担回报养育之恩的起始点

走上社会即应承担回报老人的义务，这在过去"多子女家庭"是很正常的事。如今这种回报观念在大学生身上很淡薄，其中有社会经济发展、独生子女比例大增、家庭生活水平上升等因素，更主要的是大学生淡薄了就业责任感。

☞ **分析衔接**

现在社会就业现状是：就业后收入1 000多元时，普遍的第一反应是不够花，2 000多元时也不剩，四五千元也花掉，反之，遇到特殊情况时几百元也能活。很少有大学生进行生活策划，安排生活费多少，省出多少寄回家。习惯了"缺钱张口"，不向家交钱成了家长与就业者都认可的惯例，将家长"我们不需要钱"的谦让当做行为圣旨。这种惯例对大学生就业行为具有消极麻痹作用，导致他们不履行应该履行的义务。同时，也暗藏了社会危机。目前的家庭富裕导致大学生责任感削弱，但并不意味着责任的取消。老龄化社会的结果将导致未来家庭多种困难的出现。因此，即使家庭不需要也必须履行义务，这也是一个人综合素质提高的体现。

（三）就业是把"懂得"的知识化作具体"会做"的技能的衔接点

从这个角度理解，要认知学过的知识是有用的。很多大学生毕业后抱怨学过的知识用不上，这是误区。知识能化作生产力，但需要一个转化过程和衔接点。

☞ **分析衔接**

转化过程犹如粮食能酿酒而增值，但粮食不会任意放着自然成为酒，搞不好酒没酿成，粮食还会烂掉。大学生所学过的知识，还不是工作中能直接创造价值的技能。当工作不见效果时，不要归咎于知识无用，而是因为知识化作技能过程中，遇到不同的挫折，需要很多工作细节，有些关键的细节靠感悟形成经验。挫折和经验积累的这个转变过程会变得艰难曲折，但也别无选择。

衔接点更为重要，不管如何漂亮辉煌的大楼（再好的企业），只能是也必须是先登一层楼梯的第一个台阶。高职大学生从"懂得"化作"会做"的衔接点必须是最实际的基层。

（四）就业是从"自然人"向"社会人"转化的过渡点

从这个角度分析，就业是一个痛苦的事情。所谓"社会人"，是指能被社会所容纳，能承受社会各种困难，能克服工作中各种障碍而百折不挠成就事业的人。过去的生活多是学习上的升级，而就业则是从肃静的课堂进入喧杂的社会，从单纯的学习变为综合性复杂的工作，从依赖生存变为自主发展。

☞ **分析衔接**

向社会人过渡，对学生来说不亚于"凤凰涅槃"。涅槃是梵文 Nirvana 的音释，意思是"灭渡"，即重生。凤凰经历烈火的煎熬和痛苦的考验获得重生，并在重生中得到升华。而就业同样需要不畏痛苦、义无反顾、不断追求、提升自我的执著精神。就业只能由自己掌握自己的命运，任何人都不可能越俎代庖。即使家长心疼子女发出的召唤，其作用只能是获得安慰、削弱意志、推迟成功而已。

（五）就业是学习活动的继续

二十一世纪是终身学习的时代，一个成功的就业者需要多种职业能力，而职业能力不断提高靠终身学习获得。因此可以说，就业既是课堂学习的结束，也是社会学习的开始，只不过是所学的内容不同罢了。很多大学生误以为专业毕业证是对口工作岗位的通行证，到了社会后发现，因为没有思想准备，以致很多事情无从下手。

☞ **分析衔接**

学习本身是一种能力，学会学习对大学生非常重要。不要轻易地流露出骄傲自满，即使知道老板的文化水平没有你高，但他有能力驾驭比你学识、经验都高的管理者来领导你，就说明有一种你需要又未知的能力需要你学习。在就业中没有督促，没有安排的情况下，新的学习本身对就业者的考验强度大大提高，理解、接受各种在校园接触不到的能力，学会做事，学会生活，学会做人等等非常重要。新的学习虽无学分，却是实实在在的、来不得半点虚假欺骗的考验。

【**课内案例**】

家住辽宁绥中县的王楠，初中毕业后就一直在家务农，整日在家与田地、庄稼、农药打交道。在一次修理农用三轮车的时候，看见人家电焊工不仅有一门好的手艺，而且挣钱还多，非常美慕，从此萌生了要学焊接技术的想法。恰逢此时，县劳动局在各乡镇开展普惠制就业培训，王楠立即报名。王楠的学习愿望和悟性非常高，很快就掌握了电焊、气焊、气割、气体保护焊等技术。在焊接学习过程中，还热心帮助同学矫正错误，帮助老师做好安全监督。经过两个月的刻苦学习，2009 年 5 月，王楠被学校推荐到河北省山海关造船厂工作。由于他技术过硬，肯于吃苦，工作上兢兢业业，深得单位领导和同事好评。仅三个月的时间，工资就已经超过了 2 000 元，并被单位提拔为带班的工长。

【**行为导航**】

作为一个农民对"能有一门手艺"产生强烈的主观愿望，在机会来临时能全身心投入，对一个普通技术工作能心满意足。

问题1：王楠是怎么发现就业机会的？

_____

_____

假如案例中的结果让一个高职生就业直接做一个大工厂的工长，高职生也许不乏报名者，又假如从案例中的过程开始，让一个高职生就业先做一个工厂的电焊工，高职生往往会选择放弃。

问题2：高职生为什么会选择放弃？

_____

_____

_____

其实焊接工作是一个职业，农民和高职生都是普通人，都是靠工资收入以"三顿饭"满足生理需要，工作效果都是以焊接质量、数量来决定，焊接工作水平提升无论什么人，都需要先做好最基本的工作，而不是靠文凭起"走捷径"作用。然而现实的反应是：对同样的就业工作，不同的人因为按照自己的愿望决定取舍。农民觉得这个工作能使自身价值提升，获得一个光明前途；大学生会觉得是在"下嫁"而感到委屈，放弃"曲线发展—成功"的机会。

问题3：从这个案例中自己思考，究竟是社会没工作，还是大学生在愿望选择上重"好恶"？

_____

_____

第三节 高职就业的特殊性

一、高职教育的特点

（一）职业教育概念

1. 职业教育的含义

职业教育是指使受教育者获得某种职业或生产劳动所需要的职业知识、技能，以及职业道德的教育和训练，亦称职业技术教育或实业教育。职业教育是与基础教育、高等教育和成人教育地位平行的四大教育板块之一。

2. 职业教育的特性

（1）职业教育必须使学生有很强的社会适应性，决定了职业教育与普通教育的不同，以能够尽快适应社会、满足社会需要为主要目的。

（2）职业教育还是教育与职业之间的沟通渠道。在国外，学完本科的学历教育后，也有很大一部分学生通过职业教育实现了胜任某个职业的工作。职业教育必须使学生能够进入相应的工作岗位进行工作。

（3）职业教育具有市场性，它是围绕瞬息万变的市场来运作整个教育，相应进行改革创新。

（二）高职教育概念

1. 高职教育的含义

高等职业教育是"高等"与"职业教育"两个概念的复合。复合的结果导致以下三种理解：

（1）将高职教育归入"高等教育"范畴，认为高等职业教育是高等教育中具有较强职业性和应用性的一种特定的教育；

（2）认为高职教育只是"职业教育"范畴中处于高层次的那一部分，并不属于高等教育，从而将"高等教育"与"职业教育"视为两个并列的、互不交叠的教育范畴；

（3）把高职教育泛化地理解为凡是培养处于较高层次的职业技术人才（不管其属于何种系列）的教育都属于高等职业教育，如把培养技术工人系列人才中的高级技工教育也看作是高等职业教育，从而将"高等"与"高级"等同起来。

比较合理的解释是高等职业教育属于高等教育范畴，只是其课程计划有特殊性，即它所面向的是某一特定职业或职业群的实际需要，比普通高等教育更定向于实际工作并更体现职业特殊性。

2. 高职教育培养目标

高职教育肩负着培养面向生产、建设、服务和管理等第一线需要的高技能人才的使命。

根据高职教育培养目标可以感觉其隐藏着一些内涵，即实现目标需要娴熟的技艺（高技能），需要成熟的经验（人才即某些岗位的佼佼者），而技艺和经验离不开一线的空间实践和时间沉积。

高职教育的目标直接提醒高职大学生，应该在入学之际明确一种观念，即专业之外还需要学习很多，就业去向不能有丝毫"好高骛远"。

二、高职教育的特殊性

（一）高职教育分析

1. 高职教育的优势

教育及所培养的人才需要更加贴近市场需求，更注重社会能力的提高，高职教育采用融"教、学、做"为一体，工学结合，校企合作的人才培养模式，更容易实现培养用人单位需要的人才的目的。

高职教育的优势比本科更具有动手能力，比中专更具有专业理论水平。

2. 高职教育的劣势

高职大学生就业目标抉择时面临的首要问题是认识问题。许多高职大学生只认识到"我属于一个大学生了"的水平，而高职大学生对其应具备的能力，如如何参与社会竞争、如何扬长避短等却认识不到位，于是就业目标就无法制定。

高职大学生目前在就业目标抉择上存在两种主要问题。

1）目标模糊

"我是一个大学生"，"是既懂技术又懂管理的技能型人才"。具体做什么工作？更适合做什么工作？如何做好工作等等根本不予考虑。由于目标处于模糊状态，其行为或埋头于学校规范下的书本学习，或服从流行时尚"今天补习这个"、"明年练习那个"。有时也为未来而忧虑，但在无法找到具体解决方法的情况下，产生"先得过且过"的想法。随着高职学习生涯很快过去，在就业来临之时，往往感到"前途渺茫"。

2）目标失当

目前大学生就业已普遍暴露出过高评估自己，过高期望就业职位，没有在观念上从"精英型"向"大众化"转变，按照个人主观意愿设想就业目标。

而高职大学生的就业目标失当，一方面具有普通高校大学生相似的过高评估自己，另一方面是把高职与普通高校毕业生就业目标相混淆。过高追求个人理想目标，会产生就业行为失误，偏离高职特点的就业，更增加了高职大学生的就业难度。

综上所述，高职教育的劣势比本科缺乏专业理论水平，比中专缺乏稳定心态和动手能力。

（二）高职教育就业目标的抉择原则

1. 清晰性原则

清晰性原则要求制定就业目标时，目标是清晰的，措施是明确的，实现目标的步骤是符合实际的。

例如，技能型人才工作在第一线，而在校园里不可能培养"一步到位"的技能型人才，知识转化为出色技能需要到工作岗位上，经历一段时间的磨炼，所以要分几个具体步骤细化就业目标。

☞ **分析衔接**

日本一位马拉松长跑运动员把成功的诀窍总结为：每次长跑的路线考查一次，沿途选择几个具有显著标志物作为每一段路途的目标，所以长跑时每一次的目标都具体并很快实现，内心感到我又快实现一个目标，转而已经又实现一个目标，小目标的合成就是大目标的实现。反之，心中只有大目标就会有一种遥远的感觉，总有一种"怎么还不能实现"的急躁心情产生，总是模糊中感到"怎么还不实现呢"，这样就容易从希望逐步变成失望。

---

2. 挑战性原则

挑战性原则是指就业目标对大学生要有一定的挑战性。挑战性原则与好高骛远有本质的区别。显而易实现的目标对大学生不会产生激励效果。所以，制定具有一定挑战性的目标对某些高职大学生更有作用，他们的职业生涯需要不断挑战自我。

3. 一致性原则

一致性原则是指就业长远目标与近期阶段目标、主要目标与细化目标的方向要有一致性，措施要有一致性，个人目标与企业发展目标也要尽可能一致。

4. 激励性原则

激励性原则是指制定的目标能激发出浓厚的工作兴趣，能符合个人的特长，能与个人性格等特征相适应。

5. 可测量原则

可测量原则是指就业目标可量化分析，有明确的时间限制，有具体的数量指标。

【思考回答】

用人单位为什么要设定"两年工作经验"的门槛？

提示一：任何单位不是故意有直接能使用的而不招聘。

提示二：两年不是绝对的界限，却说明有些能力需要时间沉积，而不是死记硬背能够解决的。

提示三：这个门槛实际是对教育的一种提示，提示的是什么？

练习回答：

_____

_____

_____

_____

_____

_____

【拓展分析】

标题：观望的蚂蚁。

提示：哪个苹果适合我吃？（不同的用人单位）

1. 试回答下列问题。

（1）蚂蚁的行为寓意是什么？

_____

（2）蚂蚁任意选择首先会有什么感受？

_____

（3）蚂蚁任意选择行为的后果会是什么？

_____

_____

2. 蚂蚁的行为对大学生就业有什么启示？

_____

_____

_____

复习思考题

1. 就业的定义是什么？什么是市场调节就业？
2. 什么是可就业性？提高可就业性的意义何在？
3. 就业矛盾现象有哪些？它们是如何发生的？
4. 如何理解就业本质？简述研究就业本质的意义。

第二章 就业过程与职业生涯设计

第一节 概 述

一、就业过程概念

案例导引

一个高职生半年中的准备就业过程

这是一个担任着班级干部的高职生，平时给老师的感觉是善于动脑，做事主动积极，然而在就业前顶岗实习过程（准备就业过程）中的表现却让专业老师很不理解。

学院有组织地安排学生到不同的公司顶岗实习，目的是通过一年实习，增加他们的实践动手能力，使其可以具备一定的应对招聘单位"有工作经验"的条件。其中在北京的公司可以直接衔接就业，免费供食宿、有工资且工作与正式员工相同。他放弃了，其理由是销售终端工作节假日兼职做过，想参加开发市场的工作实习。

当被安排在沈阳市一个公司实习不到两个月后，他的兴趣下降，于是代表同学向专业老师提出质问性建议，不应该组织这样的实习，其理由是工作太累，做的都是最基层的工作，吃饭自己解决，我们好歹是工商管理专业高职生，做这样的工作不合适，家里给我们设想的是报考公务员等等。由于公司看到该学生的情绪、心态和工作业绩不好，于是也建议学生离开公司。

回到学校，这个学生几次应聘失败后，选择了"好利来"蛋糕店服务员，工作两个多月就失去了开始的"在品牌连锁店"工作的热情，早早做好打算，等开工资之后就离开。其理由是工作简单，来者必买产品，只是从事介绍、送货到家、收拾卫生的工作且天天如此；收入太低，每月都花光了；假期不能住学生宿舍还得租房等等。老师问他"你离开第一个公司时说要做适合高职大学生的工作，又考什么公务员，怎么选择蛋糕店呀？下一步怎么办呢？"，该学生回答说："我也后悔回来了，下一步我有个亲属开的公司同意我去做出纳。"

专业老师委托同学跟踪了解这个同学的情况，结果出纳工作不到一个多月又放弃了，去家乡附近的城市电脑城打工。

案例引申：

实习可以作为就业过程实践经历，也可能成为消磨时间的徘徊。案例中的这名学生不能自我定位，犹如蒲公英种子，飘荡地方多，不知道落脚之地。

挑剔别人，迷信自我，加上缺乏经验，其行为表现很有代表性。

（一）就业过程的含义

1. 就业过程的含义

过程一般是指事物发展所经过的程序和阶段。大学生就业也是一个过程，就业过程是指在一定的环境中，从设想、寻找以至进入工作角色后稳定开始工作的心理活动和外显行动所采用的步骤、措施和阶段组合。

👉 分析衔接

案例导引中的大学生就业过程不是个别现象，即使没有进行过顶岗实习的群体里，一旦参与这样的行动，依然会有很大一批"原样照印"。根源在于大学生对自己的就业过程明明胸中无数却要自以为是，盲目性加固执性很容易成为新时期的有文化的"就业盲流"。

对本人的专业工作需要什么基础、用人单位招聘使用的条件、职业升迁的途径皆一无所知的情况下，最稳妥的办法就是先在一个工作岗位上坚持做到精彩。

2. 毕业流程的含义

流程原意是水流的路程。毕业流程是指就业主体大学生本身与环境中相关人员交往的一系列活动中具体的、连续的、有规律的行动，这些行动以确定的方式发生或执行，导致特定结果的实现。例如，怎样参加学校应聘、如何办理离校手续、怎样去报到的活动中每个具体的且必须操作的方式及程序等。

3. 澄清就业过程的意义

澄清就业过程有以下三个意义。

（1）使大学生对就业过程从模糊状态的认识上升到对就业过程每个环节的清晰认识并能够掌握具体的、有规律性的行动水平。

（2）使大学生能够克服就业盲目性所产生的一系列与社会需求不符的理念和行为。

（3）使大学生提前设计合乎自我个性的就业方向，提前进行相关策划。

（二）与就业过程相关的概念的正确理解

作为市场化的就业过程，涉及一些相关的概念。对这些概念的理解很多学生处于模糊状态，需要澄清。

1. 毕业

所谓的毕业，是指大学生在学校修业期满，达到规定要求，结束在校学习。毕是完结的意思，业指的是学业。

☞ **分析衔接**

很多大学生知道自己是在学校毕业的，却涵盖一种"我应该自然而然有自己满意的工作"的欲望，陷入"毕业自然就业"的认识误区。交了学费，付出努力，经老师传授，学习达到学校专业规定要求，准予毕业，的确是就业过程准备阶段的结束。双向选择、获得岗位工作需要相应的能力，是就业过程的新阶段。能不能有工作取决于能力，在不知道自己能做什么的时候，很简单的方法就是"能干啥先干啥"。

2. 失业

所谓的失业，是指达到就业年龄、具备工作能力、谋求工作但未得到就业机会的状态。一个人愿意并有能力为获取报酬而工作，但尚未找到工作的情况，即认为是失业。

有劳动能力的人虽然没有职业，但自身也不想就业的人，不能称为失业者。大学生因为推荐的工作不可心而不去工作，不属于真正意义上的失业。

☞ **分析衔接**

各个高校招聘会之际，大学生选择工作的第一反应是"给我多少钱、什么待遇"，这样做不违反维护自身权益的原则，但是，只要不符合自己的愿望，宁可不找工作的状态不是失业状态。即使有满足自己愿望的招聘单位急于用人，招聘后不能胜任工作，你再喜欢留下，随时也会被解聘。此时也不属于严格意义上的失业，因为不具备工作能力。因此说，没工作不等于是失业，失业是针对有能力且愿意工作而没机会而言。

3. 待业

待业可以简单理解为等待就业。待业分为两种情况，一种理解是把大学生接受完教育后却没找到工作，等待工作机会的行为，或者将应聘失败叫做待业。另一种理解是待自己具有更好的机会去就业时才伺机出动。为了更好地施展个人才华，迎接挑战，实现自我价值，有时主动放弃较舒适的就业，养精蓄锐重新等待再选择就业，也是明智之举。

☞ 分析衔接

目前第一种情况很多，有些是专业本身就决定了"毕业之日就是待业之时"。即使遇到这种情况，也没必要气馁，按照自己的爱好、个性特征抓紧时间补充能力，尤其是能力结构中的"短板"，下工夫弥补，伺机出动，就能提高就业成功率。

----

4. 择业

所谓择业，就是大学生根据自己的职业理想和能力，从社会上各种职业中选择其中的一种作为自己从事的职业过程。择业是理想与能力的统一，两者缺一不可。

☞ 分析衔接

对择业失误的理解是按照自己的理想挑选不同的职业。大学毕业无论从经济因素还是知识积累的不同角度看，认真挑选可心的职业不是错误。正确的理解是加上一条，即分析自己的能力适合什么工作，其间的微妙区别在于前者容易以自己主观愿望为前提，后者是肯定现实工作前提下，分析自己的优、劣势。积极心态的择业是灵活权变的行为。

择业成功还有时机因素，如上一届毕业生应聘单位很理想，有的进入人力资源管理部门。于是今年自己就业也渴望如此，因为也是学的相同的专业。如果僵化地模仿以前别人择业必然是"东施效颦"，结果不会理想。积极的择业既可以先就业，"骑驴找马"式的就业，也可以边待业学习、边伺机寻找选择。因此，择业是因人、因时、因地而异的。

----

5. 创业

创业是指某个人发现某种信息、资源、机会或掌握某种技术，以一定的方式，转化、创造成更多的财富及社会价值，并实现某种追求或目标的过程。创业就是创业者对自己拥有的资源或通过努力能够拥有的资源进行优化整合，从而创造出更大的经济和社会价值。创业的过程如图2-1所示。

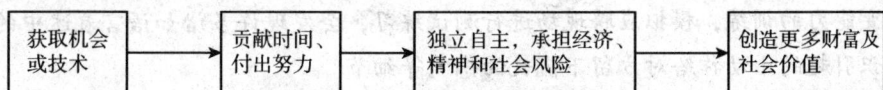

获取机会或技术 → 贡献时间、付出努力 → 独立自主，承担经济、精神和社会风险 → 创造更多财富及社会价值

图2-1 创业的过程

☞ **分析衔接**

"就业不行可以创业"是个误导，关键点在于这似乎在暗示大学生"创业和就业相似或者创业比就业更为容易"。严格来讲，创业属于一种特殊的就业。创业与一般就业的不同点在于创业更需要主观能动性的发挥。成功的创业者必须是该事业的"内行"，对事业的下属各部门、各环节必须了如指掌，掌握着信息或技术的先机。否则，仅凭创业成功案例的辉煌诱惑，容易加剧"好高骛远"心理。就业不成没收入，但创业不成要承担风险损失。

（三）就业过程分类

1. 按照发生顺序分类

按照发生顺序，就业过程可划分为设想过程、策划过程和行动过程。

就业设想可以追溯到童年的理想开始，比较系统的设想是从进入大学选择专业开始。设想过程可以围绕自己的向往，将在一定范围的就业工作角色作为自身的奋斗目标。

策划过程是根据就业设想目标，借助一定的科学方法和手段，编制具体行动的计划的过程。就业策划分为就业方案的思考与计划编制两个过程。在这个过程中，不能仅仅考虑爱好，而且要根据自身的个性特征、能力结构等因素加以综合性分析。

行动过程是根据策划过程制订的方案，有步骤地实施的过程。行动过程不是教条地执行策划方案，而是需要灵活应变，伺机调整。

2. 按照研究范围分类

按照研究范围，就业过程可划分为狭义的就业过程和广义的就业过程。

1）狭义的就业过程

狭义的就业过程是指临近毕业，准备好个人资料，寻找、洽谈、签约、上岗等全部心理活动、操作程序和外显表现的阶段。

在这一阶段，学校就业部门开始忙碌，研究每年就业环境参数的变化，召开招聘会，组织用人单位与大学生见面，认真进行就业指导等等，大学生平静的心境被打破，伴随着焦急、烦躁、企盼、幻想、失望、期待等的心态变化，同时伴随着来去匆匆的奔波行动。

☞ **分析衔接**

狭义的就业过程带有"打快拳"性质，难免带有"临阵磨枪"的特点。如果能进行自信心、应变能力的训练，模拟应聘现场进行测试练习，会发现许多诸如语言表述中的不良表情、下意识引起的小动作给对方留下慌乱的感觉等细节。

2）广义的就业过程

广义的就业过程是在狭义的就业行为基础上，纵向前溯进入高校开始的所有专业的知识学习，后续到进入工作岗位适应工作环境与要求。横向扩展到业余时间的特长及爱好培养，社会能力训练的全过程。

☞ **分析衔接**

广义的就业过程研究，对教育者、大学生都是十分重要的。作为教育者从入学的专业介绍时，不仅仅应该让学生学会分学科的专业知识，更要注意将培养岗位就业能力融入平时教学之中。尤其高职大学生，动手能力相关的教学训练内容的设置至关重要。作为大学生个人，应该在自觉主动地努力学习专业知识的同时，设计自己的就业计划，内容包括：明确个人个性是否适合这个专业的岗位群；明确教学计划体系与自己所期望的工作需要的能力结构是否存在欠缺，适时作出个人自修计划。

在横向扩展中，要明确专业岗位工作中所需要的综合素质和社会能力项目，自己是否欠缺，如何进行有步骤的补充培养；充分了解就业市场现状，明确就业理念、就业心态是否合乎社会需求，适当进行修正。

---

3. 按照心理活动过程

按照心理活动过程，就业过程可划分为就业认识过程、就业情绪情感过程和就业意志过程。

就业行为过程存在着一系列的心理活动过程，虽然每个人心理活动不同，但客观上存在着共性特征。就业心理活动过程如图 2-2 所示。

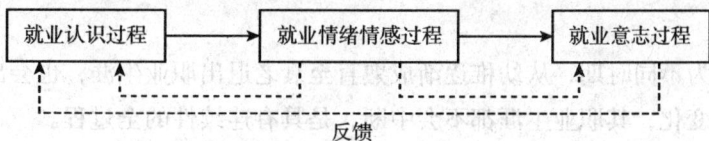

就业认识过程 → 就业情绪情感过程 → 就业意志过程

反馈

图 2-2 就业心理活动过程

这三个过程不是孤立存在、单向发展的，而是不断循环、逐步提高的动态变化过程。认识过程是大学生对就业相关的客观环境中的各种事物，由表及里，由此及彼，由现象到本质的感觉、知觉、思维等过程。情绪通常是指那种由机体的天然性需要是否满足而产生的心理体验，情感是人与人之间社会关系的需要而产生的责任感、荣誉感等心理体验。大学生的意志过程是在就业行为中能表现出有明确目的，自觉支配和调节自己的行动，并能克服就业过程中种种困难与障碍的心理过程。

就业心理活动过程中，大学生对就业市场的认识会不断加深，情绪情感会不断调整改变，意志过程使大学生意志品质不断提高，而后一个过程的变化离不开前面两个过程的变化。

二、职业生涯概念

(一) 职业生涯的含义

"生涯"一词有多种解释，生涯最简单的理解是人生经历、生活、职业道路。按照较适用的美国生涯理论专家萨珀的观点：生涯是个人终其一生所扮演角色的整个过程，由三个层面构成，如图 2-3 所示。

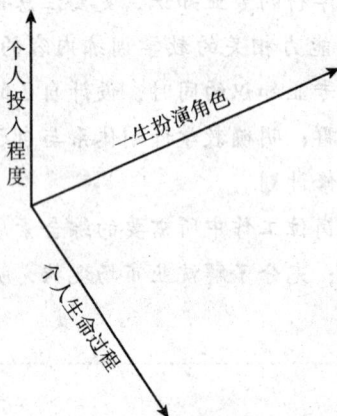

图 2-3　生涯的三个层面

职业生涯就是一个人的职业经历，它是指一个人一生中所有与职业相联系的工作职责和工作任务，以及相关的态度、价值观、愿望等经历的发展道路。

(二) 职业生涯的特点

1. 连续性

职业生涯分为不同时期，从幼稚逐渐成熟直至衰老退出职业生涯，也会出现角色变化的现象，无论怎么变化，其职业生涯都不会中断，是具有连续性的全过程。

2. 动态性

由于社会环境、工作环境随时在变化，个人投入程度及角色也在变化，导致个人的职业生涯是动态发展的过程。

3. 普遍性

只要是参加工作的任何人，尽管角色不同，有顺利和坎坷之分，但每个人都会有自己的职业生涯。

4. 独特性

由于每个人的真实个性特征的不同，机遇不同，每个人的职业生涯过程也会与众不同。

5. 创造性

人是有智慧的群体，社会的进步是社会优秀成员不断创新的结果。因此说，个人的职业生涯中也具有创造性的特征。

☞ **分析衔接**

　　大学生可以选择相同的专业，同批走上社会在略有差别的工作岗位就业，却极少有相同的职业历程。有的人可能终生从事一种职业，向工作的内涵方向发展，就是把一种工作不断做细做精，成为技术高手、管理强将、商业精英和专业明星等等。有的人一生变换多种职业，向工作的外延发展。随着环境的变化和个人能力的提高，不断追求成功，实现人生价值。有的人选择成功或合理的策划而实现事业有成、家庭幸福，有的人选择失误或缺乏策划而导致穷困潦倒、无所作为。

（三）就业过程与职业生涯

1. 就业过程特征

就业过程特征示意图如图 2 - 4 所示。

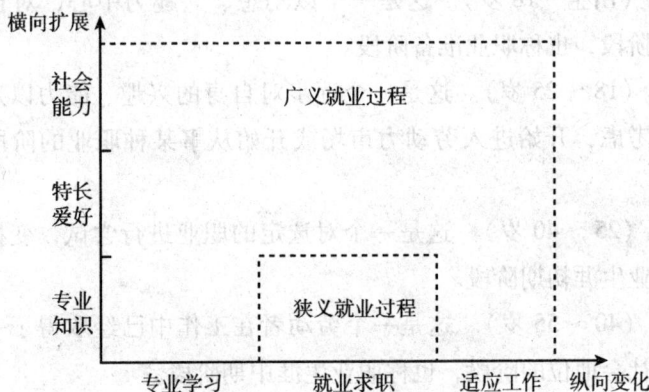

图 2 - 4　就业过程特征示意图

　　目前各高校所理解并进行操作的就业过程，是局限于专业知识层面上的，以求职、签约、上岗为起始点的狭义性的就业。就业职能部门以离校签订协议作为工作结果，统计就业率，上报工作成果。

☞ **分析衔接**

　　"什么专业去什么性质的企业或者什么性质的企业安排什么专业应聘"，是目前各高校组织就业活动的惯例，属于以专业知识学习为依据的狭义性就业。目前大学生就业后一年内流失率高达70%的统计说明，找到工作报到上岗是学校理解的就业，不是大学生本身的就业。就业必须能胜任工作、适应环境，而后一阶段（时刻做实事）比应聘求职（过程的片段）更为重要，甚至专业知识暂时搁置，人际交往、灵活应变、吃苦耐劳、自信诚信等社会能力决定着工作是否能完成，爱好及特长影响着工作能否出色。没有广义的就业过程作

"沉积"，即使顺利就业也容易回归到流失大军的行列。

2. 就业过程与职业生涯的关系

职业生涯是三个层面、人的一生的职业发展过程，时间上包容了就业过程，空间上拓展到工作态度、价值观和角色变换与确定。

就业过程与职业生涯的共性都是为围绕自己生存、发展而做的工作，具有连续性、动态性，都要求有创新性。

就业过程与职业生涯的不同点是就业过程有学校就业部门相关人员参与、帮助，是局部的职业生涯。职业生涯主要依赖个人自我认知、自我设计、自我升华的能力，具有超前性、独特性，二者在阶段划分上有所不同。

3. 职业生涯阶段划分

国外把人的职业发展过程分为 5 个阶段。

（1）成长阶段（出生～18 岁）。这是一个以幻想、兴趣为中心，对自己所理解的职业进行选择与评价的阶段，也称职业准备阶段。

（2）探索阶段（18～25 岁）。这是一个逐步对自身的兴趣、能力以及对职业的社会价值、就业机会进行考虑，开始进入劳动力市场或开始从事某种职业的阶段，也称进入组织（学校）阶段。

（3）确立阶段（25～40 岁）。这是一个对选定的职业进行尝试，变换工作，到逐步稳定的阶段，也称职业生涯初期阶段。

（4）维持阶段（40～55 岁）。这是一个劳动者在工作中已经取得了一定的成绩，维持现状，提升自己的社会地位的阶段，也称职业生涯中期阶段。

（5）衰退阶段（55 岁以后）。这是一个职业生涯接近尾声或退出工作领域的阶段，也称职业生涯后期阶段。

我国专家也提出与之相似的划分方法，即萌发期、继承期、创造期、成熟期和老年期。

【拓展分析】

标题：为什么挖不到水？

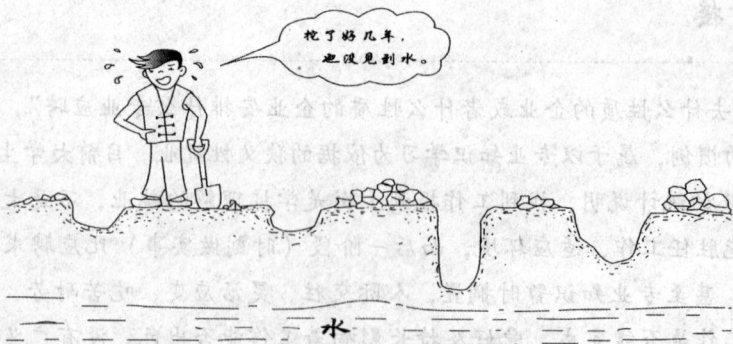

1. 试回答下列问题。

（1）图片的直观寓意是什么？

_____

（2）结合就业过程，分析该图片说明了什么。

_____

2. 思考并叙述就业活动付出量与就业效果之间的关系。

（1）什么情况下付出量与效果呈正相关？

_____

（2）什么情况下会出现负相关现象？

_____

_____

第二节　职业生涯规划

一、职业生涯规划

（一）职业生涯规划概述

1. 职业生涯规划的含义

职业生涯规划亦称职业生涯设计，简称生涯规划，是指个人通过对自己职业生涯的各种主客观因素进行分析、总结和测定，并结合自己的兴趣、爱好、能力和特点，以确立个人最佳的职业奋斗目标。其主要内容是为实现个人最佳职业奋斗目标而进行一系列生涯发展系统安排的活动或过程，最高目标是实现自身发展和组织发展相结合。

2. 职业生涯规划的发展历史

在西方，大学生职业生涯规划教育作为提高就业者的综合素质、促进社会成员充分就业的有效手段，已有一百多年的发展历史。

美国著名的职业指导专家埃德加·H. 施恩（Edgar. H. Schein）提出职业锚理论，强调个人能力、动机和价值观三方面的相互作用与整合。作为一种职业生涯规划咨询、自我了解的工具，职业锚问卷现已成为国外职业测评运用最广泛、最有效的工具之一，在协助公司或个人进行更理想的职业生涯发展规划方面贡献巨大。

20 世纪 70 年代，美国联邦教育署署长马伦（Marland）博士为解决学校教育与社会对人才需求的脱节问题，引导青少年从"升学主义"的浪潮转向"职业发展"的正途，标志着美国现代职业生涯教育运动的开始。

3. 国外大学生职业生涯规划的教育

综合国外大学生职业生涯规划的情况，其优势集中表现在以下几个方面。

（1）注重职业生涯教育的全程化和发展性。

学生的职业生涯教育从幼儿园开始到进入大学之前，大多具备了基本的职业发展能力，自我意识、规划体系、专业视野在大学阶段得以持续培养和提高。

（2）职业生涯教育的计划性、组织性凸显。

政府不仅为学校开展职业生涯教育提供了法律上的支持，更是加大了财政投入。高校内部普遍拥有固定的机构、完备的设施设备和专业化的就业指导队伍。

（3）注重大学生职业生涯规划的服务。

高校等教育机构大力开展职业生涯教育课程，科学开发并充分运用相关职业测评手段，并采取多元化技术（如个别咨询、团体咨询或工作坊等形式）推动大学生职业生涯规划教育的发展。

（二）我国大学生职业生涯规划的缺陷

1. 职业生涯规划的主体错位

大学生的职业生涯规划包括生涯规划的分析、设计和实施，主体都应该是大学生。但目前教育体制下很多大学生习惯于按他人既定的方向前进，依赖就业部门的指导，很少花时间去探究自己的人生目标。

2. 高校就业指导队伍的数量和整体素质有待进一步提高

从全国各高校就业指导工作的开展情况看，大多数高校存在从事就业指导的人员少而杂，数量上不仅严重低于发达国家比例，从事职业生涯规划的专职教师更少，大部分教师经验不够、理论不深。

3. 职业生涯规划课程体系建设方面存在严重欠缺

各高校基本都设立相应的学生就业指导服务机构，平时也以网络、报刊或讲座的形式进行了一些就业服务和指导工作，但职业生涯规划教育课程很少作为一门专业必修课程引入学校日常教育教学中，往往以签约作为工作的重点和结束点。注重学生毕业环节的指导和服务，而很少关注学生的终生发展。

☞ **分析衔接**

高校就业指导部门目前对于手续办理、信息提供、政策指导等方面功能完备，对于技巧训练、决策咨询、生涯规划和心理辅导等方面的内容明显缺失。这种情况直接导致很多学生进入大学后对学校生活、求职、就业等产生迷茫和困惑现象，个别学生甚至产生心理问题。

新时期高职院校的特点要求就业教育应该正规化，如对新入校的学生，应重点开展专业和职业前景教育，引导学生树立正确的职业观念和职业理想；大二阶段，采取多种科学的测评手段，帮助学生发现和了解自身的缺点、兴趣、爱好和特长，在准确评估自我的基础上，指导学生确立科学的职业目标；大三阶段，指导学生参加有益的职业训练，传授学生求职和面试技巧、求职信的写作等方面的知识，提高学生自我认识、自我激励、自我决策和自我完善能力。

二、职业生涯阶段特征与策划

（一）职业准备阶段

1. 特征

典型年龄为 0～18 岁，是充满幻想、追求爱好的年纪。其主要任务是职业想象力，评估不同的职业，接受必需的教育。

2. 策划

早期需要家庭、幼儿教师的诱导，形成自己喜欢的目标和理想。中期在家庭根据自身个性特征，接受正规教育和课余教育，为培养符合个性的特长打下基础。后期以自己为主，接触社会并初步形成职业意向，或准备进入高校学习，或从事职业技能学习以及等待就业。

（二）进入组织（学校）阶段

1. 特征

典型年龄为 18～25 岁，其主要任务是在一个理想的组织中获得一份工作或学到足够的知识、技能、信息以后，选择一份合适的工作。一般来说就是大学毕业以前，是人生在校学习的阶段。

2. 策划

职业教育或大学教育也有分科、分系，学生可以学到一些专业的知识，并摸索到自己的兴趣所在，对自己的未来事业也会有些期望和目标。但事实上，由于种种原因，学校教育和实际的工作差异颇大，大多数学生对专业设置、自身的兴趣、社会未来的变迁也不能完全了解，并决定自己的目标。

因此，需要自我认知探索期及成长期对个人生涯的影响，需要根据个人个性不同，自我设计综合能力培养计划。设法将职业取向逐渐具体化，使职业取向特定化，发展完善合乎现实的自我概念，学习开创较多的就业机会。

（三）职业生涯初期阶段

1. 特征

典型年龄为 25～40 岁，其主要任务是学习职业技术，提高工作能力，学习组织规范，学会协作与共处，逐步适应职业与组织，期望未来职业成功，即走上职业岗位，逐步适应职业岗位要求的时期。这是一个人一生工作最主要的阶段，企业组织中 90% 以上的员工多在这个年龄范围内。

2. 策划

可以分为两个年龄段，根据社会职业需求以及自己的能力、愿望，作出职业选择。前五年属于刚出校门的职场新人，对企业运作、工作本质及职业的内涵特征并不了解，选择企业、职业多是父母、师长的意见或道听途说的。等到实际进入工作岗位，往往事与愿违，差异颇大。因此，不稳定是他们的特点，理想与现实的落差也使他们不断调职、跳槽、换工作，以寻求他们的理想，这就是"试验期"。一般要到 30 岁左右，才会逐渐安定下来。这个时期要学会及时总结，对比分析，博采众长，学会优秀的工作技能。

后十年是职业稳定期，这一段时间，大部分的人在此时应该已确立了其事业发展的目标。经过十年的试验和磨炼，从而立之年过渡到不惑之年，要在专业技能方面或人际关系上打下牢固的基础，保持圆满的工作热情和工作心态，在组织内全力发挥、贡献所能。

（四）职业生涯中期阶段

1. 特征

典型年龄为 40～55 岁，是所谓的"生涯中期"，有人称之为危险期。其主要任务是对早期职业生涯重新评估，强化或转变职业理想，对中年生活做适当选择，在工作中再接再厉。这一阶段中多数人稳定于某种职业，但也有重新定位选择者。

2. 策划

如果通过稳定期的充分发挥个人的知识、能力和技能的竞争后，表现特殊或特别获得上司的赏识，可能进入企业核心，或成为独当一面的部门主管、高级顾问等。此时此刻，要抓住机会，更好地肩负更大的责任。

如果没那么幸运，金字塔形的组织越往上层人数越少。一般人心理上一时无法调适，会对自己的能力、理想等产生怀疑，即进入"中年危机"。此时此刻，可以对自身未来生涯再做一次思考。如何决定？最主要因素要看是否有好的生涯规划。如果转行或自行创业，行业的专业知识、自己的经济能力是否已具备？如果失败，家庭生计又如何维持？离开现在的公司，另谋他职，自己的专业、能力、人际关系又如何？这时除非你早有了规划，累积了相当的资金资本、能力资本和人脉资本，有长期失业的心理准备，否则，将面临人生的最大"负担"和"输不起"的考验。

此时也可以作出"宜动不宜静"的选择，而进入"维持期"，选择留在公司里。就算没能晋升，也可能有多年累积的专业知识和判断力，从事待遇不错的重复性工作。在现实的企业环境中，他们也有可能被冷落、忽视，甚至被讽刺，但必须忍耐。

（五）职业生涯后期阶段

1. 特征

典型年龄为 55 岁以上，即退休期，主要任务是继续保持职业成就，维持自尊，准备光荣引退。

2. 策划

可以调整心态，做好退休后的打算，也可以选择"退而不休"，发挥自己的经验丰富的优势，在施展才能的过程中证明自己的价值所在。无论选择退或不退，都要防止心态变化，对一个工作了近 40 年的人来说，一下子改变工作角色或者无事可做，他们深感难以面对。有些人退休后，突然老了许多，就是心理无法调适的结果。

三、职业生涯策划的分析

（一）职业生涯策划的综合分析

1. 职业生涯策划角色分析

职业生涯策划角色分析过程如图 2－5 所示。

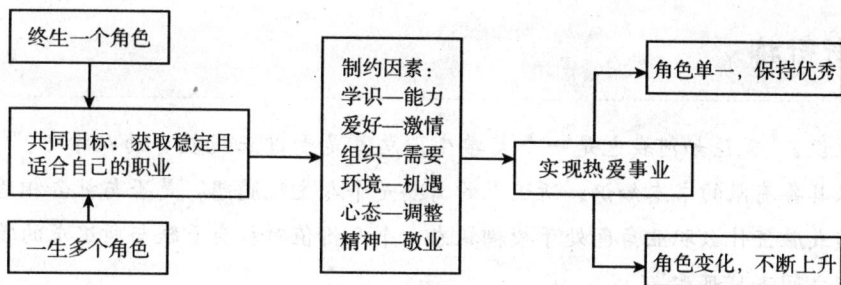

图2-5 职业生涯策划角色分析过程

2. 职业生涯策划的条件分析

职业生涯策划的条件一是社会发展的客观需要，特别是社会职业的现实要求；二是大学生自身的实际情况，其中起主要作用的是大学生自己。职业生涯策划条件分析过程如图2-6所示。

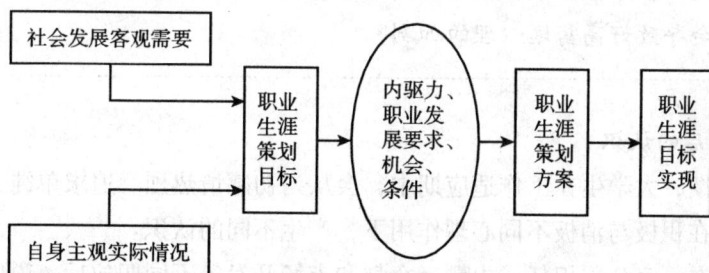

图2-6 职业生涯策划条件分析过程

因为职业生涯规划不是社会或学校强加在个人身上的实施方案，而是大学生在内心动力的驱使下，结合社会职业的要求和社会发展利益，依据现实条件和机会所制订的个人化的实施方案，所以，它是从个人的角度来讨论职业生涯规划。

3. 实现职业生涯策划的途径

（1）自我认识。认识组织需要、环境机遇，认识个人现有能力和需要弥补的"短板"，认识如何培养爱好和激情。

（2）自我规划。确定职业方向和目标，制订职业发展道路计划。

（3）自我管理。明确需要进行的自我学习、提升准备和行动计划。

（4）自我实现。反馈评估，修正完善。

（二）职业生涯策划的认识差异

1. 校园内的认识

社会调查显示：即使许多认真读书、在老师印象中有发展前途的大学生，他们的自我认知也是"不清楚自己想做什么，不知道擅长做什么，不知道从何处下手设计未来，不知道社会需要什么人才，只知道自己是个优秀的学生"。因此，在校生对职业生涯的认识是"失真"的认识。

👉 分析衔接

高职生说，"无论如何我也是一个大学生，总算是受过正规教育的人才吧?"其实自身能力结构只具备有限的书本知识;所追求的需要是个人主观臆想，是否与社会相适应却不知道;能扮演或胜任什么职业角色处于模糊状态;个人价值对社会贡献与所追求的物质、精神利益的欲望之间不"匹配"。

很多高职生期望担任公司办公室工作，并认为这样的工作做好了可以干一辈子。实质上他们追求的是形式上的职业生涯，文职工作分角色、分层次，重要度不同，待遇相差很多。高职生对能造成的心理反差和要承担的工作挫折心中无数。

一位有多年教学生涯的职业教师，工作中经常流露出"我培养的不是简单劳动者，而是职业经理人。"豪迈的语言的确能激发学生的遐想，但是职业经理人不是教出来的，是在实践中拾级而上的。在不懂实践操作过程，老师的价值观、教学经验不会化作学生的工作经验情况下，会不会导致好高骛远心理的加剧?

2. 适应工作后的认识

根据就业反馈，大学生在工作适应期中，会从当初感情热烈、追求单纯、理想化变得比较理智和现实，在积极与消极不同心理作用下，产生不同的认识。

一位大学生在一家公司担任过内勤、企划和市场开发等不同职位后，说出一句耐人寻味的话:"我现在仅仅是有了饭碗，但并没有真正就业，越干越觉得要学习的太多。"

一位做副总经理助理的大学生，失望地说:"助理说得好听，和打杂差不多，忙碌琐事，还要受冤枉气。"

一位傲气较胜但能吃苦且能干的高职生，被提拔到基层业务经理的岗位上。上司在检查工作时发现其能力很出色，对他说:"好好干，过一段看能不能到公司做业务管理工作。"这个学生马上摇头说:"不行，不行，还是让我在下面多干一段时间吧"。

👉 分析衔接

为什么刚找到工作说是就业，工作适应了却说没有真正就业?从过去大学生追求形式上工作角色来看，她其实实现了目标。但是从未来职业生涯角度看，她认识到实质上自己不具备在哪个位置上更能不断出色地实现自身价值，完成所追求的理想目标的能力。不具备能力，就可能平平庸庸地度过一生。

为什么幸运地快速进入他人美慕的工作岗位，却说出"助理与打杂的差不多"?一个没有实践经验的人突然被安置在助理岗位，不是说地位、能力仅次于经理。助理的任务就是围绕"维护住经理工作的顺利开展"，惯例认为:只要对经理工作有利，就是你该完成的任务，所以感觉杂而乱，还要受冤枉气。如果不能及时调整心态，会成为职业"橡皮人"。

做普通员工有傲气，提拔为管理者反而低调，要求在基层多干一段时间。这是因为工作投入所产生的明智看法，随着认识工作、认识自己的深度加大，就会更加低调地设计自己的职业发展之路。

从形式上的职业生涯开始，到追求实质上的职业定位，是对职业生涯认知的一次飞跃。

---

3. 成功"职业经理人"的认识

📑 **案例导引**

一个公司在艰苦创业之时，一些人跟着总经理同甘共苦，甚至在缺乏资金、没有工资的情况下，拿出自己的钱供公司使用。在公司发展兴旺之时，已经成为副经理、部门经理的一些人却提出辞职。令人费解的是，走后的工资收入比在公司时还低，甚至自己创业的公司效益年收入20多万元，远远低于当副总的年薪40万元。

一个工作能力突出的人，在一个公司兴旺之时拒绝了董事长的高薪聘请，却在出现困难时刻选择进入。

案例引申：

进入职业经理人的层次，生活消费需要已不是首要考虑的问题，随着工作经验的丰富和人脉关系的拓宽，更期望工作能独立决策，可以按自己的设想施展才干，有工作自由等，也许这就是"大国之臣"与"小国之君"的认识变化。

成功的"职业经理人"在考虑职业生涯时，不以工作轻松为乐趣，追求知难而上的成就感，甚至为了追求理想目标可以暂时放弃一些物质利益。

（三）高职大学生职业生涯策划的薄弱点

1. 角色定位难

高职大学生不在传统观念的"正册"中，一直在校园内学习所谓的职业技术，刚接触实践就"提前就业"。

👉 **分析衔接**

高职大学生经常会烦恼、茫然。我们是什么？说我们是大学生吧，又总觉得有些不能理直气壮，若不是大学扩招，高职升格，也许就是中专生。

我们怎么就业？像本科生一样求职，本科生就业难，我们显然更处于劣势，力不从心。

本科生追求做"白领"，我们说是当"银领"。银色耀眼可以感到欣慰，查找半天得知"银领"又叫"灰领"。

---

2. 途径不明确

高职培养目标是明确的，为了鼓舞学生、有利于招生，甚至将未来职业角色都定位于中层以上。

然而，毕业之后进入职业生涯初期阶段，即 25～40 岁。这个阶段的前期（前五六年时间）是适应期，学校的知识不会自然化作中层管理者的出色工作能力。对培养大纲所描述的各种中层管理职务角色，其实现目标的途径如何具体操作没有描述，也没有进行正规职业角色升迁过程的教育。

☞ **分析衔接**

一个医疗设备公司到一所高职学院请求订单培养一批学生，目标是"能胜任公司要求的项目经理"。职业角色目标明确，有诱惑力，学校下工夫派骨干教师授课，理论知识深度及广度都得以强化。

然而，一年之后，十五名学生仅仅剩下一名还在公司。各个老师都在努力尽责，为什么不能使学生和用人单位心满意足？很显然，项目经理除了专业能力外，还需要人际交往能力、意志力、自信心、谈判能力、管理能力等等，这些社会能力及经济管理能力显然是"空白"的，即使专业能力也需要专业知识加上工作经验丰富才能转化形成。订单学生只明确目标，却不知道途径，依然会失败。

---

3. 起步难接受

由于职业培养目标是"一线管理者"，自然需要掌握一线娴熟的工作技巧。由于高职学校"定期（每年一届）批量毕业"的特点，用人单位不能"全单照收、批量提拔"。于是，高职学生需要在一线与所有员工一样工作一段时间，优秀者逐个提拔使用。起步工作时间长短不确定，提拔机会不肯定，会造成高职生因为工作甚至与初中生做的一样，收入与农民工相似，以致心态不稳、情绪低落。

☞ **分析衔接**

一所本来很漂亮的高楼，不到十年就要拆除，其原因是地质和楼地基的原因。人们喜欢和惋惜的往往是上层漂亮的外表和内部的舒适，容易忽略的是貌不惊人的基础。

住在基础不牢的漂亮大楼里会提心吊胆，从事基础不厚的中层管理角色会难以得心应手，时时担心竞争失败。

高职大学生如果起步阶段不能脚踏实地，极可能在修筑一座个人的表面华丽但基础薄弱的"职业大楼"。

第三节　职业生涯设计的创新理念与方法

一、创新理念

（一）就业过程的营销理念

1. 就业营销理念的含义

就业营销理念没有规范化的解释。可以理解为在就业活动过程中，为更好地实现就业目的，所依照或采用的谋求、筹划、运作的观点、看法及指导原则。

用经济理论解释就业，不是牵强附会。就业途径在"人才市场"，就业模式为"市场调节就业"，就业提倡的方法是"有效地推销自己"等等，足可以说明就业过程完全有必要采取经济上的营销理念。

分析衔接

营销是经济学用语，解释几乎五花八门。作为行为过程可以解释为"营销是一种利益之运作，通过相互交换和承诺，建立、维持、巩固与消费者及其他参与者的关系，实现各方的目的。"不难看出：就业活动的本质是一种与双方利益相关，需要运筹、优化方案，进而实现双方价值目标的过程。

2. 运用就业营销理念的意义

首先，追溯到事物的根本。就业作为一种利益运作、需求优化等活动，不是将就业过程庸俗化。经济是整个社会方方面面的基础，生存的第一位需求是衣食住行，发展也离不开经济成果证明自身价值和社会价值。揭开就业的本性，不会引发就业的唯利是图。相反，如果人才市场供求双方都遵守营销规则，就不会出现学生一方"不知个人能力，只问待遇如何"，用人单位一方"对刚进入社会的大学生设定'两年工作经验'门槛"的现象。营销理念讲究的是双方利益的兼顾，提供对方满意的价值以实现自己的目的。

其次，制约就业功利化。目前人才市场就业功利化的表现，不是因为就业营销理念的影响，相反，正是就业营销理念的缺失，使双方忽视"双赢"的原则。如果按照就业营销理念办事，大学生先解决自身的价值提高问题，用人单位主动去学校寻求合作，就会赢得双方应得的利益。

最后，运用就业营销理念，可以使用市场营销中的方法，寻求最佳的求职方案，有效地推销自己。

（二）就业中的 STP 营销

1. STP 营销

STP 营销是指三种营销活动，即市场细分（segmenting）、目标市场确定（targeting）和市场定位（positioning）。这是美国营销专家菲利普·科特勒在总结温德尔·史密斯提出的市场细分概念的基础上，发展和完善出的市场营销之道。

☞ **分析衔接**

根据STP理论，市场是一个综合体，是多层次、多元化的需求集合体。（用人单位所需人才亦如此）

任何企业都无法满足所有的需求，企业应该根据不同需求、购买力等因素把市场分为由相似需求构成的消费群，即市场细分。（任何大学生都不能满足所有用人单位的需要）

企业可以根据自身状况选取有一定的、符合自身的目标和能力的细分市场作为公司的目标市场。（大学生也必须如此）

随后，企业需要将产品定位在目标消费者所偏好的位置上，并通过一系列营销活动向目标消费者传达这一定位信息，让他们感知到这就是他们所需要的。（是用人单位认可和喜爱的）

2. 就业市场细分

按就业STP营销理论，就业市场中的个人行为也应该是目标型就业策划过程。

所谓的就业市场细分，是指将整个就业市场提前进行不同层次、不同特征的分门别类。

不论学什么专业，都有成功的可能，任何专业面对的岗位都不止一个。学技术的可以到很多行业企业，学经济的工作似乎遍布社会各个角落，学外贸的更是符合改革开放的市场经济形势等。事实上，无论学习什么专业都存在着顺利就业和就业难两种现象。

☞ **分析衔接**

大学生初次到人才市场，会有眼花缭乱的感觉。很多工作似乎都对口，任何工作又不知道怎么做。如公司的"内勤白领"工作，文秘专业、公关专业、管理专业、营销专业都可以胜任。学计算机专业的可以和很多行业工作搭边，却不知道在哪个公司最能发挥自己的优势。于是，遍投档案甚至达到自己都不知道投了多少个招聘单位。结果依然是"广种薄收"，甚至也会出现"颗粒无收"。

不知道自己该干什么，不知道自己能干什么，不知道自己怎么能让对方喜欢，不知道自己怎么能干得最好等等，最根本的原因在于不懂得对就业单位进行市场细分。

3. 就业目标市场选择

所谓的就业目标市场选择，就是指每个大学生必须先对就业岗位群进行细分，选择个人能进入并能实现自身价值的几个岗位作为目标就业市场。

☞ **分析衔接**

北京市属院校工商管理专业的毕业生被世界著名的会计师事务所录取，专家认为他的成功在于他的两年兼职工作的经历和求职的技巧。他的两年兼职一直围绕就业目标岗位所进行，在求职前专门对用人单位的产品市场进行了有价值的市场调查。

用人单位有千万个，被录用的原则只能是一个，即被公司认可的有价值的人。

4. 就业竞争性定位

所谓的就业竞争性定位，是指经历竞争之后，通过塑造和发挥个人优势，达到受用人单位青睐的目的。

就业定位主要是职业定位，是在充分了解自我的基础上，确定自己的职业方向和目标，并制定相应的行为策划，赢得用人单位的偏爱和认可，使自己在工作中保持一种优势地位。

在定位过程中，想要赢得用人单位的偏爱和认可，不仅取决于专业能力和工作干劲，也取决于与周围环境的融合性，意志、诚信、情绪控制、感情交流等都发挥着不可或缺的作用。

☞ **分析衔接**

目前许多大学生并没有解决"正确认知自我"的问题。主观上存在着种种认识误区，客观上受各种环境因素干扰，主意飘忽不定，定位盲目、模糊。一会儿"房地产挣钱多"，一会儿"做药品、保健品营销能发财"，一会儿"国有企业饭碗牢靠"，一会儿"公务员地位高，待遇好"……世界上没有破产的行业，只有破产的企业；没有无发展前途的职业，只有无发展前途的个人。从一个职业大跨度跳到另一个职业，个性特征、专业基础能否适应必须提前考虑。不知道自己的优、劣势，主观刻画出一帆风顺的设想，即使进入用人单位，也很难完成合理定位。

（三）职业生涯设计的 TOP 法则

1. TOP 法则的含义

T 代表 talent，是指是否具备做好这项工作的能力；O 代表 organization（也有人称为 opportunity），是组织或机遇之意，指从事的这项工作是否符合企业的需要，是否能够给企业带来发展机会、增值效应；P 代表 passion，是指是否有足够的兴趣和激情投入自己所从事的这项工作。

根据国外职业发展专家的观察与分析可知，要经营好自己的职业，必须遵循 TOP 法则，如果能同时拥有这三方面的条件，就是职场中的精英，一定能拥有一个前途广阔的职业生涯，成为至 TOP 的人（即 TOP 职业的身居要职的人、最优秀的人、最重要的人）。

☞ **分析衔接**

按照国外研究，如果要将做业界的成功人士作为职业生涯发展目标，必须从 TOP 法则的三方面着手。其中，T 和 P 两个因素关乎个人能力、兴趣等，是内在条件；O 是关于外部组织（公司）、环境（机遇），是外部条件。目前，我国 就业指导者能引用成功人士做就业激励教育，大学生本身能自我设计成功人士梦想，在求职中急于索取有利于自己的条件，无论教育者还是大学生对 TOP 或意识缺失，或忘在脑后。

----

2. TOP 法则的效用

1）T（talent）——能力的效用

Talent 表示做好某项工作的能力，包含着三个方面的内容：知识、技能和品质修养。

拥有知识并不代表拥有技能，只有通过不断的锻炼、演习和实践，积累相当的经验才能形成技能。

品质修养包括人的价值观、工作态度和性格特征，它能帮助那些既有知识，又有技能的人做事做得更好、更快和更有效率。

☞ **分析衔接**

品质修养是隐形能力，是一个人的基本功；知识和技能是显性能力，是一个人的外功。一个人要想使自己的职业生涯得到发展，首先得培养良好的品质修养，然后再针对相关的专业知识和技能进行学习和演练。目前大学生所具备的是最基本的知识，因此，脚踏实地地深入实践、积累经验是大学生想担任重要角色的首要问题。

2）O（organization）——外部组织环境的效用

组织环境是属于外部因素，是不容忽视的外部条件，是人们实现职业生涯发展目标的平台和驿站，只要求职者能用自身能力为公司带来价值，他就能获得更大的空间和更多资源来推动自己的职业生涯发展。

☞ **分析衔接**

用自身能力给公司带来价值之后，本身也获得了更大的发展空间。往往大学生出于主观意愿，期望能先得到发展空间和个人利益，然后再"尽力为公司去工作"。二者之间微妙之处在于后者不属于平等交易，先得到空间和利益，尽力做工作却是个利益的未知数，"尽力了不是有保证的结果"。这里暴露出大学生目前往往将自己置身于所在组织的对立面思考问题的普遍现象，如一个顶岗实习学生在与前面员工交接中没有清点货物，过了几个月，公司

检查时发现"坏货"问题，需要按照制度罚款时，学生接受不了，理由是"不是我的错，罚我不合理。"问其为什么不及时维护公司利益时，则回答"这不是我的事"。问其这件事怎么办？很轻松地说"公司承担呗"。公司经理非常感慨地说："现在的学生怎么对公司一点感情都不讲呢？心中只有自己，公司绝不能信赖这样的人。"可想而知，任何公司都不会第一时间选择这样的员工重点培养使用。

3）P（passion）——兴趣、激情的效用

Passion 表示对某件事物、某项活动的选择性态度和积极的情绪反应，以及强烈的情感表现形式。

人的心理活动中的情绪情感对人的行为具有正激励和负激励两种作用，有时候甚至对人的行为作用强于理智。积极的情绪（兴趣）和强烈的情感（激情）会引发人对某种职业活动具有的比较稳定而持久的心理倾向，为自己提供持续追求的动力和遭遇挫折时克服困难的勇气。

👉 **分析衔接**

在现实生活中，也会出现知识、技能和品质修养都很优秀的人，他们的工作业绩也很出众，但他们在工作上表现出意愿不强。

最根本的原因就是他们从事的工作不是他们的兴趣所在，他们不能保证自己会持续地把精力和激情投入到工作中去，因而在职业发展方面很难有更大的突破。

大学生就业也应该考虑兴趣和激情，过于功利性最终会因为缺乏持久的内动力而无法保持工作业绩的出色。很多大学生求职到大家羡慕的工作角色之后，渐渐地失去原来的喜悦，敷衍了事维持工作，不明白的人会以为其不珍惜工作，其实他们是没有足够的兴趣和激情投入到这项工作中，即使有能力也不会有长期效果。

3. TOP 法则三因素的关系

TOP 法则三因素的关系如图 2－7 所示。

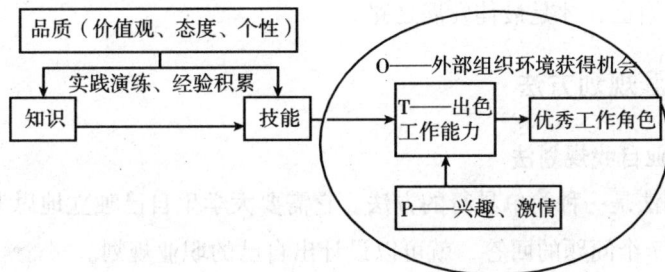

图 2－7　TOP 法则三因素的关系

大学生若想在职业生涯过程中实现个人理想，成为优秀的职业经理人，必须有出色的能力和高涨的工作激情，才能为组织创造出机会和成果。

（四）就业过程的交换理念

1. 交换的含义

"交换"一词往往被理解为"有形物之间的买卖关系"，其实不然。交换的含义也叫"交易"。"换"即相同的价值进行平等交易。交换是文明社会里最合理和普遍接受的方式，无论是物质的还是精神的，双方觉得付出与回报等价，就可以完成交换。

☞ **分析衔接**

传统交换可分作 4 类：①生产过程中产生的各种活动和各种能力的交换；②生产过程中的产品交换；③产品在最后进入消费领域之前，各个不同生产单位之间在产品生产、运输、包装、保管等过程中的交换；④直接为消费而进行的交换。

现代交换可扩展到各种活动和能力的交换，包括人力资源市场。

----

2. 就业交换理念的要求

如果就业接收单位属于商业性组织，应聘者与组织之间就是就业交换关系，也是利益交换关系。既然是交换关系，一方不满意这种关系就难以维持。因此，树立就业交换理念就有必要性。

首先，任何一方都要先明确能给对方提供的利益是否"货真价实"。不要产生只顾自己的遐想，期盼对方奉献。

其次，准确认知自我。大学生作为就业主体，不要将就业难完全归咎于客观条件。个人的知识与能力之间差距很远，个人能力的不足决定了组织对你的职业角色的确定。能力不够则交换不成，交换不成自然导致就业难。

最后，遵守交换原则，主动寻找时机和方法使自己的知识及经历实践获取经验，养成良好的职业品质，使工作能力出色，化作就业交换价值的提高。在今后的职业生涯过程中，只有这样不断地完善自己，才是最佳发展之路。

二、职业生涯规划方法

（一）国外职业自我规划法

职业自我规划法是一种简单易行的方法。它需要大学生自己独立地思考，并且回答以下 7 个问题。综合这 7 个问题的回答，就可以设计出自己的职业规划。

1. 我是谁

首先要考虑自己所扮演的社会角色，如学生、青年人、求职者等等。其次还要凸显出自己的性格特点和能力素质。尽可能多地回答这个问题，并按重要性进行排序。

2. 我想做什么

大学生在回答时，需要回忆从儿时到现在每个阶段的理想，依次把它们列出，并查漏补缺，再依照理想实现的程度大小来对这些答案进行排序。

3. 我能做什么

这是对自己能力和潜力的考察。一个人的能力直接决定了他的职业定位，而他的潜力大小则决定了他职业发展空间的大小。应从个人的兴趣、做事的毅力、处理事情的判断力、知识结构的健全程度以及观念的更新来认识。考虑成熟之后，就可以把自己确定的能力和潜在的能力归纳进行排序。

4. 环境支持和允许我做什么

主要考察影响大学生职业规划的主客观因素。主观因素包括人际交往、社会关系，客观因素包括宏观环境和工作环境。把一切有利于自己发展的因素调动起来，单列后按重要性排列出来。

5. 我的优势

作为大学生的优势是学习过什么、做过什么、最成功的是什么。优势是发展期职业生涯策划的动力之源。

6. 我的弱势

主要是指性格的弱点和经验的欠缺。这两方面的正确认知，可以找出偏差予以补充，有助于自我提高。

7. 我的职业规划是什么

先从上述 6 个问题的答案中找出内容相同或者相近的，然后把它们连在一起，最后共同点最多的连线就是你以后的职业发展方向。

根据发展方向，可以具体制订行动计划，主要分为短期目标、中期目标和长期目标三种。

短期目标一般为 1～2 年，又分为日目标、周目标、月目标、年目标。中期目标一般为 3～5 年，长期目标一般为 5～10 年。根据这些具体目标列出可行方案，全身心投入到行动中。

（二）职业锚

1. 职业锚概念

所谓职业锚，又称职业系留点。锚，是使船只停泊定位用的铁制器具。职业锚实际就是人们选择和发展自己的职业时所围绕的中心，是指当一个人不得不作出选择的时候，他无论如何都不会放弃的职业中的那种至关重要的东西或价值观。

职业锚（Career Anchor）概念是由美国麻省理工学院心理学家施恩（Edgar. H. Schein）提出来的，是自我职业发展的定位，即个人进入职业世界后，根据实际工作实践，所感受到的与自己内省的动机、需要、价值观、才干相符合的，能满足自我的一种长期稳定的职业定位。

2. 职业锚类型

1) 技术/职能型职业锚（TE）

技术/职能型的工作者有特有的职业工作追求、需求和价值观，始终不肯放弃的是在专业领域中展示自己的技能，并不断把自己的技术发展到更高层次的机会。

这类型工作者希望通过施展自己的技能以获得别人的认可，并乐于接受来自专业的管理者，但管理本身并不能给他们带来乐趣，他们极力避免全面管理的职位。

2) 管理型职业锚（GM）

管理型工作者把担任某种领导职务作为最终目标，始终不肯放弃的是升迁到组织更高的管理职位，他们的职业经历使得他们相信自己具备某级别管理的能力：分析能力（在信息不全面以及不确定的情况下，发现问题、分析问题、解决问题的能力）、人际沟通能力（在各种层次上影响、操纵和控制他人的能力）、情感能力（在情感危机前不会受到打击，在压力下不会变得无所作为的能力）。他们具有这三种能力合成的技能，表现出优越的管理才能。

这类人希望为最终的结果承担责任，并把组织的成功看做是自己的工作。

3) 自主/独立型职业锚（AU）

自主/独立型工作者追求施展个人职业能力的工作环境，始终不肯放弃的是按照自己的方式工作和生活，希望留在能够提供足够的灵活性，并由自己来决定何时及如何工作的组织中。

这类人有职业认同感，宁可放弃升值加薪的机会，也不愿意丧失自己的自主独立性，为了最大程度自主和独立，他们可能创立自己的公司。

4) 安全/稳定型职业锚（SE）

安全/稳定型工作者把追求职业稳定和安全作为行为内驱力排在价值观的首位，始终不肯放弃的是稳定的或终身雇佣制的职位。

这类人工作上倾向于服从，对组织忠诚，对上司言听计从，不越雷池一步，缺乏个人工作主动性，希望有成功的感觉，其成功标准是稳定、安全的家庭和工作环境。这种人的特点很不利于个人的职业生涯的发展。

5) 创造/创业型职业锚（EC）

创造/创业型工作者在工作中，要求有自主权、自由度，能施展自己的才华。始终不肯放弃的是凭借自己的能力和冒险愿望，扫除障碍，创立属于自己的公司或组织。

这类人创造是他们的主要动机，他们往往意志坚定，勇于冒险，并有强烈的创造需求和欲望。可能在某一组织中为别人工作，但同时也会学习并评估未来的机会，一旦认为机会成熟，就会尽快地开始自己的创业历程。

6) 服务型职业锚（SV）

服务型工作者在工作中始终不肯放弃的是做一些有价值的事情，如解决环境问题、增进人与人之间的和谐、帮助他人等。

这类人宁愿离开原来的组织，也不会放弃对这些工作机会的追求。

7）挑战型职业锚（CH）

挑战型工作者在工作中始终不肯放弃的是去解决看上去无法解决的问题，战胜强硬的对手或克服面临的困难。

对这类人而言职业的意义在于允许战胜不可能的事情。

8）生活型职业锚（IS）

生活型工作者在工作中始终不肯放弃的是平衡并整合个人的、家庭的和职业的需要。希望生活中的各个方面都能够协调统一，向前发展，因此，他们希望职业有足够的弹性允许其来实现这种组合。

（三）职业锚测试问卷

这份问卷的目的在于帮助你思索自己的能力、动机和价值观。请尽可能真实并迅速地回答下列问题。除非你非常明确，否则不要作出极端的选择，如"从不"或者"总是"。

下面给出了40个问题，根据你的实际情况，从"1～6"中选择一个数字。数字越大，表示这种描述越符合你的实际情况。例如，"我梦想成为公司的总裁"，你可以作出如下的选择：选"1"代表这种描述完全不符合你的想法；选"2"或"3"代表你偶尔会这么想；选"4"或"5"代表你经常（或者频繁）这么想；选"6"代表这种描述完全符合你的日常想法。

回答问题时，将最符合你自身情况的答案填在每个问题后面的括号中。

选择答案：1. 从不　　2. 偶尔　　3. 有时　　4. 经常　　5. 频繁　　6. 总是

1. 我希望做我擅长的工作，这样我的内行建议可以不断被采纳。（　　）

2. 当我整合并管理其他人的工作时，我非常有成就感。（　　）

3. 我希望我的工作能让我用自己的方式，按自己的计划去开展。（　　）

4. 对我而言，安定与稳定比自由和自主更重要。（　　）

5. 我一直在寻找可以让我创立自己事业（公司）的创意（点子）。（　　）

6. 我认为只有对社会做出真正贡献的职业才算是成功的职业。（　　）

7. 在工作中，我希望去解决那些有挑战性的问题，并且胜出。（　　）

8. 我宁愿离开公司，也不愿从事需要个人和家庭作出一定牺牲的工作。（　　）

9. 将我的技术和专业水平发展到一个更具有竞争力的层次是成功职业的必要条件。（　　）

10. 我希望能够管理一个大的公司，我的决策将会影响许多人。（　　）

11. 如果职业允许自由地决定自己的工作内容、计划、过程时，我会非常满意。（　　）

12. 如果工作的结果使我丧失了自己在组织中的安全稳定感，我宁愿离开这个工作岗位。（　　）

13. 对我而言，创办自己的公司比在其他的公司中争取一个高的管理职位更有意义。（　　）

14. 我的职业满足来自于我可以用自己的才能去为他人提供服务。（　　）

15. 我认为职业的成就感来自于克服自己面临的非常有挑战性的困难。（　　）

16. 我希望我的职业能够兼顾个人、家庭和工作的需要。（　　　）

17. 对我而言，在我喜欢的专业领域内做资深专家比当总经理更具有吸引力。（　　　）

18. 只有在我成为公司的总经理后，我才认为我的职业人生是成功的。（　　　）

19. 成功的职业应该允许我有完全的自主和自由。（　　　）

20. 我愿意在能给我安全感、稳定感的公司中工作。（　　　）

21. 当通过自己的努力或想法完成工作时，我的工作成就感最强。（　　　）

22. 对我而言，利用自己的才能使这个世界变得更适合生活或居住，比争取一个高的管理职位更重要。（　　　）

23. 当我解决了看上去不可能解决的问题，或者在必输无疑的竞赛中胜出时，我会非常有成就感。（　　　）

24. 我认为只有很好地平衡了个人、家庭、职业三者的关系，生活才算是成功的。（　　　）

25. 我宁愿离开公司，也不愿频繁接受那些不属于我专业领域的工作。（　　　）

26. 对我而言，作一个全面管理者比在我喜欢的专业领域内做资深专家更有吸引力。（　　　）

27. 对我而言，用我自己的方式不受约束地完成工作，比安全、稳定更加重要。（　　　）

28. 只有当我的收入和工作有保障时，我才会对工作感到满意。（　　　）

29. 在我职业生涯中，如果我能成功地创造或实现完全属于自己的产品或点子，我会感到非常成功。（　　　）

30. 我希望从事对人类和社会真正有贡献的工作。（　　　）

31. 我希望工作中有很多的机会，可以不断挑战自我解决问题的能力（或竞争力）。（　　　）

32. 能很好地平衡个人生活与工作，比达到一个高的管理职位更重要（　　　）

33. 在工作中能经常用到我特别的技巧和才能，我会感到特别满意。（　　　）

34. 我宁愿离开公司，也不愿意接受让我离开全面管理的工作。（　　　）

35. 我宁愿离开公司，也不愿意接受约束我自由和自主控制权的工作。（　　　）

36. 我希望有一份让我有安全感和稳定感的工作。（　　　）

37. 我梦想着创建属于自己的事业。（　　　）

38. 如果工作限制了我为他人提供帮助或服务，我宁愿离开公司。（　　　）

39. 去解决那些几乎无法解决的难题，比获得一个高的管理职位更有意义。（　　　）

40. 我一直在寻找一份能最小化个人和家庭之间冲突的工作。（　　　）

下一步重新看一下你给分较高的描述，从中挑选出与你的日常想法最为吻合的三个，在原来评分的基础上，将这三个题目的得分再各加上四分（例如：原来评分为5，则调整后的得分为9），然后将每一题的分数填入如表2-1所示的计分表中，然后按照"列"进行分数累加得到一个总分，将每列的总分除以5得到每列的平均分，填入表格中。记住：在计算平均分和总分前，不要忘记将最符合你日常想法的三项，额外加上四分。

表 2 - 1 计分表

TE	GM	AU	SE	EC	SV	CH	LS
1. ___	2. ___	3. ___	4. ___	5. ___	6. ___	7. ___	8. ___
9. ___	10. ___	11. ___	12. ___	13. ___	14. ___	15. ___	16. ___
17. ___	18. ___	19. ___	20. ___	21. ___	22. ___	23. ___	24. ___
25. ___	26. ___	27. ___	28. ___	29. ___	30. ___	31. ___	32. ___
33. ___	34. ___	35. ___	36. ___	37. ___	38. ___	39. ___	40. ___
总 分							
平均分（总分 / 5）							

【课内案例】

中山市威力冰箱厂董事长沈关学先生，是 1989 届华中科技大学理科研究生毕业，本来可以到国家分配的科研单位工作，他却在毕业当年加盟当时的民营企业顺德电冰箱厂，并且拒绝了冰箱厂准备安排到研究所的工作，选择了顺德冰箱厂的基层销售工作，成为当时文凭最高的业务员。

由于能深入全国销售终端脚踏实地地工作，加上出色的学识智慧，三个月后即升为分公司总经理，随后沈关学凭借着出色的销售业绩不久便升为科龙电冰箱国内营销高层主管。从 1993 年起，沈关学先生相继在科龙、三洋、东菱凯琴等公司担任职业经理人，积累了丰富的经营管理经验，在 2006 年开始自己创业，筹划威力电冰箱，担任威力电冰箱厂董事长。沈先生的学历背景、就业选择、职业生涯、个人经验、学做一体等方面综合素质的优异，使其成为名副其实的儒商。

网上评论：

作为一个职业经理人，沈关学毫无疑问是成功的。而见到他本人后，则感觉他更像是一个满腹经纶的学者，他对于目前行业内存在的很多现象都有着自己与众不同的观点，而对于商场激烈的竞争，他同样拥有着一份平和的心态。也许正是因为他深厚的学历背景，使其拥有了丰富的理论知识，而也许正是在经过了这十几年的商场经验积累，使其看清了商场的真面目。

【行为导航】

1. 沈关学先生在就业选择时不存在就业难，相反，其名牌大学的工学硕士学历在当初是凤毛麟角、炙手可热的精英。然而，他毅然选择最基层、最普通的销售工作岗位。这充分体现了他对行业职业生涯发展的"独具慧眼"，并且懂得脚踏实地地"拾级而上"。从他的选择可以看出他的就业思路独特，心态平和，工作认真，丝毫没有当代大学生普遍存在的"急功近利"、"好高骛远"的习气。

问题：为什么沈先生能够主动、安心地从事基层销售工作，而如今的高职生都不甘心选择呢？

_____

_____

2. 沈关学先生在不同企业做职业经理人十多年，才选择自己创业，说明沈先生深知循序渐进之理，没有丝毫的急于求成的急躁。沈先生的职业生涯锚位自我定位合理，虽然创业前多次更换组织、变换角色，却坚持职业发展的连续性、衔接性的原则。

问题：假如是现在毕业或参加工作几年即开始创业，如果像当今宣传的"不能就业可以自我创业"，试想如今大学生频繁跳槽、跨行业就业，职业生涯会顺利发展吗？

_____

_____

_____

_____

3. 沈先生成为名副其实的"儒商"，与他深厚的学历背景有直接关系，说明他即使在最基层做普通工作，也没有放弃自己的理科知识，更及时学习了相关理论。职业生涯发展过程就是一个不断学习与积累经验的过程，是与始终保持对职业的执著精神分不开的。

问题：沈关学先生成为儒商需要补充哪些相关的理论知识和能力？当初选择基层打工是不是对其后期发展有消极作用？

_____

_____

_____

_____

复习思考题

1. 就业过程相关概念有哪些？
2. 简述职业生涯的概念、特点。
3. 简述职业生涯策划的含义。
4. 简述国外职业生涯策划的优势，以及高职大学生职业生涯策划的缺陷。
5. 职业生涯策划分为几个阶段？各阶段的特征和策划内容有哪些？
6. 简述职业生涯设计的创新理念和 TOP 法则。
7. 简述职业锚的内涵与方法。

第三章 就业行为环境——影响就业的外在因素

┌───┐
│ 【学习目标】   │
│ 1. 学习理解就业环境与就业行为环境的概念、相互关系、特性和研究的意义。 │
│ 2. 研究就业行为环境分类，重点掌握外部环境和重要的内部环境各种因素对就业所 │
│   产生的影响。   │
│ 3. 通过研究就业环境的不平衡性，掌握就业不平衡性分析过程，领会就业坍塌等现 │
│   象，掌握高职学生如何回避影响就业难的方法。   │
└───┘

第一节 就业行为环境概述

一、就业行为环境概念

（一）环境、就业环境、就业行为环境

1. 环境

环境一般是指影响生物机体生命、发展与生存的所有外部条件的总体。具体是指围绕着某一事物（通常称其为主体）并会对该事物产生某些影响的所有外界事物（通常称其为客体），即环境是指某个主体周围的情况和条件。

环境既包括以空气、水、土地、植物、动物等为内容的物质因素，也包括以观念、制度、行为准则等为内容的非物质因素。

2. 就业环境

就业环境是指与大学毕业生就业有关的政治、经济、文化等社会因素和家庭、校园、工作以及人为制造的虚拟环境等刺激因素，因为作用于就业行为，因此称之为就业环境。

就业环境对毕业生就业的影响作用是多方面的，有些是直接的、现实的，有些则是间接的、潜在的，有些是积极的、正面的，有些则是消极的、负面的。

就业环境是一种社会存在，是客观的，如同人无法取消病菌，可以采取一定的净化手

段，就业环境也可以帮助大学生提高自身的辨别力、抵抗力，增加辨别干扰的能力。

3. 就业行为环境

就业行为环境是指就业环境中直接对大学生个体行为产生作用的局部就业环境。

对大学生个体就业行为直接起作用的是就业行为环境，每个人的就业行为环境是不同的。

就业行为环境是大学生能感受到的、愿意接受的并信以为真的，对就业行为策划与就业实践有影响作用的所有客观的刺激因素。由于大学生在价值观等方面还不成熟，加上主观上的偏见、错觉、选择性等因素的影响，对有些起消极作用的环境因素也可能信以为真，形成对行为起干扰性作用的因素。

4. 环境、就业环境、就业行为环境的关系

环境、就业环境与就业行为环境的关系如图 3 - 1 所示。

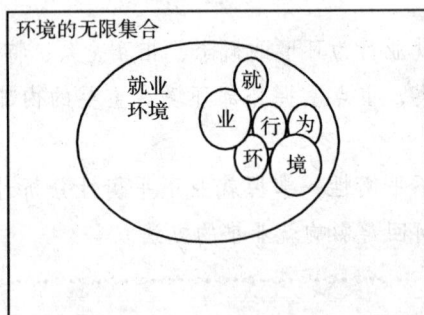

图 3 - 1　环境、就业环境与就业行为环境的关系

三者具有隶属性，就业环境属于整个无限集合的环境中的局部环境，涵盖着每个人的就业行为环境，即就业行为环境 ∈ 就业环境 ∈ 环境。

三者分别具有唯一性、差别性、独特性，整体环境是唯一的无限集合，由于人们对客观认识的局限性，随着客观世界的发展变化，其内含的刺激影响是无限的。就业环境因国家、地域变化和时间变化会有所不同。

就业行为环境属于对个体行为直接影响的环境刺激因素，人与人的就业行为环境是不同的，因此说，其具有独特性。

（二）就业行为环境的解析

1. 就业行为环境的产生

环境是客观的、唯一的、无限的，主观意识只能服从客观世界。而就业行为环境则不然，客观环境不会自然地、完整地、平均地进入每个人的主观世界，就业行为环境是在原有主观世界参与下的对客观就业环境的择取。

人的认识来自客观世界，准确地讲是来自自己愿意接受的"部分客观世界"，即行为环境。大学生就是在就业环境所有的刺激因素中，择取接受部分环境的影响。

☞ **分析衔接**

作为高级思维的人，对客观世界的认识不是完全被动的，是在个人已有的主观世界（知识、经验、个性、心理过程等）制约下加以认识的，产生了自己的思维看法来指导其行为。个人的行为是在主观意识指导下进行的，主观又是反映部分客观世界的刺激，按照行为科学的观点，对个人行为起作用的部分客观世界称之为"行为环境"，且每个人的"行为环境"是不同的。或者说，行为环境是个人主观影响下，对客观环境认识的"各取所需"。

---

2. 就业行为环境的特性

（1）独特性。每个大学生的就业行为环境都与众不同。即使住在一个宿舍的同专业同学，因为已有的主观世界的差别存在，对就业环境刺激有不同的取舍。

（2）客观性。无论对个体行为是否起作用，每个人的就业行为环境都不是主观臆造的。

（3）加工性。在同一客观刺激下，产生不同（接受、没反应等）行为结果之间，是不同个体对已有的主观世界进行了"加工"。

（4）局限性。导致就业行为环境的不同，不是来自个体的"故意"，而是人的已有主观世界具有不同差别的反应局限。

☞ **分析衔接**

任何人都不能对客观世界刺激百分之百地接受，否则就不至于接受认识偏差，就不会产生错误行为。伟人伟大之处，是已有的主观世界相对完善，认识更高、更宽、更深、更远，接受的客观世界刺激更全面、更真实一些。

---

3. 研究就业行为环境的意义

首先，有利于就业教育指导，防止产生统一的规范教育会产生同一或类似行为的认识误区。在一般化的就业教育指导工作过程中，应给大学生以结合自己全面分析就业环境信息的引导，也能在一定程度上，迫使就业指导者强化自我，不做无效的环境刺激。

其次，有利于大学生就业自我设计，提高加强认知自我的深度和全面性，避免固执地以自我认识水平判断取舍客观环境信息。

最后，有利于高职教育的改革。高职教育更注重动手能力的培养，更强调能力直接应用于一线岗位的技术与管理工作。为实现此目的，应该适度地走出学校进入就业性质的实习基地，接受直接影响学生的行为环境的刺激影响。

☞ **分析衔接**

实践证明：很多工作中需要的能力在校园内、书本中无法学到或无法掌握。在实践中，通过本人的观察感悟及与他人的相互熏染，不仅能够快速掌握而且经久难忘。这就体现了将学生引导入有利的行为环境的重要性。在一个化工厂环境中，对学生经济方面的影响刺激有限，专业能力培养直接受"具体环境"影响。

二、就业环境分类

（一）就业环境分类方法

1. 按照环境规模，可划分为宏观环境和微观环境

宏观环境一般是指对大学生就业有影响作用的社会环境，包括经济环境、政治环境、就业地理环境等。

微观环境一般是指对大学生就业有直接影响作用的校园环境、家庭环境、就业虚拟环境（就业陷阱）等。

2. 按照环境接触频率、影响度，可划分为外部环境和内部环境

外部环境一般是指大学生日常生活范围之外，接触相对较少的环境。包括经济环境、政治环境、就业地理环境、就业虚拟环境等。

内部环境一般是指大学生日常生活范围之内，对就业行为影响较大的环境。包括家庭环境、校园环境。

3. 按照对就业的作用，可划分为积极环境和干扰环境

积极环境一般是指对大学生就业行为有积极引导作用的环境因素，有助于进行求职、应聘、工作。

干扰环境一般是指对大学生就业行为有消极干扰作用的环境因素，有扰乱大学生就业心智和行为选择的作用。

4. 按照环境本性，可划分为物质性环境和非物质性环境

物质性环境一般是指对大学生的就业选择有影响作用的物质性待遇（如工资、保险、福利等）环境。

非物质性环境一般是指对大学生的就业行为有影响作用的无形因素（如用人单位企业文化、声誉、管理制度、人际关系等）

各种环境在层次上具有如图3-2所示的关系。

$$
就业环境
\begin{cases}
宏观环境
\begin{cases}
经济环境 \\
政治环境 \\
就业地理环境 \\
社会文化环境
\end{cases}
外部环境 \\
\\
微观环境
\begin{cases}
就业陷阱 \\
校园环境 \\
家庭环境 \\
工作环境
\end{cases}
内部环境
\end{cases}
$$

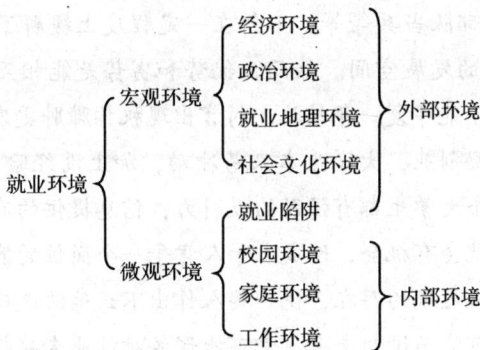

图 3 - 2   环境关系图

（二）外部环境对就业的影响

1. 经济环境的影响

大学生就业的经济环境是指大学生就业时面临的社会经济条件及其运行状况、发展趋势、产业结构、物质资源、生活水平等情况。

经济发展状况和发展趋势，与大学生就业行为有密切的正相关关系。经济发达地区和城市，投资者投资力度较大，发展速度快，需要大学生的数量增多。产业结构对不同专业大学生需求会有所不同，新兴行业的产生与发展，使就业机会更加多元化。物质资源直接影响到就业单位的生产规模、水平，经济发展迅速导致生活水平的提高，形成对大学生的诱惑力。

☞ 分析衔接

经济发展不会仅仅是有利于就业，也会适得其反。投资趋向发达地区，引起就业岗位增加，为大学生带来期望与可能。然而，不恰当的宣传会误导发达地区成为"淘金热点"，引起蜂拥般的就业集聚。结果，许多大学生并没有实现顺利就业的期望，反而成了新时代就业"盲流大军"，客观上会对就业行为产生干扰。

---

2. 政治环境的影响

大学生就业的政治环境是指国家或地区在针对大学生就业问题时所制定的方针政策、法律法规等。

国家制定的方针政策，对就业是起到积极促进作用，是各个行业各个单位事业发展的保障和动力，因此是大学生就业的促进因素。但是，政治环境中各种刺激对大学生也可能产生干扰。

☞ 分析衔接

国家安排大学生去西部发展并扶持使用，安排一批大学生去做村官，提供优惠贷款鼓励

创业，鼓励考公务员，去部队当兵等等，不仅在一定程度上缓解了就业难，而且为发展大学生知识力量提供了多元化的发展空间。然而，优势和劣势是能相互转化的。

例如，西部、村官也不能年复一年接收，村官出现机构臃肿更麻烦，大学生没经验，不可能取代村官。提供贷款鼓励创业，大学生本来易冲动，加上没经验，失败的代价将是严重的。公务员的地位及待遇对每个大学生都有强劲的吸引力，信息提供的有限性，使许多大学生误认为自己具备一般报考条件就会有机会，造成上千人竞争一个岗位的宏观场面，这样也未必不是一种浪费与干扰。一些不正之风的存在，使一些人作出不正确的选择心理准备，如亲属关系在某个岗位，于是假设一种可能而设想未来，都可能形成对就业者异想天开的干扰。

3. 就业地理环境

大学生的就业地理环境是指个性、专业、生活习惯等因素不同的大学生就业时所面临的，围绕对就业行为及效果产生不同影响的，所有生活中的自然地理、经济地理、人文地理等方面所产生的各种影响因素的集合。

就业地理环境是经济地理、自然地理、人文地理等方面结合具体人的特征所进行的有机组合。由于不同专业、不同气质、不同性格、不同生活习俗等因素，适合大学生甲的就业地理环境，不一定适合大学生乙；相同专业、相同气质、相同性格、相同生活习惯的人，在不同的就业地理环境，也会是就业成功有发展前途或是就业失败受挫后重新策划的两种命运。

首先，地理环境造就不同的个性，"一方水土养一方人"，不是所有地区适合所有个性人快乐就业。

☞ **分析衔接**

草原青年豁达豪放，山区青年坚韧勤劳。如一些地区可以吵得脸红脖子粗，几小时不能控制自己的行为，有些地区的人却习惯争吵几句，容易情绪失控。人不仅能适应环境而"良禽择木而栖"，也受制于环境能否"习惯成自然"。

其次，地理环境制约能力发挥，自然界有"橘生淮南则为橘，橘生淮北则为枳"，大学生就业环境也有如此特点。

☞ **分析衔接**

上海是经济中心，大公司密布，吸引各地各种专业毕业生云集于此。从事管理的文职岗位不少，就业机会绝对值较大。结果，很多大学生并不能如愿以偿，即使就业成功者，收入也只能应付支出。如果专业不能对口，无法创造高价值，处境更是令就业者进退两难。然而，上海的外围加工企业星罗棋布，理科大学生若能舍弃"宁要都市一张床，不要西部一间房"的就业理念，适合于在生产系统、技术部门工作，并不缺乏就业发展机会，这一就业地理优势环境却被人忽略。

---

4. 就业社会文化环境

就业社会文化环境是指大学生所处的周围社会结构、风俗习惯、行为规范、生活方式等因素的变动影响。

社会文化是在某一特定发展历史过程中形成的，它主要由特定的价值观念、行为方式、做事规范及风俗习惯等内容构成，影响和制约着大学生就业观念，工作习性对大学生就业行为产生直接影响。

☞ **分析衔接**

社会存在的惰性、浮躁等习性（抱怨多于行动、对付上班、自私利己等），潜移默化地影响着学生养成了一些缺乏认真做事的毅力、敷衍了事的习惯，这会直接影响大学生就业工作质量。一些安于现状、不求创新的守旧观念（如不要离家太远、工作不顺心就回来、不要冒险等）直接导致大学生就业选择受到消极干扰。

---

5. 就业陷阱

就业陷阱是一种无形环境，是人为制造的对大学生就业正确抉择起到干扰作用的影响因素主要有两种情况：一是主观的故意，或是利用大学生心理问题进行就业欺骗或是掩饰用人单位的缺陷；二是客观的滞后，因为理论超前产生的误导。

（1）利用大学生好高骛远心理，掩饰招聘工作角色的真实信息。

☞ **分析衔接**

有一些负责全国各省药品销售的区域业务经理，想招收推销员，员工性质属于区域承包商下属，因为担心高职生对基层一线工作不愿意选择，招聘时采取生产医药的工厂名称招人，因为药厂经常在中央电视台做广告。于是，引起几百人踊跃报名。随着培训的继续，高职生发现工作角色不是预期目标，一下子剩下十几人签约。离开的学生中有不少人是因为被误导，放弃了原来比较实际的工作角色，回头想去的公司已经人满，停止招收。

（2）利用大学生对社会环境认识多趋向于理想化，对求职目标偏向某些利益的追求。

用人单位意识到实话实说易造成大学生的拒绝，于是，隐藏一些大学生不喜欢的规定，而设定一些大学生喜欢的利益承诺。利用大学生的幼稚，利用追求某些利益的迫切心理，利用政策法令留下的边缘空间而进行信息的传播。

☞ **分析衔接**

一个招聘公司答应了大学生高工资、高提成、供食宿及各种福利待遇，签订合同后进入公司。公司为了留住学生，要求交三百元培训费，并承诺半年后返还。由于隐藏了工作定额完成后才能给提成，食宿没说免费，福利待遇需工作一年后才能获得等真实条件，使大学生培训后有一种上当的感觉，原来似乎唾手可得的理想条件发发可危，坚持要付出艰苦劳动没有思想准备，心态难以平和不仅多交了三百元培训费，也白耽误了一段时间。于是想，下次带着警惕去应聘，殊不知招聘单位也越来越抱着一种警惕性选择，如此下去，更难以达成共识。

（3）利用大学生虚荣浮华追求心理，用诱惑力强的职业目标进行误导。

由于国家法律、政策的不完善，使得一些用人单位披着合法的外衣，对大学生发出相应的刺激，使得一些人上当受骗。

☞ **分析衔接**

本来就业市场是国家为大学生设定的就业平台，由于法令、政策留下了"边缘空间"，让一些用人单位，甚至一些骗人公司有空子可钻。

某些中介公司对自身利益的追求，言过其实地误导大学生；某些"待遇优厚，对人的能力要求不高"的广告诱惑大学生萌发投机心理；某些招收演员、模特的诱人职业所开出的培训条件，视乎自己发现了珍宝的感觉；某些人才交流现场外的小广告宣传；某些"助理、总监"华而不实的光彩职位；某些有"营业执照"等合法"三证"，隐藏了不景气的经营现状；某些不合法的产品经营者，也冒充热心的求职人，发出的信息都成为无形的环境刺激，构成了对大学生的就业陷阱。

（4）就业陷阱还会出现一种情况，即有客观的滞后，由于理论超前产生的误导导致进入就业陷阱。

☞ **分析衔接**

国家领导人讲话，要在下一步社会发展讲环保作为重点，于是高校办起环境工程专业，绝对紧跟形势。然而，是不是进入这个专业学习就一定会在社会中找到准确的工作岗位？其实不然，理论超前，实践滞后现象很多。但凡学过一个新专业毕业后没有对应工作岗位的，就是一种非故意的导致的就业陷阱。因为专业超前引发蜂拥报名而导致过剩，进而引发就业尴尬的专业不止一两个，也是非故意的就业陷阱。

大学生初涉社会，如果事先没有接受系统训练，没有合理的就业行为策划，面对喧嚣、杂乱、鱼目混珠的就业市场，很容易忽略脚下的路。由于大学生具备了知识而缺乏实际能力，好企业不会给予重要岗位，差企业又担心说实话而无吸引力，于是在招聘中，采用偏离真实轨道的宣传。大学生初次求职，急于求成，更易相信宣传鼓动，由于大学生缺乏冷静的头脑，锐利的目光，对"陷阱"丧失了警惕性。一旦有过就业陷阱的教训后，有的大学生又变成"一朝被蛇咬，十年怕井绳"，进而会产生就业恐惧心理。没有经历过就业陷阱的人，尤其内向性格或心理幼稚、依赖性强的大学生，面对就业市场会止步不前、不知所措，怀疑心理会造成其对正常择业的选择。

（三）内部环境对就业的影响

1. 工作环境对就业的影响

大学生的就业工作环境是指就业选择时工作单位条件的刺激诱惑，参加工作后，周围人际关系、价值观、管理规则和潜规则惯例等对就业行为选择的综合影响因素。工作环境是大学生就业的客观条件，提供生存空间和创造发展机会。离开工作环境则就业行为无法实现。但是，工作环境也会对就业行为产生消极性干扰。

1）就业选择的盲目

就业单位众多，是大学生就业的机会，也是对大学生就业行为的干扰。

客观上就业单位彼此互有优劣，主观上所有的大学生追求最好，而往往最好的标志并不十分清晰，于是，或者导致大学生徘徊、拖延选择，或者"这山望着那山高"盲目跳槽。

👉 **分析衔接**

一位跃跃欲试要参加学院组织的顶岗实习衔接就业的高职生，突然觉得实习公司工作显得普通，心里计划的是：一定要找个好单位就业。于是，自己联系了一个临时性实习单位。学院开始组织不同单位的招聘会，却发现各有优势，也都有自己不满意的地方。学校就业指导老师安慰他，"不久还有招聘会"，更引起这个学生的期盼，总是被一种"下次说不定有好单位"的假设所诱惑。

此例说明，在就业单位信息越多的情况下，对缺乏理性认识的大学生来说，未必都是好事。

2）就业认知产生偏差

很普遍的认识误区是"大企业发展机会大、待遇高"。无论教师、家长，还是作为就业主体的大学生本身，都会不同程度地接受这种误导。

👉 **分析衔接**

本质上讲，就业不是选择单位，而是选择工作角色。发展机会不取决于工作单位，而是

取决于个人能力是否能有机会发挥。

大企业好的工作岗位、提拔机会绝对数大，相对数不见得大，因为企业大，人员基数大。"大国有保洁，小国有总统"，关键在于自己能否工作得有价值、有效果。

3）心理反差难适应

如果学校不能认真科学地研究社会环境，适当设置一些创新性的课程，在理想状态的专业教学中，不能适当提示应对复杂挫折的可能性，防止校园与社会之间差距过大而形成学生心理认识的强烈反差，那么学校主观上没有干扰学生心理成熟的动机，客观上却产生了使学生心理推迟成熟的作用。

☞ **分析衔接**

在校园里有热情的关怀、耐心的指导、不厌其烦的说服，差生反而能得到更多的关照。进入工作环境后，排斥、冷漠代替了关怀，严格的制度替代了说服，激烈的竞争取代了指导。如按照"马太效应"行事，你工作越出成绩，越给你更好的条件，条件好了就越出效果。反之，你做得越差，得到的是越来越苛刻的待遇。

2. 校园环境对大学生就业的影响

1）校园环境的特殊性

大学生的校园环境是指与大学生就业直接相关的专业能力、社会能力、素质教育、就业技巧等方面的影响因素，包括教育者语言教育和行为教育的水平，工作态度，创新改革力度和方法技巧的质量，日常管理水平和学生之间的影响全部主观传播信息。

校园环境是一种特殊的社会环境，由于教育功能的需要，人为地对校园环境进行了"特殊净化及处理"，将一些社会现实存在的矛盾拒之校外，对"阴暗面"进行回避，形成特殊的比较单纯且肃静的学习环境。另外，校园环境受教育者的主观影响，在能力培养效果上存在一定的局限。

校园环境是关乎大学生健康成长的"主流环境"，任何学校都会认真努力，尽职尽责，因为就业成功率对学校办学至关重要。

校园环境具有不可替代的教育优势，关键的专业能力、思想品质的传道是校园环境独特的专长。教育者能与时俱进地创新改革，组织大学生进一步深化实践，这样的授业将使能力培养更加完整，保证了大学生与社会需求之间的衔接性。如果能强化积极向上的环境建设，消除消极的社会影响，帮助学生准确提前认知社会，培养社会能力，解除就业上的疑惑，大学生就业能力和效果将大大地提高。

2）校园环境存在着就业干扰

（1）计划招生隐藏着"盲点"。

所谓的盲点，是指因为注意其他而容易被忽视的某事某物。学校设计专业，既考察了目前的就业需求，又考虑了教学计划的合理性，却无法防止家长、学生选择专业的盲目性、从众性。于是设计好的招生计划中，隐藏着"盲点"。

☞ 分析衔接

学生、家长想法有时天真、单纯，认为选择专业并认真学习，就该顺利就业。学校进行宣传时提供有利于招生和顺利就业的案例说明，缺少专业选择就业与个性特征相关性、任何专业都要从基层锻炼等的信息提供。朴素的理解和非全面的宣传，导致如今就业时大部分学生并不适合专业对口就业，说明就业不取决于专业选择，也不取决于专业知识学没学懂，而取决于"会不会做"、"能不能做好"。因此说，再好的专业培养计划也会存在着就业盲点，且盲点能成为就业的消极性干扰。

（2）学生之间"交叉感染"。

所谓的交叉感染，是指小环境中不同个体之间相互影响。学生有行为主动型与行为被动型之分，学校进行的各种教育，每个学生都以自己已有的主观世界（如知识、经验、个性等）判断分析后，决定认可什么、吸收什么。其中主动型的学生，在按自己主观接受教育信息后，会加入个人观点去主动影响他人。而被动型的学生，在自己主观世界因素影响下，有选择地接受教育信息后，还会求助主动型或参照主动型学生的观点来从众策划个人行为。

☞ 分析衔接

在就业行为中，主动型学生不喜欢的工作，会极力贬低，讲出种种道理甚至夸大不利因素。喜欢的工作就尽力说服别人一起参与。被动型的学生也有个人的主观看法，甚至可以选择出适合自己的工作，然而心理特征决定其极容易受他人影响，自主意识差，放弃个人的选择，甚至接受彼此道听途说的信息，而对正规的就业信息加以拒绝。即使进入工作状态，依然会有类似事件发生。

一位专业能力较强的大学生被老师推荐到一个公司，却被几个自主能力较强的学生所煽动，非要一起去上海创业，结果，半年就将带来的两万元钱花光了，只得离开上海。自我解释：不是我们不好好做，上海吃、住太贵，路途不熟，做业务就得打车等等。

（3）教育者本身角色双重性影响。

教育者不仅是靠语言教育学生，教育者本身的角色往往也会使学生产生信赖感，这是教育者行为影响的积极方面。同时，如果教育者不是深入社会研究就业规律，极可能在专业知识培养上有优势，在就业指导方面有缺陷，那么越资深、信赖感越强的教师可能越会误导大学生。

☞ **分析衔接**

　　一位大学生在就业选择之际，带着已经基本确定的选择意向，去征求一位平时最信赖的老师的意见。老师专业教学精湛但对就业市场了解很少，老师又不能承认不懂。于是，发表了一番参考性意见，"我听说去做……更好，我的以前的学生曾经……，要不先等等也行……。"

　　老师的模棱两可的看法，在信赖感影响下，完全可能被学生作为信以为真的就业指导。因此说，教育者的就业认识表态是一把双刃剑，每个教育者必须明确自己的言行不全是积极的作用，也具有双重影响的可能，既能成为大学生就业的积极指导，也能成为消极误导。

---

3. 家庭环境对就业的影响

　　大学生的就业家庭环境不是指日常生活环境，而是指对大学生就业方面家庭成员所发挥的影响作用。包括帮助策划、收集信息、提供帮助、给予鼓励等积极因素，以及生活溺爱、劳动替代、提供误导等消极因素。

　　家庭环境影响部分来自亲情血缘，部分来自社会环境，即家庭环境对学生的刺激有很大部分是派生于社会环境。由于大学生成长环境及生活保障来源皆依赖家长，因此，家庭对学生就业行为影响又有着独特性。

　　1）"关爱"过剩适得其反

　　即使在寒酸的家庭中，升入大学的子女得到的也是家庭支出中的最大比重。中国家庭关爱在给予子女充分物质享受的同时，在心理上起到什么影响作用却很少有人研究。许多人见怪不怪地认定，条件好了别亏着孩子。事实上，在子女心理发展过程中，家庭已经亏待子女，甚至耽误子女心理发展，使其就业能力缺乏生活基础。

☞ **分析衔接**

　　考学前，一切学习之外的事全部取消。甚至到了大学中，子女作出近似荒唐的举动，家长还不以为然，关爱中带来的消极性干扰往往被忽略不计。

　　一位在学校图书馆工作的教师，说起自己的女儿上大学期间打电话问妈妈"天冷了我穿哪件毛衣"的事情，妈妈讲给他人听时，没有丝毫感到子女心理发展存在的问题，而是说"你看这孩子，光在学习上用功了"。

　　关爱可以帮助大学生成长，但关爱已经"过剩"的情况下，挫折同样能让他们改变不良行为，促进心理成熟。

2）"母爱"削弱就业斗志

动物的母爱是逼迫幼子离开穴巢独自生存，而人类的母爱复杂得多，既有很大的本能成分，也有情感成分；既有理智成分，也有主观特征制约下对现实的正确分析与错误判断的成分。有时原始的本能或情感，对子女的影响强度能战胜理智。就业本是一场磨炼，甚至可以说成功的就业是"凤凰涅槃"，而"母爱"不恰当地发挥，对学生就业存在着事实上的消极干扰。大学生得到了许多超出该得的"享受"，剥夺了许多他们应该做的"生活琐事"，而这些享受完全可能弱化他们艰苦生存的意志，这些生活琐事极可能使他们失去了一些获取社会信息、完善心理成熟的机会，逐步使他们养成"人人为我"的心理习惯，忘却"我为人人"的责任，形成畸形的性格特征。

☞ **分析衔接**

"世界的坏事并不是坏人的专利"，当学生想去外地发展，也做好了吃苦的准备，母爱恋子情怀的失控表达，直接影响一次选择，也许就是影响子女的一生。什么"在家千日好，出门事事难"，什么"外面世界乱，家中最安全"，等等，都是"好心做坏事"地影响就业的语言暗示。

刚参加工作的大学生难免受到挫折，产生心理孤独、精神疲惫、意志动摇都很正常。打电话述说时，并不是所有学生已经打算放弃，更多的是希望通过述说达到心理放松，获取精神鼓励和意志支持。而消极的母爱干扰会在情感的驱使下，发出归来召唤，于是抱有犹豫心理的学生极可能选择了退却，有限的斗志防线顷刻瓦解。

3）"替代习惯"弱化大学生能力

由于子女成长是从弱不禁风的婴幼儿开始，家长的全过程抚养逐步积累成替代习惯，替代孩子做学习以外的各种杂事，无形中许多应该经历的磨炼在家长的替代干扰下失去了机会。家长彼此之间羡慕的是"谁的孩子考的学校更好，而不是"谁的孩子自主能力强，勤奋做事"。

☞ **分析衔接**

家长根据个人喜爱或个人的理解替子女选择了特长培养，报考志愿煞费苦心、到处咨询、追求热门、求助内行，唯独忽略了大学生自身的个性。

进入大学关注的是坚持学好课程就行，很少关心是否符合内心的爱好，就业目标选中时，更是按照本能的关爱，唠叨"清闲不累、收入稳定"，令偶然能表现出来的一些吃苦精神悄然消失。

大学生在进入工作岗位，再坚持一下会度过磨合期时，往往每天一个电话的"关心"，传递的往往是脱离工作岗位实际情况的"馊主意"。

家长的替代干扰犯的是一个低级逻辑性错误——"即使家长身边真是个安全岛，能给予子女终身保护吗?"

【课内练习】

就业干扰的排除

一、思考引导

1. 必须性认识——必须在环境中思考和行动。

大学生就业离不开就业环境。就业环境的"双刃剑"性质，决定了大学生必须靠就业环境获取生存和成功的发展，也随时给就业行为选择产生消极干扰。犹如登上山峰必须经历崎岖坎坷，偶有悬崖峭壁风险，不爬实现不了目标，爬就有困难风险。

2. 自主性认识——在复杂环境中自立。

就业是自己的职业生涯发展，自身的能力不提高，谁也不能取得成功。相反，过多的关怀在某种程度上弱化了自我。世界消灭不了病菌，疾病只有自己防治。

二、根据下面提示，谈谈其用来排除什么环境的干扰。怎样排除?

1. 老师也许是专业的高手，但不是熟知大千世界的圣人。

_____

_____

2. 生活需要关心，就业需要激励。

_____

_____

3. 社会提供再高比例的就业机会，能抓住的是百分之百，抓不住的就是零。

_____

_____

4. 看图说话，试分析图片的含义。

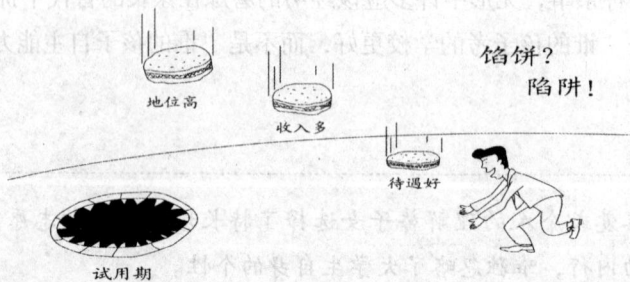

地位高　收入多　待遇好　试用期　馅饼? 陷阱!

_____

_____

_____

_____

第二节　就业环境中的不平衡性

一、基本概念

1. 就业的不平衡性的含义

就业不平衡性是指就业作为一个活动系统，在育人与用人、求职和用人之间出现不稳定、不成比例、不统一的状态。

无论计划分配期间还是市场调节双向选择就业，其出发点都是想维持一种平衡状态，即毕业能够就业，既不要过剩也不要不足。但是生活中经常会事与愿违，其原因就是就业与任何事物一样，整个过程是由矛盾群构成的，有矛盾就有对立现象发生。

生活中不平衡性是绝对的，平衡只能是动态中的相对平衡。但是，就业环境中，有些人为因素造成的不平衡，如果不加以认识和解决的话，直接导致的结果是加剧就业难。

2. 就业不平衡性的种类

就业的不平衡性根据发生的范围、性质的不同，分为很多种，具体包括以下 7 种。

（1）育人与用人的不平衡性。它是指教育界"育人"与社会"用人"之间发生的总体上的不协调，说明二者之间脱节。

（2）专业热门与职业机会的不平衡性。创办专业的设想与就业时间引起机会的变化所导致的动荡变化状态。

（3）教师设想与结果的不平衡性。教师的主观努力创造的最佳与整体之间的矛盾现象。

（4）批量毕业与随机使用的不平衡性。学校毕业带有"一窝蜂"特点，用人单位是根据自己单位需要随机招聘。就业一批来报到的，提拔使用也需逐个进行。

（5）地区之间的不平衡性。这是指同样毕业数量和同样愿望的情况下，在局部就业状态不均衡。

（6）校际之间的不平衡性。同是一样的专业、一样的教材、一样的教学计划，也使发生的就业状态存在差别。

（7）知识结构的不平衡性。知识结构的人为设计与实际需求对比所体现出的参差不齐现象。

二、就业不平衡性分析

（一）育人与用人的不平衡性

1. 大学扩招改变的是教育层次的比例，不是就业机会的增加

大学扩招，在提高国民整体文化水平的同时，客观上暗示了家长和学生：视乎学得越高就可以有直接对应高级就业的机会。于是，家长和学生不惜一切代价地投资，也期待着成为"白领"、管理者、公务员，从没有做好低层次先吃苦就业的思想准备。

大学扩招与就业理想岗位增加没有必然联系，相反会引起误导。大学的扩招唯一改变的

是不同层次教育的比例和大学生占人口的比例，以证明国家的国民教育水平在提高。目前我国大学生所占人口比例为5%，远远低于发达国家30%的比例，然而，我国大学生就业难度却显得比发达国家严重。

2. 就业坍塌现象

有一个最简单、最基本、最不愿意被接受的事实，"全民都是本科生，社会依然要有清洁工"。然而，社会上的"读书越多工作只能越好"的观念根深蒂固，因此，出现了教育结构"倒三角形"结构。扩招后学历与岗位失衡如图3－3所示。

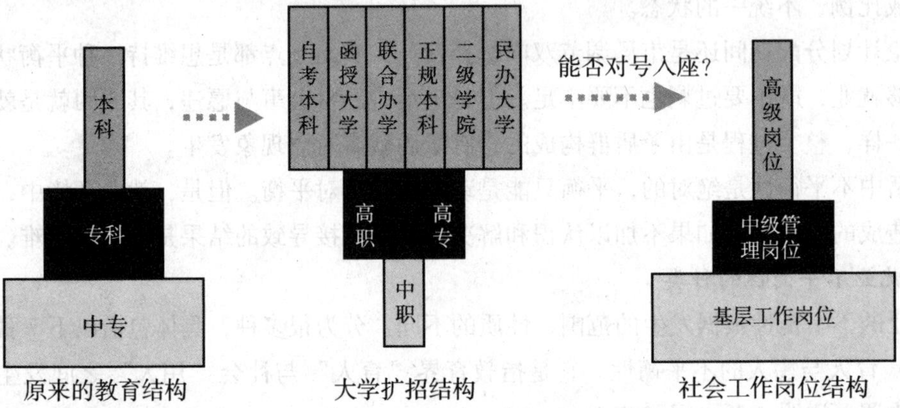

图3－3 扩招后学历与岗位失衡

学校的设想、家长与学生的主观期望，在社会用人单位客观需求的面前，必然发生"就业坍塌"现象，这才是大学无序扩招的真实结果。就业坍塌现象如图3－4所示。

图3－4 就业坍塌现象

3. 就业坍塌导致就业难的后果

从家长的溺爱中，安静的课堂中，直接走到人际冷漠、竞争残酷的就业环境中，大学生心理反差非常大。由于就业坍塌过程是在无序中发生的，度过这一阶段需要自我完成，寻找自身的位置需要克服的困难很多。因此，大学扩招导致的结果是"就业难"。

👉 **分析衔接**

首先，就业坍塌现象对于亲身经历的大学生来说，不亚于是一次"凤凰涅槃"般的磨难。凤凰涅槃是一个传说，500年一次，当凤凰的生命快结束时，便会集梧桐枝以自焚，在烈火中新生，其羽更丰，其音更清，其神更髓。涅槃为梵语Nirvana的音译，意译"灭度"。涅槃是指脱胎换骨，是破茧成蝶，是浴火重生。

其次，当国民经济发展对高级人才需求大于所培养的速度时，大学生的的确确是"精英"。如今的扩招，出现了教育层次"倒金字塔"状态，很多进入高职院校的就是过去所谓的中专生，加上学习风气的退化，"教学生产线"的"超负荷运转"，专业设置"不问销路"，必然形成大学生的精英层、一般层、粗制滥造层等不同层次。试想一下，名牌大学所招收的各地状元，能和勉强入学、成天迷恋网吧、对付考试、补考毕业的大学生同属"天之骄子"吗？就业不难就奇怪了。

（二）专业热门与职业机会不平衡

1. 热门专业的含义

所谓的热门，一般是指兴盛的、吸引人注意力的事物或者受众人关注、欢迎的事物。

专业热门是根据就业热门反馈或者因为一些信息引导而形成的从众拥报一些专业的现象，表面看热门专业就业机会大，否则就不称其为热门。

2. 计划超前、就业滞后的专业热门

专业热门一种情况是就业热门信息反馈，导致拥报一些专业的情况，形成了与就业不平衡的现象。实质上，专业毕业生数量与用人单位需求数量之间的不平衡是绝对的，平衡是相对的，经常在供不应求与供过于求之间动态变化，如图3-5所示。

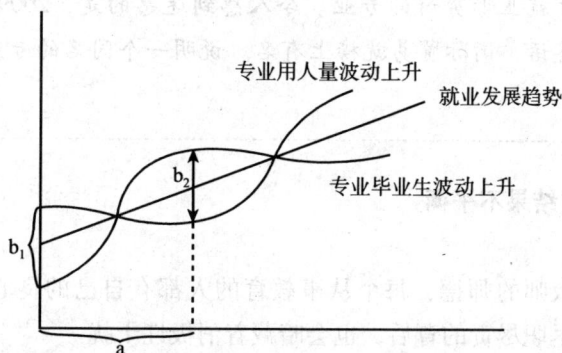

图3-5　就业量与用人量关系变化

图3-5中a代表学校创办热门专业到合格毕业的延迟时间（专科为两到三年，本科为四到五年）；b_1代表热门专业试办期用人量高于毕业量，供不应求状态；b_2代表热门专业毕业期毕业量高于用人量，供过于求状态。

由于热门专业是学校在期初获得紧缺信息而期末完成人才培养的，创办期初选择专业的人数虽有学校计划数，但学校之间无计划性，闻知热门一拥而上，而每个学校报考专业人数是学生决定的。家长与学生的从众心理更使热门专业人满为患。

专业热门的另外一种情况是，热门专业是超前设计的，属于就业需求滞后的前瞻性专业，社会对应的行业还不成熟，超前设计蜂拥而上，家长与学生盲目跟从，形成了未来的热门专业与就业的不平衡。

☞ **分析衔接**

国家领导人强调了要将环境保护作为基本国策，引导了学校创办环保工程专业，也引导了众多学生的报考。但是环保工程科研性工作靠的是专家，现场操作性工作中专生也能胜任，大学生毕业的时候，社会并没有为此提供就业机会，于是只有改行才能就业。

----

3. 热门专业的就业难

热门专业如果一直保持社会用人量大于毕业量，就变成持久就业热门，这是不现实的。随着时间的推移，如果用人量波动变化，专业变成就业冷门的结果就会顺理成章地出现。如果所办的专业非常前沿，学完专业后社会也难有专业岗位，自然产生未来就业热门而目前需求较少的毕业生过剩状态。

☞ **分析衔接**

据麦可思公司调研显示，北京大学外语类专业就业好；上海外国语大学、北京外国语大学、南京大学、复旦大学等的财经、外语专业，以及上海财经大学、中山大学、中央财经大学的财经专业都属于就业形势好的专业。令人感到迷惑的是，2009 年就业最尴尬的是这些专业中的会计学、英语、国际贸易就榜上有名。说明一个同名的专业，其学习结果可以最好，也可以最差。

（三）教师动机与结果不平衡

1. 产生原因

教书育人是每个教师的师德，每个从事教育的人都有自己的良心，会认真做好本职工作。但是，在教育者尽职尽责的背后，也会暗藏着消极性干扰。

教师对现实的反映也是在个人的"行为环境"刺激下，是受现有的主观世界所制约后的看法。由于各自的"行为环境"的特殊性，工作能力的差别性，对就业能力认识的局限性，会在教学中出现动机与结果不平衡，甚至影响大学生就业。

2. 动机与结果失衡的表现

首先，每个专业教育者都非常强调自己的课程重要性，以为教的越多，学生的能力越强。发现社会需求提高，教师就恨不得把有用的知识最优地"加和"到每一个学生身上，误以为累加的结果就是最优。

☞ 分析衔接

曾有一个厨师竞赛故事，三位各有专长的厨师为一组，与另一个厨师比赛，做一道普通材料的名菜。三人一组中有一个因擅长煲汤而著名、一个擅长刀法切出最细的主料、一个擅长最后的制作。而单独参加比赛的那个厨师，个别项目上都分别逊于上述三个人，比赛的结果却是单独的厨师取胜。因为火候掌握得好，比三人一组的多烹制2分钟，达到了最佳效果。而三个人组合，虽然煲出的汤最佳，擅长刀法的为了证明自己的能力，将主料切得非常细，结果出现了一种尴尬状态，坚持再烹制2分钟，则最精细的主料将烹碎，保持主料完好则只能提前两分钟结束。

因此，个别最优＋…＋个别最优≠综合最优。

其次，客观上"无用的知识肯定培养不出人才"，并不意味着"有用的知识必能培养出人才"。所谓的人才，是指某一方面有才能和有本事的人。准确地讲，是在一定工作岗位上胜任工作的技能优秀的人。在广泛意义上讲，知识都是有用的。对具体工作岗位来讲，是一种不同知识、能力的最佳组合，有用的知识也能产生无效的作用。在科技昌盛、知识爆炸的今天，教育的麻烦不是知识不足而是信息过剩。各种知识在展现应用性并取得各自成果的同时，逐步地陷入了片面。任意选取课程讲授，都可以做到知识的有用，即做不到实践"用得上"。

☞ 分析衔接

有个本科大学工商管理专业开设了工程力学课程。大学生学起来非常吃力，只好靠划范围背题来获得成绩学分。任何时候都不能说"工程力学"没有用，但是，文科专业就业工作以及整个职业生涯都用不上完全可能。不是说设计和实施教学者不懂教学，如果认为"将来改行从事工程技术工作就能用得上"，这样的确有强词夺理之嫌。

---

3. "人才"不对路导致就业难

随着高等教育"精英式"转化为"平民化"，普遍存在着教育综合资源力量不足状况下的牵强膨胀式扩招，甚至被形容现在的大学像速成班。高职教育的人才标准是"既懂理论又懂管理的高技能型"，绝不能自封人才，毕业时能成为合格的文化型的劳动者不是高职生的贬值，而是一个结实的"落脚点"。积累经验之后将学过的知识及时跟进，针对性地解决实际问题，脚踏实地地逐步成为人才。如果课程科目设计不合理，与社会需求脱节，学的知识越多，越是耽误时间。

尤其高职教育，技能要求可操作性强，有的专业工作对社会环境变化依赖性很大，由于学习时间的有限性，过多地传授理论剥夺的是社会实践时间，如有的教材把营销策略与技巧教授得非常细致，各类技巧一一对应，不仅道理正确，而且引导学生背记下来赢得高分，但走入社会就业未必"会做"，专业能力无法出色，综合素质有缺陷，不对路的人才也会就业难。

（四）教学设计与就业需求的不平衡性

1. 产生原因

教师在校园里不是因循守旧，也是在辛辛苦苦工作。但是，教材内容不可避免要滞后于社会的发展。教师会因为对就业问题研究得不深入，也会在就业指导作用上发挥着不同作用，甚至无意之间"好心办坏事"的事件屡见不鲜。这种结果说明，教师的辛勤劳动随时会产生贬值。

2. 教学设计与就业需求失衡表现

1）教学错位现象严重

（1）在时间上出现"错位"，简单地讲就是"教了未来的，缺少了现在的"。面面俱到地"博讲基础知识概念"，紧跟潮流地"引用各种新观点"。出现学习了未来知识不具备现在岗位能力的"畸形学生"。

（2）在空间上出现"错位"，简单地讲就是"忽略了急需的，学习了用不上的"。老师抱着"教的知识越多越对学生负责"的心理，引导学生自我定位为高级人才，学生误以为学到的知识越多、越深奥，将来胜任好工作的机会就越多。

（3）在方法上"错位"，简单地讲就是没有"对症下药"。明明是需要训练才能解决"会做"，依然留恋自己熟悉的"讲课"而不怕味同嚼蜡地消耗时间。明明严格要求学生能够提高学生素质，却借口"要有爱心"总采用过时的"不痛不痒"的废话教育。

2）教学过程"虎头蛇尾"现象

专业教学老师深入实践不够，进入公司走马观花，工夫往往下在理论教学上。在"提前就业"的制约下，重要的专业核心课程的教学不得不匆匆结束，毕业环节流于形式。实践环节"放羊式"进行，使教学过程失去了完整性。这是高职教育一个失误，职业教育的重点应放在实践环节。理论教学能实现"懂得"，实践环节实现的是"会做"。

3. 学过依然会就业难

虽然任何知识都可以说是有用的，因为学过的是工作岗位用不上的知识，对就业者来说就是用不上的，因此，学过依然会就业难。

虽然学过的知识与工作岗位紧密相关，但是知识实现的是"懂得"，社会发展岗位技能在变化提高，"会做"乃至"出色"则需要深入实践，如果仅仅停留在课堂教学，学过与会做有一段距离，就业难依然难以摆脱。

虽然知识能使大学生获得高分，不等于是"高能"。一些学习出类拔萃者反而会成为社会上的弱者，其原因是校园与社会对相同的学生行为给予的是不同评价：

学生行为	学校评价	社会评价
需要别人提示才会干	动作慢学生给予关照	反应迟钝性
需要别人安排才会干	听话的学生给予赞许	行为被动性
需要别人鼓励才会干	有娇气学生给予同情	做事情绪性
需要别人撑腰才会干	胆小的学生给予鼓励	意志软弱性
需要别人演示才会干	从众的学生给予提示	消极模仿性
需要别人强迫才会干	懒惰的学生给予提醒	工作奴隶性

在学校老师眼里，这些都不是坏学生，而且老师愿意为这样的学生付出辛苦，耐心指导；在社会眼中，这些都不是好员工，而且老板不愿意为此付出帮助而弃之不用。

【课内案例】

一所高职学院安排学生进行校外实习，老师做正常实习的检查指导。当专业老师进入营销现场时，正在工作岗位实习的学生第一反应是自觉提醒：老师请关掉手机。令人奇怪的是实习结束后回到学校，同样的班级学生却在课堂上有低头接手机的，在合班大课堂上用手机聊天的学生也不在少数。

【行为导航】

面对这些现象，多数老师停留在学生缺乏组织纪律性的浅层次认识上，对这些学生表现甚至有老师听之任之，加以抱怨而不进行行为控制。其实，深层次分析，我们的专业教师应该反思自己的教学内容和教学方法是否得到学生的认可，是否能理论紧密联系工作岗位实践并证明其实用性，是否能掌控学生心理并能控制住学生按照规范性完成课堂教学。

问题1：为什么在一种情境下能主动做好，而在教育的圣堂反而不能做好？

_____

_____

在公司环境里经常靠严格的制度制约，学生也仿效员工自觉遵守。而在学校也有教学制度、学籍管理、操行考核，同时比公司增加了耐心思想教育、爱心帮教习惯，不厌其烦地教学讲解。

问题2：你认为如何实现校园环境与公司环境一样的效果？需要再补充什么？还是采取其他方法？

_____

_____

_____

_____

【拓展分析】

标题：我们都是人才。

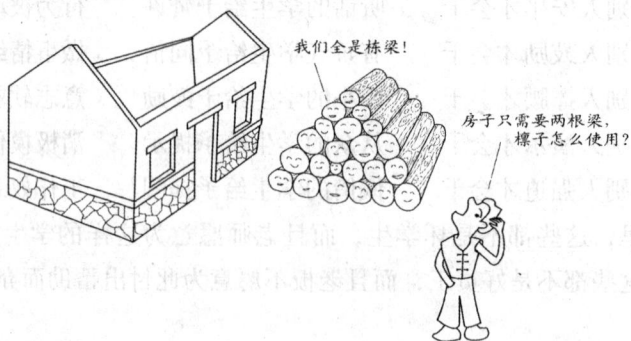

我们全是栋梁！

房子只需要两根梁，檩子怎么使用？

1. 试回答下列问题。

（1）图片的寓意是什么？

_____

_____

（2）学校培养的是否都是人才？

_____

_____

（3）假如一样都是栋梁，该怎么办？

_____

_____

2. 假如教育界想避免这种尴尬，应该如何设计人才培养机制？

_____

_____

_____

复习思考题

1. 什么是就业环境和就业行为环境？

2. 简述就业环境的特性及研究的意义。

3. 简述就业环境分类方法。外部环境与内部环境对就业有哪些影响？

4. 就业环境中的不平衡现象有哪些？

5. 为什么会有"就业坍塌"现象？

第四章 心理、行为、能力——影响就业的内在因素

【学习目标】
1. 了解就业心理概念及其对大学生就业的影响，掌握大学生不同时期的典型心理特征。
2. 理解就业行为概念、模式，就业心理与行为的关系，分析就业主观误区，掌握不同的就业行为特点。
3. 学习就业能力概念、种类，掌握就业能力的作用。

第一节 就业心理

一、就业心理概述

(一) 就业心理的含义

就业心理是指大学生对整个就业环境、用人单位条件等客观刺激的主观反应，包括就业心理过程和人格。

大学生的各种就业心理活动都有一个发生、发展、消失的过程。大学生在相关的就业活动中，通过各种感官认识外部事物，通过头脑的活动思考着事物的因果关系，并伴随着喜、怒、哀、乐等情感体验，折射出一系列心理现象的整个过程也称为心理过程。按其性质可分为三个方面，即认识过程、情感过程和意志过程，简称知、情、意。

(二) 共性规律下的大学生个人就业心理

就业心理活动过程中的各种事物之间存在着内在、本质的联系，这些联系在一定条件下，对就业行为经常起作用，决定着就业行为向某种趋向发展。虽然每个人的心理活动不同，但客观上存在着共性特征，我们把这种对就业行为经常起作用、制约着其向某种趋向发展的客观存在的联系称之为就业心理活动共性规律。

任何大学生就业心理活动都遵循着共性规律，即就业认识、就业情绪情感、就业意志的循环—反馈过程。

　　由于每个大学生都有自己的个性（人格）特征，因此，每个人的心理有其特殊性。一些大学生可以是一起入学、一起就业，但是，就业行为却是不同，其原因就是由大学生的个人就业心理决定的。

（三）大学生个性对就业的影响

　　个性是人的整个心理面貌，是个人心理活动的稳定的心理倾向和心理特征的总和。个性包括个性倾向性和个性心理特征两个方面。

1. 个性倾向性对就业行为的作用

　　个性倾向性是指人所具有的意识倾向。大学生的个性倾向性决定着本人对就业环境及过程的态度以及就业活动的取向和选择，主要包括就业的需要、动机、理想、价值观等。就业活动中的对所选工作的兴趣，以及在工作中面对的，如经济收入、发展机会、工作条件、人际关系等因素的先后排序的价值观，对就业的整个过程的行为也具有支配作用。

2. 个性心理特征对就业行为的作用

　　个性心理特征包括气质、性格、能力等，是指一个人身上经常地、稳定地表现出来的心理特点的组合。

1）气质对就业行为的影响

　　气质是个人心理活动的动力特征，在很大程度上受制于先天的遗传因素，因此，有些早期培养的专业人才，多与家庭有关。

　　气质本身无好坏之分，四种典型气质类型分别是胆汁质、多血质、黏液质、抑郁质，它们在不同的工作中都能发挥各自的优势。不同气质的人都有成功案例，关键在于气质是否适应于所从事的工作。例如，胆汁质的代表人物有普希金、巴甫洛夫、陈毅；多血质的代表人物有赫尔岑、郭沫若；黏液质的代表人物有克雷洛夫、库图佐夫、茅盾；抑郁质的代表人物有果戈里、达尔文、柴可夫斯基、陈景润。不同气质都可能成为杰出人物，说明气质类型不决定人的活动成就的高低。

　　各种气质却适合做不同的工作。例如，操作自动化系统、打字、救护、侦查等工作，具有多血质和胆汁质的人可能较为合适，而黏液质和抑郁质的人较难适应。有些工作要求人具有坚持性、沉稳、能够较长时间坚守岗位，这样的工作黏液质、抑郁质的人较合适，而多血质和胆汁质的人往往难于适应。还有些工作要求工作人员特别细心，如精密仪表维修、微电子技术、微血管手术等，抑郁质的人较合适，而胆汁质的人则不合适。因此，每个大学生在就业策划时，有必要先认知自己的气质，为自己选择那些有利于个人心理特征发挥积极促进作用的职业。

2）性格对就业行为的影响

　　性格表现为人对现实稳定的态度和习惯化了的行为方式的个性心理特征，人的个性差异性首先表现在性格上。

　　客观现实中的各种事物不断影响和作用于人，通过认识、情绪情感、意志过程在个体的心理结构中保留下来逐渐形成稳固的态度体系和习惯化了的行为方式，即表现出性格。

　　性格的不同在不同的工作中会有不同的效果，因此，对自己的性格认知后，并据此合理选择工作非常重要。在实际工作中，性格对人际关系、与他人合作、某一职业能否适应及发展等方面的作用影响更大。为了保证就业行为更加合理，在认知个人性格基础上，对个人性格可以适当改造。

总之，个性心理特征是每个就业者的心理面貌，与择业密切相关。个性心理特征需要自我了解，可采用科学的心理测试等方式，对自己的心理特点进行全面了解。

二、大学生在不同时期的典型心理

（一）专业选择后的就业心理

高职生进入校园，有自我认可性选择，也有顺从家长的无奈。带着不同心态进入高校后，会产生不同的就业心理。

1. 期待心理

在许多人心目中，习惯上把选专业与选职业相连，认同了专业之后，自然产生一种要努力学习后的期待——尽快就业，家长期望辛苦的付出得到回报，学生期待满意工作得以生存和发展。

☞ 分析衔接

期待心理主流是积极的，专业是真正的志愿选择，心态也比较好，对学校设置的课程及各种活动充分信赖并积极参与，在专业知识掌握上会取得成功。

这种心态也会产生消极结果。如果期望值过高，有先入的理想目标，尤其是中职对口升高职的学生，专业课程曾经接触过一些，在头脑中有较高的设想，一旦发现与原来较高期望不符，其热情会逐渐下降甚至产生失望，严重者会使学业半途而废。如果是学校设置的课程无法与社会岗位衔接，而家长和学生又过分信赖"学习好就能有好工作"，也会在毕业前发现就业与所期望的不符，进而产生彷徨、不知所措的行为表现。

---

2. 从众心理

这是发生在对学校选择处于满意与不满意中间状态的普遍性心理，也是缺乏求学与就业之间主动自我策划的行为表现。人们往往在面对事物未来发展缺乏确定性了解，又担心自主选择会产生失误风险的情况下，非常容易产生一种惧怕与众不同而选择追随、附和、求安的从众心理。

☞ 分析衔接

就业中的从众心理在行为上表现有选择专业时追求热门，以他人的主观意愿、社会环境影响为依据，放弃自己个性心理特征的参考作用。学习过程无明确的个人目标，服从学校安排，寄希望于学校的推荐和就业形势的好转。在其他行为选择上，以小环境主流意识为行为

依据，带有明显的被动性。

这种心理开始不能产生主动的积极行为，也不会产生自暴自弃的错误行为。在学习过程中随着对就业信息获得，教育上的积极主流影响，尤其受小环境的积极主流意识的支配，会产生积极的就业策划的行动。也可能由于缺乏自信，没有个人主见，尤其是在小环境中的消极因素为主流的情况下，会转化为消极的"得过且过"心理与行为，严重的会产生自暴自弃的行为。这种心理在大学生中占很大比例，受小环境制约影响非常大。

3. 责任心理

这是情感过程的心理状态表现，即入学时带有一种责任感。其责任可能来自家庭，如贫困需要解脱或出于尽孝回报家长的抚养等；也可能来自个人，如对个人能力的肯定，有机会施展才华，有责任发挥更大作用；也有来自过去母校师长的嘱托，不辜负他人的期望。

👉 分析衔接

这种心理首先肯定其具有非常积极的取向和动力作用，行为上表现出主动热情，既有担任"领袖式"职务的愿望，又有被优先当选干部的机会可能性，对学习产生先入的兴趣。在正常安排学习和接受环境所提供的就业信息后，可以合理地进行了个人就业行为的策划。

并不是说责任心理不会产生消极的心理转化，如果阶段成果取得后而头脑发热，过高地设计了个人奋斗目标，遇到挫折不能合理防卫的情况下，也会产生心理失意。如果遇到不公平的对待，也会转化为放弃的行为。如果迷恋"做领袖"的心理，会对学习顾此失彼。

4. 放弃心理

放弃也是一种选择，放弃分为消极的自暴自弃和积极的合理重新设计。如对中学的理想几经努力难以实现，不得不选择目前的"不可心"学校上学。放弃心理会产生截然不同的行为。

👉 分析衔接

放弃心理如果是因为家庭的突然变故而产生的无奈，也可转化为责任心理，重新策划自己，对行为依然有积极的动力作用。

放弃心理如果起因是对专业不理想，慑于家长的强制，必产生逆反心理，在对专业学习已无兴趣的情况下，不可能进行就业行为策划。

放弃训练的消极作用是自暴自弃地混日子，对就业前景失去期望，沉湎于无聊的活动之中消磨时光。积极的是意识到个人原有目标不切实际，正确认知个性心理特征之后，接受了正确信息的引导，对学习产生了兴趣，会正确接受就业信息，进行合理的就业行为策划。

5. 犹豫心理

专业选择后，意识到从众心理的失误或对自我评价偏颇或重新看到其他专业的优势等等，会产生犹豫心理，重新选择无法办到，自修其他专业又缺乏自信。这种心理会在行为上表现为时而学习外专业知识，参加短期培训；时而又钻研本专业。这种犹豫心理不仅会影响专业学习，在就业目标选择上也会出现不确定性，就业行为策划自然无法顺利进行。

（二）毕业前的心理

越临近毕业，大学生越处于多种心理混杂状态，是属于情绪动荡期、择业徘徊期、前途迷茫期，尤其一些常见的消极心理对就业行为有干扰破坏作用。

1. 忧虑心理

当徘徊在人才市场、招聘会人群拥挤的场合，看到理想岗位的稀少，加上对就业形势不能正确分析理解，对毕业与就业之间如何衔接缺乏了解、研究，于是化作对社会的抱怨及对自己前程的忧虑。

忧虑心理种类较多，主要包括毕业前景的忧虑；对个人条件的忧虑；对用人单位苛刻条件的忧虑；对个人收入期望的忧虑……

2. 矛盾心理

是深造还是就业？是去外地还是家乡？选择哪个行业？选择哪种工作？这种缺乏个人主见的矛盾心理不是个别现象。矛盾心理是个体心理特征中性格的意志特征反映，由于缺乏个人主见已形成习惯，平时行为多以从众为主，临到毕业之前，必然会产生优柔寡断行为。

☞ 分析衔接

矛盾心理也易发生在"好学生"、"乖孩子"身上，平时习惯于按照教师划定的范围学习，依赖于"标准答案"、"老师的肯定"，而缺乏独立思考的能力，不敢自我发展，性格趋向于内向。由于失去行为自主性，无法进行就业行为自我策划。

3. 依赖心理

首先是依赖家庭型。由于目前独生子女家庭较多，许多应属于学生自己掌握从事的社会性活动，被剥夺取代，成为"专职学习机器"，生存意识和能力非常脆弱。不是带着责任感迫切地分析策划个人就业行为，而是依赖家长甚至不惜投入不正常的资金，以换取无风险、被动服从型的工作，这种依赖心理结果，将导致基本没有个人的就业行为策划。

其次是依赖学校型，心理上习惯于服从学校安排学习和生活，就业自然也只有依靠学校。越临近毕业，越急迫等待学校组织的招聘会。一旦发生专业对口职业稀少，更把怒气发到学校身上。从实质上讲，学校是无法完成"包就业"的责任，也无法避免发生专业与职业不匹配的矛盾。

4. 观望心理

首次临近择业，无经验可谈，摸索是正常的。边观望边思考，根据平时对自己的个性心理特征的认识和专业学习所进行的就业策划，适时进行调整是明智的。而采取消极的观望做法，没有主见的观望或先入为主的奢望下的观望，会对就业行为起消极作用。有时观望到就业难而产生退缩心理，有时看到同学择业成功为自己观望而自责后悔。消极的观望容易把个人放到旁观者位置上，导致就业主体位置偏移。

（三）就业中的心理

就业中的心理是指应聘阶段和初次就业阶段的心理。许多学生招聘会参加的多，但与理想的工作失之交臂，不能发挥出个人的优势。经常影响成功择业和顺利就业的心理有如下几种。

1. 自卑心理

在应聘之前，过高地估计别人，将别人的优点放大，同时过多地注意个人的弱点，将个人与他人进行排序，并将自己置于他人之后。一进应聘现场，就觉得自己好像不行，尤其看见别人的轻松表情，就对自己的能力产生怀疑，在精神上进行了自我挫败。在参加工作后，将知识与工作方法客观存在的差距和错位，片面地认为是个人的能力不足，对弱小失误都会放大，怀疑自己是否无法胜任工作。

这种心理在行为上表现出来的是始终提不起精神，把问题看得过于复杂。

2. 自负心理

与自卑心理相反，有的学生因为在学习的小环境中比较出类拔萃，又担任过学生干部工作，参加过社会实践活动，在同学面前一直是佼佼者，而自认为是大学精英。自负心理容易对自我能力认识不清晰，缺乏对自己的正确评价，尤其是青少年时期曾有自负激发斗志而成功的事例，更容易藐视他人。在应聘过程中，过高估计自己，提高成功期望，容易失去"大众教育"的合理定位，通过语言或细微动作，引起用人单位的反感。在工作过程中，过高评估知识的作用，忽视技能的再学习和训练，太自信于"天生我材必有用"，由于好高骛远而不能适应社会。

3. 恐惧心理

恐惧心理是属于情绪过程的心理活动在行为上的反映，是面临危险或主观预感危险，而个人又认定缺乏应付能力所产生的主观情绪体现。

恐惧心理的人在应聘前后会产生各种不必要的担心，面对用人单位的询问，自身有才却不能展示，大脑出现一片空白，把就业看做一种负担。在工作中，不能客观地分析个人经验积累的持续性，害怕新事物出现，甚至害怕与陌生人交往，思想负担过重，导致就业行为产生自我干扰。

4. 从众心理

从众心理的人平时做事都要征求别人意见，面对就业更拿不定主意。平时习惯于班级、寝室小环境，对独闯天下心存恐惧，于是选择跟着同学跑，忽略自身特点，盲目跟从或把大目标锁定为著名企业，觉得大家都向往我也该追随；或者别人认为好的职业我也该从事，殊不知别人不适合的职业也许正是个人奋斗的天地；或者担心找不到工作，跟随别人勉强选一个。在实际工作中，这种心理遇到的挑战会更大。在竞争环境中，奢望别人会"拉一把"是天真的想法，在社会上也存在"技能不传他人"的自私行为，从众心理将使人失去更多的成功机会。

5. 优越心理

虽然也知道今天的大学生已不是"精英教育"，但毕竟是经过高等教育的。从智力角度讲，高校学习绝不是"无效劳动"，虽然"大众化"，好歹也是受过系统教育的人。因此，对于著名企业招人之后，放到基层吃苦磨炼无法接受，宁可选择退却。这种心理在就业过程认知上，与用人单位产生对立。用人单位想通过磨炼筛选，而大学生则认为是对高等教育的否定，是人才浪费。

此外，还有公平心理，熟练工人收入都比大学生工资高？同样是"白领"，为什么让我干工作外的杂活？个别人的偏见，自私的行为为什么让我忍受等等，这种公平心理的追求并不错误，社会也应该趋于公平和谐。然而，社会比校园的复杂有时是大学生无法想象到的，因此，在这种正确追求公平的心理支配下，就业行为也会挫败。大学生总的前途是光明的，但必须充分认识到成功之路是曲折的。

第二节　就业行为

一、就业行为概述

1. 就业行为的含义

就业行为是指围绕就业目标，在就业心理支配下而表现出来的一切与就业相关的外部活动。

2. 就业行为模式

任何人的行为都是由需要所引发，由动机所导致。就业活动过程中的主体——大学生，其就业行为的形成是一个复杂的、受一系列相关因素影响的连续行为，一般表现为如图4-1所示的过程。在这个过程中，需要、动机、行为之间值得我们进行研究。

就业相关的刺激　—产生→　各种需要　—引发→　就业动机　—导致→　就业行为

图4-1　就业行为模式

二、就业心理与就业行为的关系

（一）研究就业行为必须研究就业心理

大学生的就业行为是内部心理活动与外部行为表现的统一体。内部的心理活动是不可见的，是通过可见的外部行为反映出来。心理活动与行为可以同时发生，也可以不同时发生。例如，目前选择了一个就业去向，大学生可以在心理活动上意识到就业去向不合理，马上决定行动上放弃，也可以暂时不放弃去向，而在选择后再择机"骑驴找马"。前者是心理活动与行为同时发生，后者是不同时发生。在从事工作中也会这样，有的大学生同样对所做工作不满意，一个可能马上行动，在待业中寻找，一个可能推迟行动，在就业中寻找。

（二）就业心理与就业行为是主观与客观的统一

就业行为是大学生的主观行为，是要充分发挥人的主观能动性和创造性的活动。就业行为受就业心理所支配，对就业的认识、选择总是要由大学生主体活动而实现，并受个人经验、心理特征等特性的制约。因此，不同的大学生对同一事物反应会不同。同时，大学生的就业行为也有客观性的一面。首先，客观现实是心理的源泉，大学生的就业心理活动是由客观性决定的，没有就业市场的客观事物，就不可能产生就业心理活动。其次，大学生就业行为的方法是客观的，认识问题的方法、对自我个性的认知方法、就业信息的收集方法等必须是客观的。就业心理与就业行为的内容、结果也是客观的，合理的就业行为策划，最终一定是社会环境中的就业真实。所以说，就业心理与就业行为是主观与客观的统一。

（三）大学生个人就业心理与就业行为必须在群体心理行为影响下进行

就业行为虽然以自我为主进行研究与策划，但并不排斥借助他人与社会。由于人是一种社会性动物，并不孤立存在，个体的就业心理也不可避免受群体心理和行为的影响。就业行为在不忽视个体内部特征研究的基础上，也应重视群体就业行为的研究。

三、就业需要、动机与就业行为

（一）需要与就业行为

任何人的需要都具有多样性、多变性，在某个时刻存在着多种需要。按照马斯洛的观点，大学生就业需要也可分为 5 个层次：生理层次是最基本的、最原始的需要，受身体控制，也受经济因素制约；安全层次包括生活及工作的安全性、工作的稳定性等；社交层次包括被社会、团体、他人所接纳，友谊、爱护、温暖、团体归属感等；自尊层次包括自信与才能的表现机会、成就欲、个人名誉、地位权力，也包括别人的肯定、欣赏等；自我实现层次是人生追求的最高境界，包括对工作意义的理解、创造，超越自我，充分发挥潜能。

需要不是单纯的主观愿望，环境的多变性直接影响需要的多变性。在不同的社会生活条件下，在某一种特定的情境或场合下，总有某一种需要处于优势地位，这种占优势地位的需要称为主导需要，其影响行为强度最大。马斯洛需要变化示意图如图 4 - 2 所示。

A 点：生理需要占绝对优势，其行为受生理需要所制约，而其他需要只能暂时潜在，如幼儿生理需要对其行为起绝对影响。在就业过程，一旦遇到生活所迫，没有"三险"保证的临时工作，有人也会选择，因为人首先有了衣、食、住，才能从事其他活动。

B 点：安全需要占优势支配地位，生理需要退居次要位置，增加社交需要。同一个公司有人选择在公司从事办公室或管理部门工作，有人选择在营销一线做业务或生产岗位承包。前者收入基本固定，工作稳定，节奏平缓，其收入并不高，但其就业行为主要是满足了安全需要，在办公室工作常接触领导，容易得到关注，产生归属感。而第一线工作的人恐怕要花费很长时间也难以被上司所了解。后者之所以选择一线工作，虽有不安全性，难以与上层交往，但高收入的机会可以满足生理需要，尤其家庭贫困，急于用钱之人心理会停留在 A 点。

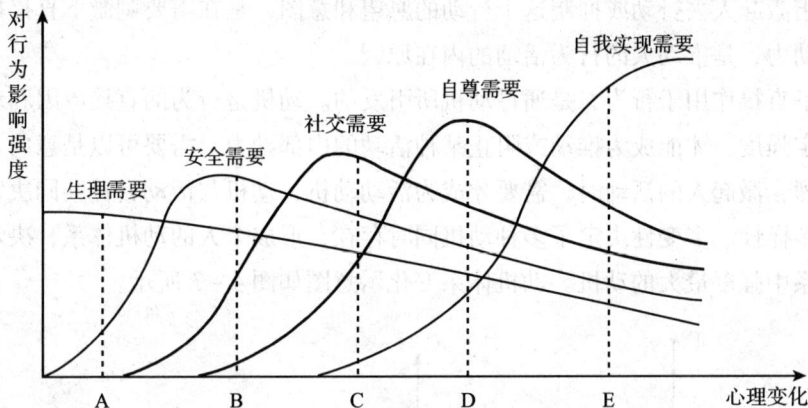

图 4-2　马斯洛需要变化示意图

C 点：社交需要占优势地位，因为在生理需要已经满足，工作风险不存在的情况下，此时的就业行为主要是社交需要所支配。如文秘、助理等工作，外显形象好，如同领导的影子，虽无权无势，多少也能满足自尊需要。其实许多"白领"是"房奴"、"车奴"、"卡奴"的"月光族"。因为满足优势需要，只能放弃其他需要，如有些白领丁克家族，其理由是"生得起养不起"。

同样是大学毕业，去银行"窗口"工作非常满意，哪怕托亲靠友花费额外投资。其实，那是中专生也能干的工作，无人埋怨大材小用。反之，让大学生到第一线接受严格考验后择优录用，却令许多人望而却步。其实，后者的收入要高于前者，究其根源是由于优势需要引发的行为选择。

D 点：自尊需要占优势地位，其他需要对行为的影响力减弱。对于选择公务员的就业，即使成百上千人抢一个位置也在所不惜，因为获取地位后，会得到别人肯定、欣赏，这种自尊需要在强制支配着行为选择，成功率很低的不安全性等已不能考虑。没有哪个人会在已经没有吃饭钱、无房可住的条件下还等待那"百里挑一"的机会，即是自尊需要占优势。报考学校选名校的差专业，其心理需要也是自尊需要占优势。

E 点：自我实现需要占支配地位，那些创业者追求的往往不是稳定的收入，有的高级白领年薪二十几万元都舍得放弃，而自办公司年收入才几万元。但是，之所以选择这种行为，是因为这些人具备不愁吃、穿、用的生活条件，多年工作的成功经验，使其感到平淡稳定的生活无滋无味，需要对自我挑战，工作风险明知而不顾，面对上司的热情挽留而拒绝。

A、B、C、D、E 反映不同的心理状态时引发行为的优势需要，随着主观特征的变化与环境变化，它们不是静止不变的，当家庭出现紧急状态，有人放弃稳定办公室工作，深入一线挣高工资或兼职工作，其心理变化从其他点变化到 A 点。在应聘中大学生开始的行为是由优势需要决定，当优势需要满足后，会提出新的要求，因为有新的优势需要产生。

在实际生活中，需要与就业行为表现非常复杂。

（二）动机与就业行为

动机是指激起人去行动或抑制这个行动的愿望和意图，是在需要刺激下直接推动人进行活动的内部动力，是推动人的行为活动的内在原因。

需要并不直接作用于行为，是通过动机所引发的。动机是行为的直接原因和动力，只有需要达到一定强度，才能成为推动或阻止某种活动的内部动力。需要可以是意向、愿望，当愿望非常强烈，激起人的活动时，需要才成为活动动机，动机与活动目标共同决定行为。

需要的多样性、多变性决定了多种动机同时存在，形成个人的动机体系，决定个人行为的是这个体系中强度最大的动机。动机体系变化示意图如图4-3所示。

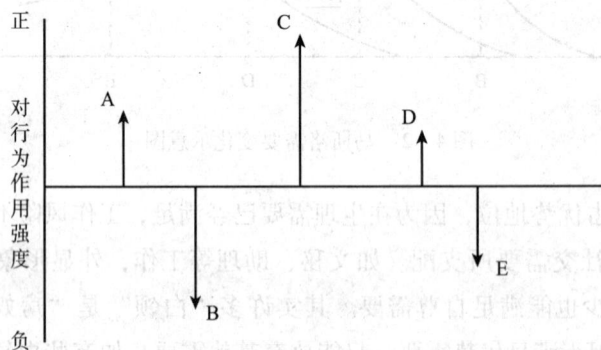

图4-3　动机体系变化示意图

在对行为有推动（正向）和阻止（负向）的动机体系中，各种动机是经常变化的，图4-3所示的状态是动机C对行为激发强度最大，B次之。如就业不会不假思索选一个公司就去，即使这个公司工作能满足他的优势需要。在C发挥行为正强化作用时，B的反向的弱化作用也在发挥着作用，所谓思想斗争就在于此。例如，在应聘时既觉得"这个单位不错，是我喜欢且想去之处"，如果C进一步强化，即拿定主意。如果B进行弱化功效，就会猜想假如碰到更好的相似单位怎么办呢，即发生犹豫不决。

一种动机可导致多种行为，一种行为也可以由多种动机所引发。大学生应尽可能理智地明确个人的需要，尤其是优势需要，根据优势需要强化行为动机。

大学生就业的行为不是机械的一种需要产生固定的动机，而是一种需要经常会因为摇摆式动机，导致就业行为的不定性。有时就业行为甚至是违心的、后悔的，这说明大学生对自己的需要及动机也存在没有意识到或处于模糊状态。

四、就业主观误区

（一）选专业就是选职业

学校设定的专业从一般性角度看，是与职业相对的，世界上的缺点往往是优点的不恰当的延伸，当把一种情况下的正确，任意扩展地照搬，就会进入一个认识误区。

（1）选专业就是为了选职业——前进方向的一般性。

（2）选专业不一定是选职业——运作过程的特殊性。

如果个人的内在特征与职业相适应，专业能力可以胜任，环境条件能够满足，选专业可以认为是选职业。

如果选专业时是追求时尚的从众行为，而自己的个性已暴露出不适合职业要求，加上职业就业状态与各学校专业数量严重不匹配，选了专业之后就僵化地被动服从，必然出现"毕业即待业（失业）"现象。即使产生这种情况的可能性占10％，结果落在自己身上也是百分之百的失误。

（二）毕业就应该就业

大学生主观地认为：毕业不能就业，谁还进行智力投资呢？毕业不能就业，高职学校是干什么的？毕业不能就业，社会上那么多企业的人力资源来自何方？

但是，僵化地、孤立地认为毕业就能就业，就是变相地将毕业证等同于就业证。

毕业与就业之间是有过程、有条件转化的：毕业＋合理选择＋有效推销＋用人单位认同＝就业。

（三）就业难的原因是文凭低

博士比硕士就业率高，硕士比学士就业率高，这就是正常的，而收入也是文凭越高而收入越高。因此，每当遇到就业难问题，家长和大学生就思考是不是该继续深造，以解决就业难。

☞ **分析衔接**

一位读完中专的学生家长发现就业难且工作不理想，同时，怕子女吃不了苦，又总觉得没长大，缺乏自信，于是选择对口升学上大专或本科。毕业时，发现社会用人单位的重要岗位不是要求有两年实践工作经验，就是要研究生文凭。两年实践经验的条件制约了不可能一步到位当"白领"，到基层去闯还得吃苦，没有经验依然会干不好，还得选择求学，如果再花更大投入勉强进入研究生行列，结果发现研究生过多依然择业难。

原因一：每次面临就业，怕吃苦和缺乏自信心的问题没有从根本上解决，仅仅是专业书本知识在提高。

原因二：任何文化层次的人才都存在与就业需求不匹配的现象，什么文凭也没有"待业"、"失业"的免疫力。2006年大学生就业形式分析报告中显示，不同学历之间就业率分别是：专科、高职59.1％，本科77.6％，硕士84.1％，博士79.3％。

【课内练习】

中专的同学一个选择了就业，一个选择了对口升学。四年后一个经过实践磨炼当上了管理人员，一个拿到了本科文凭，当发现就业时难以找到理想工作后，继续求学。经过两三年，这个求学者终于以研究生身份受聘当上部门经理助理，高兴报到后发现，当上管理人员的同学已升迁为部门经理。此时此刻会让当上理想的"白领"的人目瞪口呆。

问题1：这种假设会不会出现在生活中？

问题2：学习一段就业难，再求学发现就业还难，为什么还会有人进入这个怪圈？

（四）证书多就业相对容易

职业资格证书是证明经过相应培训而取得的相关证明。不同行业也非常需要经过相关培训的人才，学生和家长投资相关的培训是正确的选择。但物极必反，不顾一切地考取不同方面的证书，不仅会影响正常专业水平的提高，而且会给用人单位带来疑惑和担心，给个人就业带来烦恼。

☞ **分析衔接**

一个学化工的高职生，考取了营销师证书，个人本想拓宽就业渠道，如果从事化工企业的营销工作也比较理想。就业应聘时他展示出自己的证书后，被问到为什么要考取营销师证书，回答是：我比较喜欢营销。而此次招聘的是大型化工企业的生产操作人员。如果不是校方就业部门的热情解释，这种不问就业岗位的画蛇添足的举动险些被拒之门外。

一个学习经贸外语专业的高职女生，业余实践考取了诸如"报关员"、"报检员"、"营销师"等等许多含金量较高的证书，面对一份招聘管理人员的工作，得知是女经理有意培养一位在天津开发市场的经理助理，当她拿出证书想进一步证明自己时，女经理面对心理素质超出一般学生，而且有那么多含金量高证书的求职者，婉言拒绝了，因为她有怕留不住、白白培养的担心。后来这位女生对就业行为重新进行策划，与本科生一起应聘一个公司的外贸职员，成功被派到孟加拉国分公司工作。

（五）哪家公司待遇好就去哪里

有"良禽择木而栖"的想法是无可非议的，但是仅凭这一点就容易被用人单位所误导，也会由于某企业有长远发展前途，近期举步艰难不能给予较高薪水而选择放弃，使求职者失去一个创业并施展才华的机会。

待遇的概念很繁杂，不仅有工资还包括其他经济性保障。既有经济性，还有非经济性。例如，一般情况下工资属于货币收入，对于经济生活来说，还有可支配的经济收入和可自由支配的经济收入。又如，供吃住也是待遇，供吃住也分不同的情况。

不论何种待遇，你的所有报酬来源只能是一处——自己为企业所创造的新价值之中。在没有工作之前，没有展示个人能力之前，大谈个人待遇，似乎为自己想得很周到，但与对方想的正相反——你能否为公司创造更高价值。

☞ **分析衔接**

在多次组织的模拟应聘训练时，不止一个学生在回答这个问题时令人反感。例如，对自己的要求在工资上既考虑稳妥的底薪又考虑到提成；在生活待遇上既考虑吃住，又考虑到安全、舒适；在职业安全上，既考虑到保险，又考虑到社会养老金。的确，这些问题是合法的要求，是实实在在可见的物质要求。当问到你能否为公司创造效益吗？答曰：我想是可能的。当问到你通过什么来证明自己的实力。答曰：公司给我一个机会的话我可以证明自己。当问到你怎样保证公司给你机会只会成功不会失败？答曰：我相信我有能力。当问到你如果失败了怎么办？答曰：失败也是成功之母。一方面是实实在在的可见的物质要求，一方面是只能得到可能的模糊目标；一方面是简单而实惠，一方面是华丽而浮躁，在就业市场这不是公平的交易。

（六）多调动工作可以选择到可心的地方

尤其是刚进入择业适应期的大学生，以寻找自己喜爱的职业美好愿望为由，频繁调动工作。表面上似乎是合理的行为，实际上是缺乏短期与长期发展目标策划，对自身的发展及工作过的公司都绝无好处可言。

目前，各企业老板在用人上是"不见兔子不撒鹰"，一定是眼见为实后才放心使用。

对大学生来说，新开始的工作，只要是与本专业奋斗的目标不矛盾，只要个人比较适应，就应全身心投入到掌握基本技能及适应社会的锻炼中。

☞ **分析衔接**

一个大公司招聘来几位人才，其中最出色的一位女性被安排到食堂作管理员，后又逐步安排到仓库、生产部门、公关部门作内勤等等，吃的苦最多，一年多没见到什么结果。然而，最后老板的安排是派到南美去管理海外的一个分厂，因为需要独当一面的人，所以对最可心的人用最冷酷的方法考验。

不同行业的工作，起步阶段锻炼的内容有许多相同或相似之处，都为适应社会打下基础。如果经过一年以上的锻炼，出于个性心理特征及公司发展前景考虑都不适应做此工作，才可以考虑换个地方。

每调动一次工作，前面的工作应为后面的工作打下良好的基础，如果只是追求工资收入有长进，还必须知道：每一次离开也有无形资产的损失，不容易得到信任，人际关系必须从零开始等等。

（七）希望一步到位找到完美工作

有志向、有能力不等于期望值可以过高，世界上没有真正的"完美工作"，因为人的需要是分层次逐步提高的，养成期望值过高的习惯，会常常处于被挫败的失意心态之中，任何工作都只能是相对的完美，工作乐趣需要自己去寻找。

即使一步到位找到了办公室的文职工作比较理想，有可能成为同室的"白领打工仔"，一些杂活不抢先多干，就会推迟被容纳的时间，因为归属感的不满足，也会陷入心理紧张之中。

刚出校门的大学生要求一步到位，高不成低不就的心理非常普遍，许多大学生失去机会皆由于此。

（八）选择一个最具有发展潜力的公司

科学技术的进步会使一些行业衰退，也会使一些新的行业产生。工作职业也是如此，必有一些职业退出市场。

曾经有几年被女孩喜爱的传呼台工作，风光一时即退出市场。目前已有 1838 种职业，而有些职业也可以自己去创造。不同的行业发展速度不同，在一定的情况下，过去令人失望的行业也许会重新振兴。有些朝阳行业并不能马上提供成批就业岗位，但是，朝阳行业对应的学校专业，却完全有可能出现争先恐后的报考现象。所以，发展潜力即使存在，潜力展现的时间长短也要考虑，如果我们等待几年后有发展潜力的公司工作，别忘记：你是需要每天衣、食、住、行的自然人。

五、就业行为的种类

1. 理性型就业行为与感性型就业行为

理性型就业行为是指在充分掌握就业市场信息及变化趋势的前提下，正确地认识自身的个性特征，基本了解就业环境并尽最大努力调整自己与之相适应，分析判断所选择工作单位的现状与发展前景，深思熟虑地作出选择的就业活动过程。

感性型就业行为是指凭初步感性认识去了解，缺乏对自我个性特征的分析，轻率作出选择或受个人情绪、情感因素及家长情感影响，忽视对客观环境及用人单位需求特点作系统分析，以主观判断为主的就业行为。

☞ **分析衔接**

不论是理性型还是感性型，两种行为有时以个人思维为决策依据，环境只作参考，有时是在别人的影响作用下而发生。对于具体的每个大学生，不可能出现学生甲是纯理性型，学生乙是纯感性型的情况。划分界定依据是以就业分析选择过程是否理智分析为主，还是情感、情绪作用为主的选择。如一首好音乐，理智评定为令人陶醉的精品，但心情好可以认为是享受，心情不好可以产生反感而不听。尤其在就业中，情绪化行为破坏性很大。

----

2. 自主型就业行为与从众型就业行为

自主型就业行为主要在多个就业岗位选择的情况下，由本人自主决定，环境及其他人影响仅作参考而选择的就业行为。或者在就业后的工作中，面对变化需要选择时，以自己的主见主动分析判断、果断决定的行为。

从众型就业行为是指受择业期间的环境因素及他人影响较大，随波逐流而选择的就业行为。此种类型在上大学选择专业时，即是受热门专业或他人主观看法影响，忽略个性特征而作出选择。在就业后的工作中，也容易以别人的看法作为个人辨别是非的依据。

☞ **分析衔接**

自主型与从众型主要是受个人的内在特征制约较大，在成长过程中，由于气质、性格及所受他人长期主动性心理暗示影响，有的人成为主动型特征的人，主动接近或接纳别人，随着成功认识的积累而变得自信，就业行为自然会成为自主型。而有些人的气质、性格决定其愿意被别人接纳或内心希望别人能来接近，尤其在经常受到别人否定性心理暗示影响下，产生自卑心理，在择业、就业中就会以从众为标准。

并不是说自主型就业行为万无一失，如果缺乏远见，错判形势，自主型行为也能导致失败。相反，如果大家的选择是集体明智讨论结果，从众也会有成功的可能。

---

3. 目标稳定型就业行为与目标变化型就业行为

目标稳定型就业行为是根据个人特点、爱好及心理特征、技术专长所制定的奋斗目标，选择合适的工作单位及岗位的就业行为。由于工作岗位是个人喜爱的，专业对口且与内在特征相适应，就业具有长期稳定性。

目标变化型就业行为是先从短期欲望出发而制定的目标，再根据个人内在特征变化及环境因素发展变化，择机重新制定目标的就业行为。

☞ **分析衔接**

在生活中，同专业毕业后改行再发展的现象屡见不鲜，一起下海经商经过打工仔技术、经验、资金原始积累后，有人在原工作方向开始创业，有人转到另一行去创业，前者是目标稳定型，后者是目标变化型。

这种分类主要是指参加工作后的就业行为，如果个人职业策划正确，岗位理想，符合并有机会实现奋斗目标，则目标稳定型就业行为比较合理，职业生涯的平稳性对个人发展有好处。如果所选工作不符合个人内在特征或理想中的工作在目前社会发展条件不佳，则目标变化型就业行为是理智的。如果从生命不同阶段的特征出发，将职业生涯进行阶段细分后，就可以进行目标变化型就业行为策划。但目标变化型就业行为会使有些大学生走向见异思迁的极端，将产生副作用。

---

4. 综合评价型就业行为与重点偏好型就业行为

综合评价型就业行为是大学生就业时，对用人单位的多方面因素综合比较分析，不偏向某方面因素，不受某方面因素诱惑的就业行为。此类型的就业行为既不是平均取值，也不是以某方面为主，而是综合评价，甚至可以采取统计分析方法进行量化选择，取综合效果较好的作为选择目标。

重点偏好型就业行为是对就业岗位的某方面因素有特殊偏好，忍痛割爱放弃其他而选择的就业行为。

☞ 分析衔接

综合评价型就业行为如果能客观地进行综合评定，其就业行为对目前大学生来说是可取的，如果片面追求高标准的理想状态，盲目追求"面面俱到"会越选择越失望，总拿后面的缺点比前面放弃的机会的优点，最终会导致长期待业。

重点偏好型可以满足个人的主导型需要，但也可能犯以偏赅全的失误。假如属于现实条件制约暂时存在的不理想因素，而自己非常偏好主要因素，选择重点偏好型并不失误，一方面以后有机会调整，另一方面就业中也可能因为别人放弃而增加个人成功的机会，而且爱好是产生工作效果的重要力量源泉。如果是受心血来潮的青年弱点制约而选择此种行为，就会不安心工作。

5. 经济制约型就业行为与追求时尚型就业行为

经济制约型就业行为是以物质利益为主要考虑项目的就业行为，在专业技术和其他能力要求相似的情况下，优先考虑经济收入。

追求时尚型就业行为是入学选择专业时即受"热门"宣传影响，选择就业时受岗位某些因素所体现出的时尚影响所作出的就业行为。其中多注重精神利益的追求，也不完全排斥物质利益。

☞ 分析衔接

经济制约型就业行为可细分。由于家庭经济条件影响，个人虽有精神追求却不得不放在次要地位。有的是受"金钱至上"影响，片面将工资收入作为就业主要依据，导致最终达不到目标。有的是制定分期变化就业目标，在职业生涯前期，在满足生存的同时积累资金，伺机进行创业。

追求时尚型就业行为是属于判断事物缺乏理性分析的结果，如在选择专业求学时，学校不干涉个人志愿，专业热门就争先恐后报名，但就业受用人单位制约。时尚型选择是非理智的，必然出现专业热门变成就业冷门。毕业就业时，时尚特性受环境因素制约较大，时尚型就业行为易受过度宣传蛊惑，忽略其他现实存在的因素，会导致中途退却行为。

6. 早期确定型就业行为与临时确定型就业行为

早期确定型就业行为是专业选择前即确定就业方向，并适时分析形势变化，分析个人内在特征，通过自学或其他方式强化并完善就业所需能力，提前进行就业及工作中的行为策划。

临时确定型就业行为是学习期间只完成教学目标，实现成绩合格，就业前夕根据就业信息结合个人特点进行选择的就业行为，带有一定的"临阵磨枪"特征。

☞ **分析衔接**

早期确定型就业行为如果方向正确，理智地、有计划地安排个人能力的提高，不仅会就业顺利，而且会出色地工作，即使在职业生涯中需要变换工作岗位，也会有准备、有计划地安排。但是，早期确定型就业行为也不是一劳永逸，如果最初设计方向有偏差，再加上一意孤行，也会产生挫败。

临时确定型就业行为是目前较普遍的行为表现。如果仅仅是没有早期定向，毕业时能接受正确引导，认真分析环境以适应当时客观条件，酌情选择，问题不会太大。如果平时局限于"象牙塔"中死啃书本，对社会环境、用人单位岗位特点及要求不加以研究，只凭主观愿望去择业，其挫败的几率非常大。

---

7. 习惯型就业行为和不定型就业行为

习惯型就业行为是指初次就业选择某种工作后，不愿更换或再次就业，往往以个人熟悉的工作、相似的行业岗位作为择业依据的就业行为。

不定型就业行为带有变化型就业特点，但变化依据具有不定性，就业选择时事先不确定就业方向，相同的简历"广种薄收"式投放。初次就业后的再就业，跨行业幅度很大。

☞ **分析衔接**

习惯型就业行为有工作顺手、经验可借鉴的好处，但习惯型就业行为也可能会失去个人创新发展的机会，有养成习惯性思维的可能。习惯型就业行为如果是因为个人内在个性所致，则需要有针对性地改造自己。如果本工作既有发展前途，又可发挥个人优势，则可坚持。

不定型就业行为在目前参加工作后的大学生中比较有代表性，很大程度是不成熟又自以为是的缘故。其危害在于每一次就业必增加一段熟悉新工作的时间，大学生的知识专业化程度越高，跨行业就业难度将越大。

---

8. 家庭影响型就业行为与社会影响型就业行为

家庭影响型就业行为是一种受家庭特有的专长影响，个人已有一定业务基础，其专长在对应工作岗位上具有一定优势，并以此为定向择业目标的就业行为。另一种是家长主观期望影响，如望子成龙心理，拔苗助长式的追逐热门，施加压力影响学生被动服从等就业行为。

社会影响型就业行为是指学生本人善于接受社会环境影响因素，又得到家长的信任和支持，自己作出选择的就业行为。

👉 **分析衔接**

家庭影响型有专长特征的就业相对较好，就业行为策划较为简单。另外，家长凭主观愿望影响学生就业选择的有时会产生"东施效颦"的结果，有时会误导学生，失去应有的机会。弱势群体的家长，如果缺乏对客观环境的研究，缺乏创新、冒险精神，将有使学生整个职业生涯陷入恶性循环的可能。

社会影响型如果在所处的环境中，有科学合理的就业指导训练，专业技能和社会技能的提高培养，个人还有主见，则其就业效果会较好。

---

9. 专业制约型就业行为和能力选择型就业行为

专业制约型就业行为是把所学专业方向作为决策就业的主要依据。

能力选择型就业行为是以个人能力适应什么工作作为就业行为主要依据，不排除专业为就业方向。

👉 **分析衔接**

专业制约型就业行为具有一定的消极性，首先，选择专业时并不保证百分之百与个人内在特征相适应；其次，学校的专业知识结构与用人单位工作岗位并不匹配，甚至有"错位"现象；再次，专业就业人数与岗位需求量不会吻合，目前供过于求特征明显就说明这一点；最后，学校设置专业有超前、新潮特征，与社会现实发展不一定同步。

能力是就业单位所追求的，所以要围绕个人的能力水平、特点、结构，寻找相适应的工作，这样在就业中会比较积极主动。

---

10. 生存型就业行为与发展型就业行为

生存型就业行为是指在就业岗位不尽理想的情况下，为了生存而调整选择的就业行为。

发展型就业行为是指在工作取得一定经验、能力得以提高的前提下，为实现自身价值而设计的具有长远目标的就业行为。

☞ **分析衔接**

生存型就业行为有时是违心的，但也不失为明智的选择。

发展型就业行为需要一定的基础，是充分思考、统筹安排、长期目标导向的选择。如果初出校门一味追求发展型就业，成功率会很低。

上述就业行为分类并不完整，还可以从其他角度进行分类，此处不再一一赘注。

第三节　就业能力分析

大学生就业的成败、发展的快慢反映的是自身的就业能力水平，因此，研究就业应从研究自身就业能力开始。

一、就业能力概念

（一）就业能力的定义

所谓的能力，《现代汉语词典》的解释是：能胜任某项任务的主观条件。就业能力是指在就业活动中就业者能满足用人单位需要的主观条件，包括个人正确分析就业环境与个人心理特征，合理选择职业，现场成功竞聘并出色从事日常工作、维护人际关系、克服困难挫折及开创事业的综合能力。

（二）大学生就业能力细化

大学生就业能力包括专业能力、社会能力和就业品质三方面，可以从以下几个方面细化解释：

（1）从事某项职业所需要的工作能力；

（2）在个体与用人单位之间双向选择中，能充分展示自己所具备的素质的能力；

（3）个人就业理念指导下的对就业环境的分析判断能力；

（4）个人职业生涯的策划、开创事业的能力；

（5）创建和谐人脉关系、合作办事的能力；

（6）胜过他人意志、克服挫折的能力。

二、就业能力的种类

（一）专业能力

专业能力是指专业知识转化为应用的能力，是就业过程中对应的职业岗位工作所需要的专门能力。

1. 专业知识掌握能力

专业知识掌握能力不是指对专业知识的记忆能力，掌握能力表现在不仅要熟悉各门课程内容，而且要能够将不同课程变为系统综合的专业技能理论基础。为实现这个目的，大学生不仅要认真学习专业知识，而且要自觉地主动求教于他人，探索如何将学过的知识进行融合提炼。

2. 勤奋自学能力

勤奋自学能力是满足就业需要的专业补充能力。学校设置的知识体系不可能与工作所需的能力完全匹配，知识除专业书本知识外，还有非专业书本知识，更有书本外的知识，如公共知识、生活知识等，也是工作中不可缺少的。所以，需要采用勤奋自学的方式使个人"一专多能"，提高个人的"可就业性"。

3. 创新学习能力

任何专业知识都是过去实践的结晶，而在就业过程中，面对的是更多的新问题，所以要在掌握知识的过程中发展、创新专业能力。尤其是思路要开阔，想象力要丰富，任何工作都不可能是书本上过去情境的重复，都需要创新。

☞ 分析衔接

专业知识是对过去的实践活动的总结，为了便于传授掌握，教育界人为地细分为不同课程。传统的学习方法又局限于单科记忆考核，误导了大学生以为所有的课程分数优秀就是专业知识能力强。专业知识的学习，学了就遗忘，相当于没学，死记硬背得到的高分，并不意味着高能，专业知识只有学习掌握后才能转化形成完整的专业工作需要的专业能力。

知识经济时代是人终生学习的时代，既要培养自己"闻一以知十"、"举一而反三"的能力，也要培养自己能不断进行知识更新，在专业能力上不断加强储备潜能，为不断创业打下基础。

（二）社会能力

社会能力是指大学生在就业过程中，能正确端正心态、推销自我、适应环境、与人合作、控制情绪、强化意志、成就事业的能力。与就业相关的重要社会能力有就业观察分析力、就业环境适应力、就业语言表达力、就业情绪控制力、就业人际交往力、就业意志应变力等等。由于就业进入了陌生的真实社会环境，社会能力显得更为重要。

社会能力在工作中伴随专业能力的使用发挥着独特作用，更在专业能力发挥前、就业应聘中被用人单位所考验和认识，在成就事业过程中起到坚持、促进的重要作用。

1. 就业观察分析力

就业观察是对就业环境——用人单位的认识分析，并善于发现和抓住就业机会，以及工作要点、事物发展特征的过程。

就业分析是对就业形势及过程阶段，与就业相关的一般性规律和特殊性要求，以及个人与用人单位之间如何选择、如何发展所进行的思考、推断和解决问题的过程。

就业观察分析力就是上述两个过程中大学生应具备的能力，对防止误判、避免错误决策起到把关的作用。

☞ **分析衔接**

大学生走上社会，每个人都将经历"凤凰涅槃"般的考验，要成为合格的社会人，首先考验的是个人的观察力，通过现象看本质，及时应变等都必须以成功观察为前提。就业行为有时受情绪、潜意识、他人观点及行为影响很大，更需要理性思维分析能力的加强。

2. 就业环境适应力

环境适应是从校园这样一个净化后的失真的社会局部环境进入复杂真实的社会环境及在工作发生变化过程中，大学生的心态、方法如何围绕环境做相应变化的过程。

就业环境适应力是指大学生面对工作环境，自身融入、调整和把握发展机会的能力。

☞ **分析衔接**

大学生习惯了"象牙塔"里的生活环境，接触社会马上表现出不适应，而用人单位对大学生越来越觉得不可心，所以就设置"两年实践"锻炼后才重用，无形之中使大学生就业难上加难。解决燃眉之急是应该培养大学生适应社会的能力，尽可能缩短社会适应期。学校应该进行教学创新，为学生创造更多的接触社会的机会。大学生本身更应该利用一切机会，大胆走向社会，在毕业之前遭受社会挫折是一种"荣幸"，提前利用心理防卫机制，使个人具备一定的"挫折抗体"，是提高就业能力的一个有效的措施。

3. 就业语言表达力

就业语言表达力是在就业应聘和整个工作过程中，能将个人的思想、观点、意见或建议顺畅地用语言传播出去，并取得预期效果的能力。

语言表达不仅仅是"说话"，不说话可能使对方不能理解，说了话也可能引起对方的反感，这就是说，语言表达要取得预期效果。

☞ **分析衔接**

很多大学生演练如何在应聘中"把话说好"，其实在日常工作中，语言表达更为重要。大学生在工作中，经常感到很多事情表达以后结果却不甚理想，多数是由于语言表达不当、缺乏技巧所引起的结果。

4. 就业情绪控制力

就业情绪控制力是指大学生对就业中面临的所发生各种事物刺激所引发的心理反应加以掌握、约束的能力。

情绪是人对客观事物态度的体验。大学生的情绪对就业行为有直接的作用，其影响程度有时甚至超过理智。

☞ **分析衔接**

情绪化行为是非常普遍的，其表现是任由自己内在情绪引发行为而不加以管理和控制，甚至危险后果都不予考虑。2003 年，浙江大学一名毕业生考公务员时，在通过笔试、面试后，因身体受限没被录取，恼羞成怒，买来水果刀，把招聘人员刺死、刺伤各一人。类似及其他各种情绪化行为，大学生必须注意事先做好心理防卫。

5. 就业人际交往力

就业人际交往力是指就业工作中的人际交往能力。大学生也是社会人，在分工协作越来越密切的今天，就业的交际力影响性很大。交际是人类共同的心理追求，就业中缺乏交际能力犹如"陆地行船"。在工作中相互存在着内部的人际交往，矛盾产生后需要通过感情沟通加以解决。外部交际更重要，它是直接关系到工作成败的重要因素之一。在其他条件相同的情况下，招聘者更愿意招收交际能力强的人。

6. 就业意志应变力

就业意志是体现在就业活动中大学生要达到某种目的而产生的心理状态，是对大学生本人内在潜能的调整，是对就业行为激发的一种能量。

就业工作不会一帆风顺，有了良好的意志品质才能做事有恒心和毅力，才能不断激励自己，自觉地奋发努力。成功者普遍有很强的进取心，有不屈不挠、坚持到底的精神。

☞ **分析衔接**

就业应变是就业过程中面对突发事件而进行自如应对的过程。世界每时每刻都在发生变化，再美好的计划不与应变措施有机结合，也会产生失误。就业应变力在工作中体现为遇到领导尴尬、同事意见争执、产品经营失误、生产事故发生、社会非常规做法等现象，应变能力发挥着至关重要的作用。事后的措施、想法再完美也无多大利用价值，应变能力体现在即时处理妥当。

（三）就业品质

大学生成功的就业应该是个人高品质的就业。就业品质是大学生在就业过程中始终保持的行为、作风、品性的本质。

1. 就业心态

就业心态包括自信心和心态平和，这两者之间有联系也有区别，对大学生就业行为非常重要。

就业自信是大学生在求职就业过程中对自身力量的一种确信，是发自内心的自我肯定心理状态。

就业离不开自信心，自信心是大学生对自己是否有能力成功地完成就业活动的信任程度的心理特性，是一种积极、有效地表达自我价值、自我尊重、自我理解的意识特征。

☞ **分析衔接**

心理学家这样说过："你想成为怎样的人，你就能够成为怎样的人；你认为能做什么事，你就能做什么事。"简言之，即"你认为自己行你就行"。

如果对于一个习惯过低估计自己的人，这样的话对他是一种激励。而针对习惯过高估计自己的人，这样的话会走极端地理解，变成自负的人。

自信心是非常有用的，但不是绝对的，不能过高评价自信心。

一般情况下，"有自信心未必成功，没有自信心注定失败"。理由是有自信心还要加上其他因素作用才能成功。就业是一种激烈竞争的活动，丧失自信心，就失去了参与竞争的勇气。工作中经常会产生挫折，逆境中非常需要自信心的支持。

大学生必须强化竞争意识，充分相信自己的实力，应聘前抱着乐观心态，即使应聘后被淘汰，也不要认为是自己不行，也许是选择不对，就当一次真实的考验，胜过平时的训练。在工作中，无论遇到什么样的新问题，都要冷静对待，坚信"方法总比困难多"。

心态平和就是大学生在工作中保持一种性情或言行的温和，做事不偏激，不过分苛求，并能自我调整的心理状态。

就业过程中会有许多意料之外的事情发生，用人单位也会把一些大学生反感的问题隐藏起来；还有一些事情无法告知（如人际关系方面，由于无法确定你的个性及能接触的人群个性），必然要遇到自己不太满意的工作环境；也可能发生连公司都没有预料到的困难；还可能产生误解、不公平、排斥现象。大学生就业必须保持心态平和，随遇而安。

2. 诚信意识

诚信即诚实守信。诚信要求人们在行使权利和履行义务过程中，讲究信用，恪守诺言。大学生就业市场是供求双方的一种诚信合作关系，在择业过程中，依据法律可以向用人单位提出合理收入、保险金等，同时也必须对公司作出相应的承诺，有时怕合同不签无保障，签了又怕跳槽受约束，这种寻求两全的想法暴露出的是大学生的幼稚。

用人单位也从自身私利考虑，设置试用期等检验方式，也怕大学生来了就交各种保险，面对如此高的就业流失率，又怕钱"打水漂"，因此造成就业市场目前缺乏相互诚信的状态。

有许多大学生只关注自己的利益必须安全有保障，许多承诺停留在口头和纸面，内心并不想恪守承诺，这是一种伤害对方，最终伤害大学生群体的行为，无怪乎目前有人已提倡开设就业伦理学课程，实属必要。

三、就业能力的作用

（一）能准确判断就业环境变化，合理策划自己的就业行为

目前大学生出于严重的"就业迷茫"状态，不能正确自我认识，不能合理就业定位，不管就业形式变化，一意按照个人理想化目标和心态套用现实环境，对主、客观之间的差距往往归咎于客观。2006 年毕业生 413 万，入学时 2002 年毕业生 145 万。如果还以入学时的观点衡量毕业状态失误率大大提高。

提高就业能力能够对自己的就业行为进行合理策划：合理树立就业目标，合理自我分析和职业分析；合理设置个人知识结构（正式课程与选修课程、自学课程）；合理培养社会需要的一般能力。就业行为策划要分步骤、有应变措施。

（二）能快速适应并融入工作环境实践就业活动

就业岗位不是批量销售的产品，先后有份，是要优胜劣汰的竞争获得。工作业绩不会心想事成，是主观与客观相适应的有效劳动的结果。因此，快速适应、融入工作环境之中，是主观意志能得以有效发挥的基础。任何圆满的就业活动设计，离开环境条件的支持，都是无法顺利进行。

（三）能准确表达内心意识，融合人际关系

辞能达意不仅仅体现个人的文学水平，更是就业活动中能准确表达个人意愿的能力。很多时候大学生能深深感受到自身困难，直率表达急于求成，对他人、他事则缺乏应有的热情、表达失误，结果引起是"自我为中心"的误解和反感。因为不会说话得罪老员工，引起连锁人际紧张，都是大学生就业过程中必须注意的事情。

（四）能合理控制情绪，保持行为理性

目前高职生就业后流失率非常高，选择的轻率性是一方面，更多的是由于情绪化行为过多。大学生情绪一直会伴随就业过程，积极的情绪有利于就业，如工作热情、奋斗激情等。但是，消极的情绪其影响程度有时甚至超过理智。如个人受到外界较强的消极刺激，个人原有的平稳而有规律的行为，往往呈现出过度兴奋或过度沉迷，甚至紊乱状态。自我定位不准，工作以自我的主观愿望为目的而感情用事。如厌倦情绪、愤怒情绪、冲动情绪、忧虑情绪等，在行动上是无所适从、语言偏激、动作过激、麻木不仁、大起大落等。有的大学生说自己应聘时，早上感觉是人才，中午感觉是个人，晚上感觉人都不是了。还有的大学生辞职往往就是因为一句话不顺心，一个要求急迫实现遭到推脱。造成有的大学生昨天豪情万丈，今天灰心丧气。这种情绪变化多端的特点，说明当今

大学生就业行为缺乏理性。

（五）能保持坚强的工作毅力，面对突发事件随机应变

每个大学生在就业过程都不是一帆风顺的，都会先产生各种困难甚至大有"山重水复疑无路"的感觉。此时此刻，大学生的工作意志决定了能否度过工作"瓶颈"，很多大学生失去机会都是因为意志力的薄弱。日常工作中突发事件很多，多数大学生是对做重复性工作感到厌倦，对多变性工作感到紧张，其实根源都是缺乏工作毅力。社会没有随心所欲性质的工作，一个公司老总工作看似随心所欲，其实是经历艰难曲折积累了丰富的经验，掌握按照规律办事的技巧，会随机应变。

【案例分析】

北京科技大学社会工作专业的王某，因为专业不吃香，这位来自内蒙古农村的大学生觉得以考公务员的方式留在北京是最好的方向。从 2009 年开始，他数次参加中央和国务院直属机关的公务员考试，但最后总是被淘汰。前段时间，崇文区举办了一个公务员事业单位招聘会。他去看了一下，有 80% 的岗位都只面向北京生源。没有户籍限制的民族宗教事务处，硕士生的简历也有一尺多高，本科生的简历更是好几摞。他最后连笔试机会都没得到。一星期前，他母亲打来电话："人家都能找到工作，你怎么就不行？"当时他急了，手向走廊的玻璃上砸去。

此后，他不停地在网上和招聘会上投简历，一心想留在北京。现在的就业期望已降到有没有北京户口无所谓，只要每个月能给 2 000 元以上的工资就接受。他曾经想去山西，但他的母亲不同意"村里人肯定会议论，谁谁家的孩子在北京念书，结果找工作反倒去了外地"。

问题 1：王某手砸玻璃的行为说明了什么？（提示：从心理、行为、能力不同方面思考）

_____

_____

问题 2：他母亲的话是激励吗？

_____

_____

问题 3：假如你是王某，你会怎么办？

_____

_____

_____

【拓展分析】

标题：对峙。

问题1：大学生喊出"你给我机会，我还你一个奇迹"是能力绝对的突出吗？

_____

_____

_____

问题2：用人单位先要大学生证明能力是否有道理？为什么？

_____

_____

_____

复习思考题

1. 马斯洛的需要层次理论对目前大学生就业行为有哪些指导意义？

2. 就业行为有哪些特征？根据各种特征可在就业策划时注意哪些事项？

3. 就业行为的种类是根据什么划分的？在目前的自我认知情况下，有哪些种类的就业行为在自身有所体现？

4. 研究就业心理对个人有哪些作用？

5. 大学生在不同时期有哪些典型的心理？针对自己目前的就业心理作出科学分析。

6. 大学生就业能力有哪些种类？

第五章　就业求职策划

第一节　求职策划概述

一、求职策划概念

（一）求职策划内涵、分类

1. 求职策划内涵

求职策划是指面对就业市场或在一定的职业环境中，为寻求未来的职业目标，所进行的分析现状、设计方案、择优选择的研究操作过程。

求职策划时必须有清醒的认识和合理的做法，需要事先明确的问题如下。

（1）每个人不可能适应所有的职业环境和环境中的所有岗位。

（2）未来的目标都追求美好，必须以胜任为前提。

（3）现状是否必须重新求职？方案有几个？最优的方案如何操作？

大学生求职策划不是一朝一夕、一劳永逸之事，职业生涯过程中每一次工作岗位需要变换，都要进行求职策划。

2. 求职策划分类

1）初次求职策划和重新求职策划

初次求职策划是指大学生第一次选择职业并成功完成求职目标所进行的求职策划。

重新求职策划是指大学生已有一次成功求职之后，在职业生涯中需要重新求职所做的每一次策划。

2）系统内求职策划和系统外求职策划

系统内求职策划是指对现有公司内部工作部门和工作岗位进行调整所做的策划。公司内部经常有职业升迁机会和自己需要在更合理岗位上发挥自己作用的主观需求，因此会产生不断升迁和调整自己的求职过程。

系统外求职策划是指从现有公司工作中跳出，寻求新的工作所进行的求职策划。任何公司的工作都可能发生自己难以适应的情况和社会上出现更适合自己发挥个人能力的机会，因此会产生系统外求职的需求和过程。

3）职务升迁求职策划和职务调整求职策划

职务升迁求职策划是指在现有工作系统内针对职务级别提高的机会本人所做的求职策划。职务的升迁从某种程度上讲是个人价值提高的标志，在职业生涯中应该抓住每一次升迁的机会，化可能为现实。

职务调整求职策划是指在现有工作系统内根据个人能力的自我评定和客观环境需要分析，在不同岗位上进行调整所做的求职策划。

（二）大学生求职策划现状和特征

1. 大学生求职策划现状

目前大学生将求职策划局限于离开学校获得第一个职业这一阶段，而且基本处于一种模糊的盲目的状态。大学生求职过程是一个复杂的心理变化过程，也是一个自我摸索的认识提高过程。

☞ **分析衔接**

临近求职前夕，大学生普遍陷入各种心理忧虑中。接受就业指导之后，面对更加严峻的就业形势，会劝告自己低调"先生存后发展"。

进入求职现场，面对招聘条件，与个人欲望不符，左顾右盼对比，又屡屡犹豫不知所措。

寻找到工作之后，总能找出不随心所在，于是好高骛远心理萌发，冲动地选择跳槽。

单位内优势工作岗位和工作角色能引起内心向往，多停留在自叹不如或怀才不遇的认识和情绪阶段，没有任何准备面临竞聘机会，于是继续维持内心的自叹。

大学生多是从一次次的挫折过程中，逐步认识自我、认识就业市场变化，积累出求职经

验教训的。

2. 大学生求职策划特征

（1）盲目性。将专业与不同行业专业工作岗位表面浅层次联系，追求文字上对应而不是工作内容与个人个性特征是否相融合。设计出一般性求职文件，到处"广种薄收"地投放，消极等待地求职。

（2）临时性。缺乏过程性设想和前期基础准备，不注意个人特长和综合能力的培养与提高，养成做事"临阵磨枪"的习惯。

（3）模仿性。缺乏自我创新，养成懒惰习性，简单模仿别人，是典型的从众行为在求职时的体现。

（4）随意性。有较高欲望伴随敷衍了事的行为，尤其在细节上缺乏精雕细琢的意识。

（5）冲动性。经常是在情绪冲动下作出求职的选择，难以清醒地进行现有和未来工作岗位的对比分析及个人个性特征与岗位融洽度的分析。

（三）求职策划内容

1. 主动、经常、超前分析现状和分析自己

（1）大学生第一次求职策划应该是从进入大学开始，主动去分析就业现状和就业趋势。

（2）经常补充现有教学计划欠缺的部分，以及自己追求的职业所需要的能力。

（3）提前预估困难和寻找解决困难的方法。

☞ 分析衔接

任何职业的寻求都需要牢固的基础条件，需要充实的心理准备，需要出色的能力展示。大学生在工作中每一次重新求职都应该是打有把握之仗，都是经过深思熟虑的审视自己和工作环境、岗位现状，决定是否应该求职、如何求职、求职细节等。不是一旦有新工作、好岗位就该去求职，不是感觉差不多就该参与。任何一次求职设计都需要做好心理准备，即使失败也要设计出补偿性措施，化失败为成功。

---

2. 认真、细致、求实地完成过程操作和细节设计

（1）认真研究每一次求职既有规范性的程序和非专业、非主流因素外的比拼。

（2）细致设计规范性的程序。

（3）求实地完成除大家都注意并具备的专业能力和都采取的方法、都关注的项目、都注意的问题等之外，与求职有关、能额外引起对自己注意的各方面因素。

大学生容易抱着不求甚解的侥幸心理，易犯华而不实、浮躁粗糙等错误。非专业、非主流因素的比拼是指由于人的智商越来越接近的缘故，越是较好的工作职位，面临的竞争者越是各方面都优秀者，专业的主流因素往往因为各有所长而难以鉴别时，非主流因素会起一定的决定作用。

☞ **分析衔接**

如 20 世纪 80 年代某艺术学校招生，一群报名乐器考核的学员中几乎多是拉二胡展示自己，恨不得拿出浑身解数力争拉好。其中一位感觉自己不占优势的学员临时决定弹三弦参加考试，由于准备不足，弹的过程中还出现了小小的失误，自己都感觉无望。然而他却得到通知，因为他的表现引起一位老教师注意，产生培养一个弹琵琶的学生的念头，而二胡拉得再好，拉的人多也不会引起作为弹琵琶这方面的注意。

在任何一次求职中，大家都可能注意到过程操作和专业主流因素，此时，大学生如果在认真、细致、求实地完成自己的过程设计的同时，多注意设计一些细节因素来凸显自己的优势。例如，大家都注意到形象设计的着装，我们可以额外突出设计表情；大家都注意设计语言，我们可以额外设计细小动作语言等等。

3. 精练、清晰、有效地展示自我的材料准备

（1）每一次求职都必须完成精练的语言文字资料。

（2）清晰地描述工作经历及取得的成果。

（3）有效地展示自我。

☞ **分析衔接**

每一次求职面试之前，经常有材料筛选过程，尤其目前刚毕业的大学生进入人才市场，每一个受欢迎的公司都会收到小山一般的求职材料。让招聘人员认真阅读每一份辛苦准备的材料几乎不可能，于是，大概扫一眼成为初选的流行做法。在参加工作后的重新求职中，面试之前依然是求职材料的审核。

4. 稳重、机灵、特质风格的求职形象塑造

（1）稳重地通过形象反映自己的职业气质、工作态度。

（2）机灵地应对考评人员、工作环境中人群的集体倾向性。

（3）特质地形成针对岗位工作性质的不同，对人的一般性考核要求之外，会有其不同的特殊要求。

每一次求职现场的衣着打扮、言谈举止将会直接影响评价第一印象的好坏。

（四）求职策划步骤

1. 求职目标确定

不是所有的工作岗位目标都适合自己，甚至所有的与本专业对应的岗位自己也不可能都具有优势。求职目标不是以争夺成功为目的，而是能在此岗位上最佳地展示自我，实现自身价值。要把目标最优和求职成功率最优相结合，公认的最优不等于自己的最优。

2. 求职环境分析

求职环境是影响求职成功的关键因素之一，与自我主观因素同等重要。无论大学生第一次就业求职还是工作中重新求职，对环境因素做到完全掌握是不可能的，但是直接影响求职的该掌握并能掌握重要信息的疏忽则是最不可原谅的失误。

3. 求职可行方案思考、设计

任何一个目标的实现都会有不同的途径，每一个途径都会有各自的成本、效果等，尤其细节上会有不同的方法可供使用。求职的可行方案应该悉心设计，每一个细节都要仔细推敲。

4. 求职择优方案选择

择优顾名思义择取最佳者，求职策划的择优则是按照一定的准则进行决策的行为。但是求职不等于非最优不择，我国报考公务员出现有的岗位千人求一岗和有的岗位无人报考的现象，而千人求一岗之人多是精英。失败的最优只能留下遗憾，非最优的岗位至少可以"骑驴找马"。

5. 求职活动过程

这个过程是求职行动、操作过程。既要在预先策划好的方案指导下进行，又要能灵活机动应变环境，及时调整。

6. 求职结果分析

无论求职成功与失败，这一阶段非常关键，又非常容易被忽略。因为任何一次求职成功都不是求职的终点，在总结经验提醒以后这一点来说，成功与失败性质相同。由于成功容易喜出望外不去总结，由于失败容易悲观失望而选择放弃总结。即使是参加工作后的重新求职，理想的岗位目标没有得到，不等于过程是失败的，也许正是这次失败的展示和冷静总结后的行为依然积极，更快速地让上司关注了自己。不怕自己能不能第一次得到欣赏，怕就怕不能引起上司的注意。对于能者，领导越貌似单独苛刻，往往越是一种特殊的关注。

二、求职策划的意义

（一）避免求职盲目性

对于年轻化的大学生，现场快速反应能力有限，不可能面对复杂的求职环境理智地作出正确的决策。有些大学生在求职过程中，在选择求职材料投放的单位和工作岗位时，没有自己的预先策划目标，简单地将感觉"待遇不错"作为投放选择目标。

（二）防止求职情绪化

求职情绪化是指受现场各种因素刺激或生活周围各种暗示影响下，脱离理智思考求职问题的行为表现。外观表现主要是冲动性、模仿性、固执性，打乱了自己原有的求职思考。

求职情绪化是当今大学生的一个显著特征，强化求职策划，可以帮助大学生事先冷静地思考，全面对比进行主客观的研究，有针对性地提示自己最容易发生的情绪化表现，在一定程度上可以避免发生现场求职情绪化。

（三）克服做事浮躁习惯，合理设计职业生涯

求职策划可以帮助大学生从用人单位工作需要出发，防止凭主观欲望行事，按照求职所针对的岗位要求，合理地结合实际需要和自我能力个性化地设计职业发展规划。

☞ **分析衔接**

大学生做事浮躁已经在社会用人单位形成一种"定式看法"，其做事浮躁习惯不仅仅由于年轻缺乏社会阅历的原因，大学扩招之后，高质量的师资力量匮乏，很多专业知识不得不停留在"都学过了"、"都考完了"的层次上，客观上一定程度地误导了大学生，将"学过了"与"会做"等同起来。由于工作中要求不仅"会做"而且需要"出色"，不仅需要专业理论而且需要脚踏实地的操作经验，仅仅靠"学过"、"考过"难以满足需要。

（四）有利于合理"拾级而上"，防止职业发展挫折

高职大学生工作以后，会从基层做起，"拾级而上"地逐步提高职务，提高自身价值。

"拾级而上"的内涵强调不仅要一步步上升，而且每一步要脚踏实地，否则，稍有闪失会跌下很多台阶。通过严谨的求职策划，认真研究每一次职务提升机会是否应该是自己的最佳机会，认真研究并设法抓住机会的关键因素，认真研究求职程序、细节（包括求职考评人的特性细节、考评方法等），即使要在一个台阶上停留，也不要盲目竞争，以免跌下几个台阶。

第二节　求职心理准备

一、消除就业焦虑

（一）就业焦虑概述

1. 就业焦虑的含义

焦虑顾名思义是焦急而忧虑，是一种消极情绪。

就业焦虑是大学生个体感觉对就业缺乏安全感，觉得无能为力而产生的自然情绪反应。

☞ **分析衔接**

就业焦虑不仅会影响大学生的心智，使其神经高度紧张，降低机体的免疫力，瓦解就业意志，也会引发各种生理疾病。据统计，第二次世界大战期间，某个国家大约有30万人死于战场上，同一时期，心脏病却杀死200万居民——其中100万居民的心脏病是由忧虑和生活过度紧张所引起的。

---

2. 就业焦虑的危害及表现

就业焦虑实质上是一种惰性，是出自一种类似恐惧的原始情绪，过高估计困难，又缺乏战胜困难的决心和信心，进而沉湎于自怨自艾之中，陷入心理焦急、行为坐立不安的状态。于是为回避走向社会，害怕参与竞争，寻找退却的借口。就业焦虑名义上是源自于就业，实

际上无明确的具体引发对象，即模糊地为就业而焦虑，而不是明确了本人具体在哪方面有差距而焦虑。

☞ **分析衔接**

就业焦虑的大学生的行为表现是烦躁、忧郁、无心学习、寝食不安、忧心忡忡以至于出现头痛、消化不良等现象。随之而来，其行为后果对择业无益而有害，就业之前就先在精神上打败了自己。

就业焦虑与个性心理特征有很大相关性，气质以抑郁质为主、性格内向型的大学生发生就业焦虑的几率更高。

（二）就业焦虑的消除

消除就业焦虑是每个大学生应该注意的事，千万不能因求职不顺利，而使精神过度抑郁，生活中因焦虑最终导致神经衰弱或者精神失常的事件时有发生。

消除就业焦虑其实并不难，关键在于自己战胜自己，认真投入地采取合理方法进行相关调整。

1. 行为测定

连续记录一周之内所焦虑的与就业相关的事情，同时记录每天的行为表现，想一想自己的焦虑产生了哪些积极结果。对比以前在精神上、行为上都发生了什么变化？设想发展下去的可能性是对就业有利还是于事无补？最后得出结论：焦虑有益还是有害？

2. 自我肯定

就业焦虑属于心理自卑的一种表现，是由于过分关注自己的弱点、缺点而产生的。"对症下药"应该采取自我肯定的做法，放弃对个人弱点、缺点的思考，专门寻找自己的优点、长处。可以根据就业所定向的职业需求，找出自身的哪些方面比较适应；也可以通过与生活周围的人相比较，找出自身比较成功的方面；甚至可以对照一位心理放松、就业乐观的人，用自己的优点比对方的弱点，肯定自己与乐观的人互有优势。

消除就业焦虑相当于心理按摩，有针对性、主动地进行，可以对不必要的焦虑起缓解作用。

二、心理减压

（一）心理减压概述

1. 心理减压的含义

心理减压是根据人的心理压力过大导致的紧张、烦躁、意乱的表现，有意识地、主动地寻找一些方法、采取一些措施，以达成身心的平衡、情绪的放松、动作的和谐目的的做法。

2. 心理压力的影响作用

心理压力在一定程度上对人的行为起积极促进作用。国外心理学家在研究情绪与工作效率之间的关系时普遍认同如图 5 - 1 所示的关系，横轴表示情绪强度高低，纵轴表示工作效率高低。

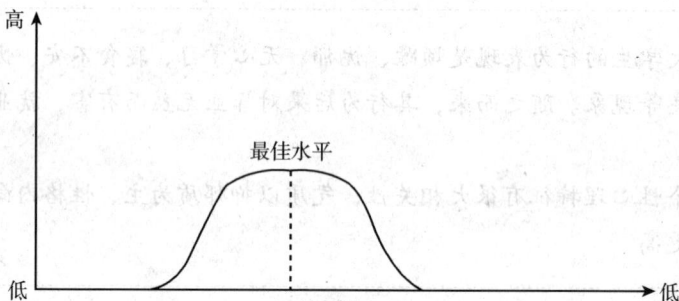

图 5 - 1　情绪与工作效率关系

大学生就业行为，在有一定压力情况下，会更激发个人热情和斗志，能专心地研究自己的就业取向，激励自己强化自身的能力，即化压力为动力。

计划经济时代无任何就业压力，才形成了"等、靠、要"的社会性格。虽然人人不愁工作，但存在着许多个人"难尽其才"，公司"无权选择合适人才"，工作积极性、主动性难以发挥的消极作用。

如果就业压力过大，尤其将社会压力在个人心理上产生"自我膨胀"，一旦超出个人的心理承受能力，对就业行为将不再是动力，甚至可能有破坏力。

（二）心理减压的方法

就业心理压力一定要保持在合理的水平上，心理压力过高应该适当"减压"，减压的方法可采取期望降低法和换位思考法。

1. 期望降低法

期望是指大学生对自己的就业行为和努力能否导致所企求结果的主观估计，即根据个人的经验判断实现目标可能性的大小。

期望降低法是指根据目前大学生期望过高具有普遍性现状，适当降低个人期望以实现期望趋向合理的方法。

期望过低对人的激励力量变小，即太容易实现的目标，大学生就会不认真努力去争取而是静等结果。期望过高，经过努力无法实现其目标，就会遭受心理挫折。

☞ **分析衔接**

期望是主观估计，必须与客观环境相适应。客观环境并不直接作用于大学生的就业行为上，而是通过大学生的感受（即知觉）而影响他的就业行为，大学生错误估计就业形势就会对不利个人就业的客观现实置之不理，盲目地提高期望，结果不成功就产生强烈的失落

感，而期望降低可以预防不必要的心理与挫折的发生。从最坏方面着想向最好方向努力，降低期望取得多一些成功，会喜出望外，进而积极影响下一步行为与效果。而过高期望，取得与上述同样的成功，会产生心存遗憾之感，也会消极影响下一步行为与效果。

2. 换位思考法

换位思考是人对人的一种心理体验过程，设身处地是达成理解不可缺少的心理机制。

在目前的就业形势下，任何人也无法肯定个人不会遭受择业失败。对待失败如何定义对个人就业行为影响很大，如果站在成功者角度考虑，他被聘用而你落选，他是成功者。但是，失败不应该只能与成功相对，通过对失败重新定义，即换位思考，可以使个人情绪上得到放松，从成功者角度换位到自己的角度。如果此次竞聘是因为某个方面没准备好，可以认为自己是一次"成功"，即"成功地找到这样做不行的证明，下次不会再犯"。如果择业目标失误，可以认为自己"成功地证明自己不适应做这种工作，可以重新全力进行定向设计，可以不再犹豫不决"。

三、就业挫折预估

（一）就业挫折概述

1. 就业挫折的含义

挫折俗称碰钉子。就业挫折是指大学生在就业活动中，遇到了障碍和干扰使其需要和动机得不到满足时所产生的情绪状态。

2. 就业挫折的作用

就业挫折直接作用于大学生下一步就业行动，尤其初涉复杂社会环境的大学生，挫折的作用会更大。

就业挫折有积极作用，也有消极作用，威胁不在于挫折本身，而在于当事人如何承受与反应。

☞ **分析衔接**

如果在挫折本质上，大学生本人增加另外的象征性的认识，挫折感会大大加强。如就业时遇到的失败，如果事先认为挫折不是专为我而设计，不是就数我倒霉，碰到了就当成锻炼自己的一次机会，挫折感就会削弱。反之，认为自己比别人倒霉，挫折感就会"倍加"。

3. 挫折预估

预估顾名思义就是预先估计。

挫折预估是指大学生在每一次求职前，预先估计出最坏的结果发生的种类和相应的影响，预先作出心理应对措施的过程。

挫折预估可以在心理上做好抵御失败的准备，从最坏的角度预想往最好的方向努力，可以防止因心理准备不足而不能冷静面对求职失败。

总之，就业挫折感是大学生个人主观的感受。挫折感的强化有时来自周围的刺激，并被主观接受，如恶意传播、添油加醋、语言暗示，极可能使心理本来可以承受的挫折，变为异常严重、无法承受的主观认知，必在心理上对自己进行沉重的打击。

（二）就业挫折预估方法

心理学上列举了种种心理防卫机制的措施，指导人们将挫折消除于事后，化消极为积极的动力。对目前大学生就业行为策划中及应聘时产生的挫折，应防患于未然。预先考虑防范措施，分析就业形势，将可能发生的困难多想一些，可以增加对挫折的容忍力。

1. 挫折预防

将个人就业中可能出现的挫折列出，然后假定挫折最严重的可能后果，一一对应。最后对应列出挫折合理化防卫的最佳措施。事先高估可能出现的措施，心理打了"预防针"，结果不出现挫折可以喜出望外，出现了也在预先设想之中，周围的人也不可能推波助澜，如表5-1所示。

表5-1　挫折自我分析

可能出现的挫折	最严重的后果	防卫措施

2. 珍惜挫折总结法

"挫折、经验是人生的宝贵财富。"是诺基亚公司奉行的信条之一。在国外专门设有挫折教育，避免养成"只许成功，不能失败"的"骄子"。

就业中的挫折是造就强者必然要经历的，挫折不仅可以锻炼意志，增强就业能力的好机会，也是未来担任一定职位工作时教育别人的最好案例。

☞ **分析衔接**

把每一次出现的求职挫折，当做一次珍贵的人生总结经验的机会；推想受到挫折之后，可以得到的经验好处。

例如：曾有一位老板对职业老师讲"没赔过钱的人，当不好经理"，老师虽然当时没有反驳，但心中则想：不赔钱也成功岂不更好吗？这位老师深入实践做起经营活动，结果处处小心，不冒任何风险，最后还是赔了钱。但赔钱后仿佛是一种解脱，因为以前总怕赔钱的心理好像是一块大石头，压得他失去许多大胆决策的机会。

　　就业也是如此，有些挫折过后可以为今后工作带来许多经验。

　　挫折珍惜总结法就是每出现一次挫折，千万不要埋怨自己，而是祝贺自己有了一次学习总结的机会，然后加大力度分析这个挫折，假如发生在今后工作中会带来更大的风险，总结出来可以为今后带来"好处"，总结的越多越好。

　　求职出现挫折，绝不能把它与失败等同，既要把求职看成是人生的一件大事，又要看做一件十分平常的事。挫折仅仅意味着需要再试一次，再作一次努力，如果主观调整合理的话，挫折出现时，主观感受不是沮丧和懊悔，而是如何采取有效的方法去预防下一次失败。

【课内练习】

消除就业焦虑

　　对个人就业焦虑状态进行测试，利用焦虑自我测量表，如图 5-2 所示，主要统计指标为总分，把 20 题的得分相加后的得分为粗分，粗分乘以 1.25，四舍五入取整数，即得到标准分。焦虑评定的分值是 50 分，分值越高，抑郁倾向越明显。

表 5-2　焦虑自我测量表

内　　容	没有或很少时间	小部分时间	相当多时间	绝大部分或全部时间	自我评定
1. 我觉得比平常容易紧张和着急	1	2	3	4	
2. 我无缘无故地感到害怕	1	2	3	4	
3. 我容易心理烦乱或觉得惊恐	1	2	3	4	
4. 我觉得我可能要发疯	1	2	3	4	
5. 我觉得一切都很好，也不会发生什么不幸	4	3	2	1	
6. 我手脚发抖打颤	1	2	3	4	
7. 我因为头痛、头颈痛、背痛而苦恼	1	2	3	4	
8. 我感觉容易衰弱和疲乏	1	2	3	4	
9. 我觉得心平气和，并且容易安静地坐着	4	3	2	1	
10. 我觉得心跳得很快	1	2	3	4	
11. 我因为一阵阵头晕而苦恼	1	2	3	4	
12. 我有时晕倒发作，或觉得要晕倒似的	1	2	3	4	
13. 我吸气、呼气都感到很容易	4	3	2	1	
14. 我的手脚麻木或刺痛	1	2	3	4	
15. 我因为胃痛和消化不良而苦恼	1	2	3	4	
16. 我常常要小便	1	2	3	4	
17. 我的手常常是干燥温暖的	4	3	2	1	
18. 我脸经常发热	1	2	3	4	
19. 我容易入睡并且一夜睡得很香	4	3	2	1	
20. 我做噩梦	1	2	3	4	

【行为导航】

1. 很多焦虑经过仔细分析都会发现或者是自寻烦恼，或者于事无补，或者杞人忧天，或者浪费时间，不妨回忆自身曾有过的焦虑，分析发生了什么结果。

（1）试列出焦虑内容。

_____

（2）焦虑发生的起因是什么？

_____

（3）分析焦虑发生的时间。

_____

2. 即使有些事情的确叫人感到焦虑，也要分析一下它给自己带来了什么？假如带来的是某种后果，自己问一下自己，焦虑是不是更加得不偿失？

问自己：焦虑是否带来快乐？回答：是（　　）否（　　）
　　　　自我评价：得或失

问自己：是否无心做事，推迟安排了什么？回答：是（　　）否（　　）
　　　　自我评价：得或失

问自己：是否对他人发过火？回答：是（　　）否（　　）
　　　　自我评价：得或失

问自己：是否忘记做上级安排的事情？回答：是（　　）否（　　）
　　　　自我评价：得或失

问自己：是否学习心情更加平静？回答：是（　　）否（　　）
　　　　自我评价：得或失

问自己：是否食欲增加？回答：是（　　）否（　　）
　　　　自我评价：得或失

问自己：是否走路步履轻松？回答：是（　　）否（　　）
　　　　自我评价：得或失

问自己：是否喜欢唱歌？回答：是（　　）否（　　）
　　　　自我评价：得或失

问自己：是否带来更好的睡眠？回答：是（　　）否（　　）
　　　　自我评价：得或失

问自己：是否增加了独自或和他人喝酒的次数？回答：是（　　）否（　　）
　　　　自我评价：得或失

问自己：是否与他人主动打招呼说话？回答：是（　　）否（　　）
　　　　自我评价：得或失

问自己：是否厌倦别人与你说话？回答：是（　　）否（　　）
　　　　自我评价：得或失

3. 冷静之后分析自己的焦虑引发的行为有哪些害处。采取什么措施更合适？

_____

_____

_____

_____

_____

第三节 求职行为准备

一、专业岗位细化分析

（一）专业岗位细化概述

1. 专业岗位细化的含义

专业岗位细化是指大学生根据自己的专业，有针对性地寻求更适合自己个性的岗位、有效地发挥自己能力的行为过程。

2. 专业岗位细化的必要性

社会划分不同的职业，职业中又包括许多单位，单位里又分为不同的岗位。就业前所学习的专业可选择的目标多而杂，就业后的一定阶段只能从事某个岗位的工作。由于不同的专业也可以从事相同的职业，相同的专业也可能面对众多的单位和众多的工作岗位，所以，就业行为也是职业选择、单位选择、岗位选择的活动。

（二）岗位细化分析的作用

1. 有利于就业"有的放矢"

专业岗位细化分析包括了解职业的工作内容、知识要求、技能要求、经验要求、性格要求、工作环境、工作角色等。细化分析后，可以比较自己与所期望的工作岗位之间有多少差距，权衡不同单位、不同岗位细化差别的存在与个人选择的利弊得失，做到就业"有的放矢"。

注意：专业细化分析要防止按照个人主观欲望脱离实际进行。

2. 有利于求职文件的合理设计

目前的大学生过多依赖学校、家庭，对求职简历、求职信不是个人依据自身特点去设计，而是多采用网上现成模板或在家人帮助下完成，对应聘不同单位的不同工作，千篇一律地设计，"广种薄收"般投放，既无针对性，也无法体现个人特点。也有个别大学生任意发挥设计，不仅不规范，内容也很难引起招聘主管的兴趣，甚至会造成招聘方的误解。

注意：在专业岗位细化基础上的求职文件设计会更合理、准确。

3. 有利于面试时回答问题更适宜

应聘面试发问时有一般性的提问，此类问题适合于不同职业工作的发问，也有比较具体的提问，适合于具体某类工作的发问，如从事技术工作，可能注重专业知识、技能发问。如果对方想确定每个人是更适合做技术开发还是加工车间现场生产技术工作，就需要更有侧重点地发问。

注意：根据所选择的岗位要求及特点，在面试回答问题时能更有效地推销自己。

4. 有利于提高工作中的适应性

大学生对某项工作的适应性，对其完成工作及取得一定的绩效有直接的影响。

没有求职经验的大学生之所以经常在谋职中失败，或经常易职，总也找不到适合自己的工作，其中重要的原因就是不了解自己的职业适应性。

注意：首先了解自己，同时了解专业岗位细化后的特点，使二者达到统一。

👉 分析衔接

许多学生在考入高校时，就已经存在许多违心的选择，如在名牌学校与名牌专业"两难"选择时，许多家长倾向于名牌学校，可以证明多年心血得到回报——"名牌学校大学生"，却忽略了毕业时非理想专业的"就业隐患"，甚至入学后在专业学习时就暴露出"学习乏力"的苗头。

一个大学生违心地选择了自己并不喜欢的职业岗位，是一件痛苦的事情。职业没有绝对好坏之分，关键是选择一个适合自己发展、进步的工作。

二、职业能力分析

（一）职业能力概述

1. 职业能力的含义

职业能力是指大学生本人从事其职业的多种能力的综合，是就业能力的一部分。

2. 职业能力的性质

大学生是否能取得求职成功与是否能胜任求职得来的工作岗位是两码事，如果说职业兴趣或许能决定一个人的择业方向，以及在该方面所乐于付出努力的程度，职业能力则能说明一个人在既定的职业方面是否能够胜任，也能说明在该职业中取得成功的可能性。

胜任工作所需要的职业能力与自己的个性紧密相关。

👉 分析衔接

求职前对现实个人能力结构进行判断分析是必要的，不同的岗位需要不同的能力结构，而同专业的每个人，职业能力也会有所相同，有人善于管理，有人善于操作，有人善于理论分析，有人善于事务性工作。发挥自己的能力方面的优势，避开能力方面的欠缺，是事业成功的一个必要的条件。

（二）个人能力结构判断途径

1. 凭自己的直觉判断

直觉是未经充分逻辑推理的感性认识，由于个人在已经获得的知识和积累的经验基础上，形成了对自己某些方面的认知，因此，可以不假思索地知道自己某些方面的能力。

2. 与别人的比较进行判断

"有比较才有鉴别"，应聘是与他人竞争，通过与别人比较，知道自己与他人相比存在的能力欠缺和强弱，进而可以了解自己的一些能力特征。

3. 从别人对自己的评价来判断

每个人都存在着别人了解而自己不了解的部分自我，如同自己的后背一样，属于自己看不到，别人看得更清楚。通过别人的评价，可以了解到自己具备或欠缺的能力。

4. 借助能力倾向测试来判断

大学生缺乏社会经验，评价自己的能力结构比较困难，往往会失之偏颇。采取比较成熟的能力测试量表，既可以判断其具有什么样的能力优势，也可以测定未来工作潜能。

（三）职业能力测量表

职业能力的评定采用"五级量表"：强、较强、一般、较弱、弱。每级评定都有相应的权重参数，将评定等级乘以权重参数，然后把六项数值加起来，再除以6。

第一组

	强	较强	一般	较弱	弱
（1）善于表达自己的观点。	(√)	( )	( )	( )	( )
（2）阅读速度快，并能抓住中心内容。	( )	( )	(√)	( )	( )
（3）清楚地向别人解释难懂的概念。	( )	(√)	( )	( )	( )
（4）对文章中的字、词、段落和篇章的理解、分析和综合的能力。	( )	( )	(√)	( )	( )
（5）掌握词汇量的程度。	( )	(√)	( )	( )	( )
（6）中学时你的语文成绩。	( )	(√)	( )	( )	( )
各等级次数累计	（1）	（3）	（2）	（0）	（0）
	×1	×2	×3	×4	×5

总计次数 $= 1 \times 1 + 3 \times 2 + 2 \times 3 = 13$

评定等级(2.2) = 总计次数(13) ÷ 6

根据自己实际情况，对下面的每一种活动作出评定。

第一组

	强	较强	一般	较弱	弱
（1）善于表达自己的观点。	( )	( )	( )	( )	( )
（2）阅读速度快，并能抓住中心内容。	( )	( )	( )	( )	( )
（3）清楚地向别人解释难懂的概念。	( )	( )	( )	( )	( )

(4) 对文章中的字、词、段落和篇章的理解分 （　）（　）（　）（　）（　）
析和综合的能力。

(5) 掌握词汇量的程度。 （　）（　）（　）（　）（　）

(6) 中学时你的语文成绩。 （　）（　）（　）（　）（　）

各等级次数累计 （　）（　）（　）（　）（　）

×1　×2　×3　×4　×5

总计次数 = （　　）

评定等级（　　）= 总计次数（　　）÷6

第二组

强　较强　一般　较弱　弱

(1) 作出精确的测量（如测长、宽、高等）。 （　）（　）（　）（　）（　）

(2) 解算术应用题。 （　）（　）（　）（　）（　）

(3) 笔算能力。 （　）（　）（　）（　）（　）

(4) 心算能力。 （　）（　）（　）（　）（　）

(5) 使用工具（如计算器）的计算能力。 （　）（　）（　）（　）（　）

(6) 中学时你的数学成绩。 （　）（　）（　）（　）（　）

各等级次数累计 （　）（　）（　）（　）（　）

×1　×2　×3　×4　×5

总计次数 = （　　）

评定等级（　　）= 总计次数（　　）÷6

第三组

强　较强　一般　较弱　弱

(1) 美术素描画的水平。 （　）（　）（　）（　）（　）

(2) 画三维度的立体图形。 （　）（　）（　）（　）（　）

(3) 看几何图形的立体感。 （　）（　）（　）（　）（　）

(4) 想象盒子展开后的平面形状。 （　）（　）（　）（　）（　）

(5) 玩拼板（图）游戏。 （　）（　）（　）（　）（　）

各等级次数累计 （　）（　）（　）（　）（　）

×1　×2　×3　×4　×5

总计次数 = （　　）

评定等级（　　）= 总计次数（　　）÷6

第四组

	强	较强	一般	较弱	弱
(1) 发现相似图形中的细微差异。	( )	( )	( )	( )	( )
(2) 识别物体的形状差异。	( )	( )	( )	( )	( )
(3) 注意到多数人所忽视的物体的细节部分。	( )	( )	( )	( )	( )
(4) 检查物体的细节。	( )	( )	( )	( )	( )
(5) 观察图案是否正确。	( )	( )	( )	( )	( )
(6) 善于找出数学作业的细小错误。	( )	( )	( )	( )	( )
各等级次数累计	( )	( )	( )	( )	( )
	×1	×2	×3	×4	×5

总计次数 = ( )

评定等级( ) = 总计次数( ) ÷ 6

第五组

	强	较强	一般	较弱	弱
(1) 快而正确地抄写资料（诸如姓名、日期、电话号码等）。	( )	( )	( )	( )	( )
(2) 阅读中发现错别字。	( )	( )	( )	( )	( )
(3) 发现计算错误。	( )	( )	( )	( )	( )
(4) 在图书馆很快地查找编码卡片。	( )	( )	( )	( )	( )
(5) 发现图表中的细小错误。	( )	( )	( )	( )	( )
(6) 自我控制能力（如长时间地进行抄写资料工作）。	( )	( )	( )	( )	( )
各等级次数累计	( )	( )	( )	( )	( )
	×1	×2	×3	×4	×5

总计次数 = ( )

评定等级( ) = 总计次数( ) ÷ 6

第六组

	强	较强	一般	较弱	弱
(1) 劳动技术课中做操纵机器一类活动。	( )	( )	( )	( )	( )
(2) 玩电子游戏或瞄准打靶。	( )	( )	( )	( )	( )
(3) 在体操、广播一类活动中身体的协调灵活性。	( )	( )	( )	( )	( )
(4) 打球的姿势的水平度。	( )	( )	( )	( )	( )
(5) 打字比赛或算盘比赛。	( )	( )	( )	( )	( )

(6) 闭眼单脚站立的平衡能力。　　　　　　（　）（　）（　）（　）（　）

各等级次数累计　　　　　　　　　　　　　（　）（　）（　）（　）（　）

　　　　　　　　　　　　　　　　　　　　　×1　　×2　　×3　　×4　　×5

总计次数 =（　　　）

　　　　　　　　评定等级（　　）= 总计次数（　　　）÷6

第七组

　　　　　　　　　　　　　　　　　　　　　强　　较强　　一般　　较弱　　弱

(1) 灵巧地使用手工工具（如榔头、锤子）。　（　）（　）（　）（　）（　）

(2) 灵巧地使用很小的工具（如镊子、缝衣针等）。（　）（　）（　）（　）（　）

(3) 弹乐器时手指的灵度。　　　　　　　　　（　）（　）（　）（　）（　）

(4) 动手做一件小手工品。　　　　　　　　　（　）（　）（　）（　）（　）

(5) 很快地削水果（如苹果，梨子）。　　　　（　）（　）（　）（　）（　）

(6) 修理、装配、拆卸、编织、缝补等一类活动。（　）（　）（　）（　）（　）

各等级次数累计　　　　　　　　　　　　　（　）（　）（　）（　）（　）

　　　　　　　　　　　　　　　　　　　　　×1　　×2　　×3　　×4　　×5

总计次数 =（　　　）

　　　　　　　　评定等级（　　）= 总计次数（　　　）÷6

第八组

　　　　　　　　　　　　　　　　　　　　　强　　较强　　一般　　较弱　　弱

(1) 善于在陌生的场合发表自己的意见。　　　（　）（　）（　）（　）（　）

(2) 善于在新场所结交新朋友。　　　　　　　（　）（　）（　）（　）（　）

(3) 口头表达能力。　　　　　　　　　　　　（　）（　）（　）（　）（　）

(4) 善于与人友好交往，并协同工作。　　　　（　）（　）（　）（　）（　）

(5) 善于帮助别人。　　　　　　　　　　　　（　）（　）（　）（　）（　）

(6) 擅长做别人的思想工作。　　　　　　　　（　）（　）（　）（　）（　）

各等级次数累计　　　　　　　　　　　　　（　）（　）（　）（　）（　）

　　　　　　　　　　　　　　　　　　　　　×1　　×2　　×3　　×4　　×5

总计次数 =（　　　）

　　　　　　　　评定等级（　　）= 总计次数（　　　）÷6

第九组

　　　　　　　　　　　　　　　　　　　　　强　　较强　　一般　　较弱　　弱

(1) 善于组织单位或班级的集体活动。　　　　（　）（　）（　）（　）（　）

（2）在集体活动或学习中，时常关心他人的情况。（　）（　）（　）（　）（　）

（3）在日常生活中能经常动脑筋，想出别人想不到（　）（　）（　）（　）（　）
的好点子。

（4）冷静果断处理突然发生的事情。（　）（　）（　）（　）（　）

（5）在你曾做过的组织工作中，你认为自己的（　）（　）（　）（　）（　）
能力属于哪一水平。

（6）善于解决同事或同学之间的矛盾。（　）（　）（　）（　）（　）

各等级次数累计　（　）（　）（　）（　）（　）

　　　　　　　　　　　　　　×1　　×2　　×3　　×4　　×5

总计次数 = （　　　）

评定等级（　　） = 总计次数（　　）÷6

统计和确定你的职业能力类型

组　别	评定等级	相应的职业能力
第一组	（　）	语言能力
第二组	（　）	数理能力
第三组	（　）	空间判断能力
第四组	（　）	察觉细节能力
第五组	（　）	书写能力
第六组	（　）	运动协调能力
第七组	（　）	动手能力
第八组	（　）	社会交往能力
第九组	（　）	组织管理能力

五个等级含义："1"为强；"2"为较强；"3"为一般；"4"为较弱；"5"为弱。评定等级可能有小数点，如等级2.2，表示此种能力水平稍低于较强水平，高于一般水平。

各种职业能力的特点

【语言能力】　指对词及其含义的理解和使用能力，对词、句子、段落、篇章的理解能力，以及善于清楚正确地表达自己的观念和向别人介绍信息的能力。

【数理能力】　指迅速而准确地运算以及在准确的同时能推理、解决应用问题的能力。

【空间判断能力】　指对立体图形以及平面图形与立体图形之间关系的理解能力，包括能看懂几何图形，对立体图形的三个面的理解力，识别物体在空间运动中的联系，解决几何问题。

【察觉细节能力】　指对物体或图形的有关细节具有正确的知觉能力，对于图形的明暗、线的宽度及长度作出区别和比较，看出其细微的差异。

【书写能力】　指对词、印刷物、账目、表格等材料的细微部分具有正确知觉的能力，善于发现错字和正确地校对数字的能力。

【运动协调能力】　指眼、手、脚、身体迅速准确随活动的动作作出精确的运作和运动反应，手能跟随眼所看到的东西迅速行动，并进行正确控制的能力。

【动手能力】 指手、手指、手腕能迅速而准确地活动和操作小的物体，在拿取、放置、变换、翻转物体时，手能作出精巧运动和腕的自由运动能力。

【社会交往能力】 指善于人与人之间的相互交往，相互联系，相互帮助，相互影响，从而协同工作或建立良好的人际关系。

【组织管理能力】 指擅长组织和安排各种活动，以及协调参加活动中的人际关系的能力。

三、求职形象分析

（一）求职形象概述

1. 求职形象的含义

求职形象是指大学生在求职过程中给他人提供的外在感知，以形成在职场对自己求职有利的主观印象为目的的行为表现的综合。

2. 求职形象的作用

求职过程不仅仅是能力、资格、阅历的比拼，具体包括外在形象、品德修养、专业能力和知识结构这四大方面。

首先，在求职现场，所有的公众都对你的外表的变化呈现出比平时更加敏感和在意的反应。社会学者普遍认为一个人的形象在人格发展及社会关系中扮演着举足轻重的角色。

其次，日常表现的种种形象特点，就像标点符号写在每个求职者的脸上、身上，构成个人职业生涯的特质。

再次，求职是为了不断晋升，职业形象会影响个人晋升几率。获得上司的认可是晋升的核心要素之一，如果在上司面前因为职业形象问题导致误会、尴尬甚至引发上司厌恶，在同事同级层面上因为职业形象问题导致离群、被孤立、被排斥，直接影响晋升。

最后，无论在什么岗位工作，如果自己的职业形象不能体现专业度，不能给工作对象带来信赖感，所有的技巧都是徒劳，因此，职业形象强烈影响个人业绩。

☞ **分析衔接**

个人形象并不等于个人本身，而是他人对个人的外在感知，招聘者会对每个应聘者的正确性用自己的主观意识进行加工，之后的评价才是给应聘者打分的依据。

例如，一丝不苟的服装款式预示着严谨态度，层层装饰的外表揭示着求新求变的心态，保持深色调的一贯喜爱，体现了沉稳的个性。因此，每一次求职都要注意职业形象应达到几个标准：与个人职业气质相契合；与个人年龄相契合；与办公室风格相契合；与工作特点相契合；与行业要求相契合。

个人的举止更要在标准的基础上，在不同的场合采用不同的表现方式，在个人的装扮上也要做到在展现自我的同时尊重他人，防止给自己带来负面影响。

---

3. 求职形象设计原则

（1）个性化原则。根据自己的个性特质，打造一种与众不同的效果。既非大众化，又有大众化做基础的独具一格。行为举止违背自己的个性会让人感到故意做作，言谈能与自己的个性相协调，就能得到求职"加分"效果。

（2）协调性原则。在求职目标、环节、方法、技巧等方面，合理衔接、协调配合。求职过程也会发生"短板效应"，由于某一方面的缺陷导致对全面的否定性影响。

（3）和谐性原则。就业求职是竞争过程，人与人之间、事与事之间存在着矛盾。求职人与公司之间是交换关系，存在着利益矛盾。在各种矛盾中，个人的外在形象和谐性强调与周围各种事物相辅相成、互促互补。

（4）完整性原则。没有欠缺、遗忘，将自己的信息完整地传播给公司，但不是面面俱到强调平均。

（二）个人形象分析内容

1. 工作岗位特性

分析自己最适合做什么。

☞ 分析衔接

求职工作岗位都有一般性的共同要求，也有各自的特性要求。一个公司做销售部门管理人员、公关部门职员、办公室内勤人员、财会工作人员，与这些工作相关的专业课程某个大学生可能学过且都成绩合格。很容易误导初涉社会的大学生以为做什么工作都可以，求职时的外在形象、言谈举止按照文员职业装饰，使用通用性语言即可。其实，稳重与爽快、简洁与细腻、干脆与斯文，每一个特殊点都可能成为某个岗位的优势表现，也可能成为另一个工作岗位的弱势反映。

------

2. 外观设计

分析自己怎么才做能产生最佳效果。

☞ 分析衔接

相同的服装穿在不同的体型、不同肤色、不同脸型、不同的发型设计的人身上，加上不同特征的行为语言作补充，都可以产生不同的第一印象。求职前最好认真研究，免得失去协调性。

在有形的外观设计的同时，要注重应该带有的表情。相由心生，表情与心态紧密相关，因此，要研究如何保持一种良好的心态。

------

3. 求职表达演练

将设计好的个人形象进行行为预演。借助镜子技巧和他人帮助，对自己的形象伴随求职现场全过程进行模拟性演练，增加熟练性，寻找纰漏点。

第四节　求职材料准备

一、求职材料准备概述

（一）求职材料准备的含义

求职材料准备是指在求职过程中，有求职相关的文字材料的设计、制作和使用的策划过程。

（二）求职材料准备中的经常性问题

1. 追求表面华丽

注重封皮设计，花里胡哨，甚至自己都难以表达其含义。求职材料为了显示自己与众不同，哗众取宠般写出各种标题，暴露出华而不实的特征，只能引起招聘者的反感和误解。

2. 从众模仿性强

没有认真研究自己的个性和优势，没有研究内心向往的工作特征的过程，不是认真设计符合自己的求职材料，而是从网上下载或借用别人的模式或请人帮助制作。尤其是一份标准模版下做出来的简历应用于多种行业、多个职位的求职，仿佛自己什么行业、什么岗位都适应。

3. 缺乏细节研究

一份好的简历应该清楚易读，形式、内涵都要注意优质，然而如今很多大学生的求职材料暴露出不注重细节的毛病，如错别字都不认真审阅，以致闹出笑话。例如，有人在简历中这样写自我评价，"我是一个非常感性的人，挺适合贵公司的职业规划师一职，不知你对我的感觉如何……"叫人莫名其妙。

☞ **分析衔接**

求职材料十大致命伤如下。

1. 96%的简历缺乏针对性

"一份简历求遍天下职"的"雄心壮志"。这类简历缺乏针对性，自然容易被扫一眼便撇于一旁。

2. 89%的简历职业路径混乱

工作一年换两三家公司，五年内进过六七个不同行业，职业生涯太乱，企业不敢录用。

3. 85%的人电话沟通一问三不知

网络投出的简历多得连自己应聘什么职位都不知道。打电话过去询问，求职者丝毫不在状态，对自己投过的职位压根没印象，更谈不上对企业基本信息的了解。

4. 82%的简历信息表达不到位

描述工作经历只罗列工作内容，注重表达做过什么，没有表达工作经历中所体现出的自己的价值。

5. 78%的简历投递职位与经历不匹配

不顾自己的经历与职位是否能够衔接，只要自己想就敢于参与。

6. 70%的简历未表达真实价值

描述很多的学习背景和工作经历，甚至是参加过怎样的特殊培训，文笔流畅，颇富感情，感受真实，却没有证明积累了多少宝贵经验和技能。

7. 36%的简历照片不合适

简历配张照片可以加深招聘人对你的印象，然而一些大学生爱搞怪，在简历照中上演装嗔真人秀，一张不合时宜的大头贴会将其直接淘汰。

8. 26%的简历信息错乱明显

简历中有明显的信息错乱，工作经历重复填写，重要信息漏填，语句不通，错字连篇。

9. 6%的简历多岗多投

同样的简历，既想做前台接待，又想当咨询顾问，还想进公司当助理。本想表现"我啥都能干，务必给个机会吧"，结果是聪明反被聪明误。

10. 4.5%的简历隐瞒基本信息

简历不写真实姓名，用"李先生"、"张小姐"等字样代替。在工作背景描述中，常常以"A公司"、"B经理"来替换，故意隐瞒其真实信息，给招聘方的印象是缺乏诚意。

二、求职材料内容

求职材料包括个人简历、求职信、推荐信和证明自己在大学期间的奖励证明、实践成果证明及作品等。

（一）个人简历

1. 个人简历的基本要求

（1）篇幅适中。字数最好不超过一张纸，要使招聘人能在几分钟甚至几十秒钟内看完，并留下一个深刻印象。

（2）布局得当。结构、逻辑、层次清晰，避免把所有信息掺杂在一起，让人理不出头绪。

（3）用词准确。少用虚夸的形容词和副词，既不要夸张，也不要消极。

（4）内容真实可信。不可随意抬高身价，求职资格和工作能力要有根据。

（5）有明确的求职目标。使招聘人员觉得你的各方面情况与你应聘的职位的任职资格相吻合，与招聘条件相一致。

2. 简历的作用

简历的根本功能在于尽可能地吸引招聘单位的注意力，能让负责招聘的人为之怦然心动，必欲先睹之而后快，并对求职者产生兴趣和好感。

个人简历也是自我推荐的一部分，不能仅从自己的需要角度出发，证明自己能满足对方的需要应该放在首位考虑。

☞ **分析衔接**

一位应聘比较著名公司的大学生，他的简历之所以在堆积如山的简历中脱颖而出，在于这位大学生的求职简历比较特殊，突破只简介个人经历的一般化模式，而是通过一段时间专为该公司的产品市场销售进行调研，提出合理的意见。而该公司的职位也正需要从基层扎实工作做起。他的成功之处在于从公司工作角度出发证明个人。

目前各大公司招聘最头疼的是面对众多的简历，没有多余的精力挑选，有许多简历都是被扫一眼就放在一边了。有记者曾拍到一些场面，招聘会开始，大学生人群拥挤、急迫地进入会场，将自己的档案尽可能投到自己喜欢的公司，似乎抢先一步就能获得先睹为快的效果。结果，在招聘会的尾声，学生们正在企业丢弃的简历中，寻找自己刚刚投进去的简历。

简历写得好坏是决定求职者能否获得面试机会的最重要的因素之一。

（二）求职信

1. 求职信的基本要求

求职信是大学生向招聘单位表达求职愿望的文字说明。求职信又带有一定私人信件的性质，应有一定的感情色彩，行文要简明流畅，晓之以理，动之以情，既有说服力，又有感召力，使人相信求职者的资格、能力和人品。

目前求职信往往采用电脑打字，优势中也容易带来失误，错别字必须杜绝。如果能够在求职信中附上一种潇洒的签名，对于一些工作岗位的应聘也会收到意外的效果。

2. 求职信的作用

求职信与个人简历的相同之处是都是要引起招聘人员的注意，获得好感和认同，争取面试的机会。

求职信与简历的不同点在于求职信是针对特定个人而写的，主要表述求职者的主观愿望与特点，突出个人的求职意向，打动招聘人员的心，是对简历的简洁概述与补充。

求职信是给应聘者提供展示个人风格、优势及个性的机会，不要做华而不实的表面文章，不要充满大话、空话的豪言壮语。

（三）推荐信

1. 推荐信的基本要求

推荐信分为两种，一种是正规的毕业就业部门的推荐表，其栏目比较多，详细填写之后，由所在院系在规定栏内盖上鉴定公章。因推荐表具有代表校方向用人单位推荐毕业生的作用，故而推荐表具有唯一性，使每个人只有一份原件。

推荐信的另一种是个人向用人单位推荐，如对导师承担的课题或科研项目辅助完成过一定的任务，具有一定的业务水准，导师给予客观的评价。

2. 推荐信的作用

目前很多大学生忽略推荐信的作用，尤其是大学扩招和所谓的提前就业，导致很多大学生与导师之间失去了彼此深度交流的机会，匆忙地选择就业。官方推荐表又有唯一性，造成真正拿到毕业证时，寻找到理想单位并没有校方的推荐。而导师的个人推荐作用，更局限于那些好学校优秀学生碰到了有合作项目的精英教师之间。

导师的推荐信对应聘则有很大的参考价值，甚至导师的社会关系都能够对一些大学生就业起到帮助作用。如今的高职学院里，大学生毕业后连老师的姓名都说不清楚一点都不夸张，显然内心里根本没有意识到导师的推荐作用。无论在计划分配还是市场选择下就业，有知名人士的推荐信都有重要作用。

👉 分析衔接

1. 20世纪90年代，由于一位专业老师经常深入公司指导实习，与公司一个工厂的高层领导建立了融洽的关系。在一个班级学委有可能分回家乡的时候，这位老师向工厂的领导为这个学生进行了推荐。这个学生被工厂点名要去，并且在所有的二三十人中，是唯一一个被允许挑选工作车间的人。

2. 进入市场经济阶段，由于一个学院的专业老师经常带学生下市场与不同公司合作并向一些公司推荐了学生，加上他所推荐的学生都是工作中能快速凸显出个人优势的，个人工作水平在业内产生口碑传播，于是，在后面各届毕业生在市场求职中报出自己的学校名称时，一些公司招聘者则问：是×××老师的学生吗？得到肯定回答后往往会进入面试阶段。

3. 一个在东北地区影响很大的啤酒厂招聘，求职简历堆有两尺高，最后被录取的六个人都与推荐有关。其中一位高职毕业生被录用，是过去的校友推荐，这个校友曾经是这个公司管理人员中的佼佼者，人际关系和诚信度增加了推荐的效果，使这个高职生获得了与本科生同等面试的机会。

推荐作用不是否定大学生个人奋斗的能力，而是防止大学生优势因为当今招聘会人群拥挤、时间有限而被埋没。

（四）相关材料

相关材料是指证明个人以前成果和荣誉，提请招聘方注意的各类证明。相关材料的提供必须与所聘职位具有正相关作用。相关材料包括以下内容。

（1）毕业证书、学位证书。

（2）各类奖励证书。

（3）英语、计算机等级证书、职业资格证书。

（4）实践活动成果等。

（5）发表过的文章等。

（6）有关的专长证明材料。

三、简历设计

（一）简历基本内容

简历的基本内容包括以下几点。

（1）标题：×××个人简历。

（2）个人资料：姓名、性别、年龄、电话、地址等等。

（3）申请目标：写明要申请的职位。

（4）工作经历：指明工作过的单位、时间、担任过的职务、主要业绩。

（5）学历及资格证书：所读学校的名称、所修专业及通过考试的结果和资格证书。

（6）培训情况：指明接受培训的时间、地点及证书。

（7）语言能力、特别技能及出版作品。

（8）证明人。

（二）简历样本

表5-3所示为个人简历样本。

表5-3　个人简历

姓　名		性　别		年　龄		照片
政治面貌			婚姻状况			
毕业院校			所学专业			
学　历			学　位			
通讯地址						
联系电话			E-mail			
应聘职位						
教育情况						
获奖情况						
语言能力						
兴趣爱好						
工作经历						
其他说明						

（三）简历注意事项

（1）个人简历最好自己起草，然后再请有经验的人提供建议，帮助修改。这样既可以突出自身的特点，又可以避免犯一些常规性错误。

（2）主要业绩及工作经历要与所申请的职位相关。

（3）证明人不要选择自己的父母或亲戚。一般应选择对你特别熟悉，且能够联系得上的人作证明人，而且其本人同意作你的证明人。

四、求职信设计

（一）求职信的内容

不论你的求职信寄往何处，它总是要遵循简明扼要这一原则。通常用一页纸，内容一般不超过4段文字，以符合商业信函的格式标准打印整齐。为了表示尊重对方，要写上对方的姓名及头衔。

（二）求职信的组成

一份有效的求职信一般由三部分组成，即开头、正文和结尾。

1. 引起读者注意的开头

开头的目的是使读者有读下去的欲望。在这里，你可以描述自己的素质和突出的成绩，同时说明你要申请的工作是什么，是从何处得知的。你为什么要选择这家公司并解释你为什么认为自己是此项工作的最佳人选。

2. 阐述你会给公司带来好处的正文

正文的目的是要告诉招聘人雇用你会给公司带来的意义。在求职信中常会出现这样的错误，应聘者总是说对这项工作很感兴趣，而不强调自己会为招聘公司做些什么。有些人总是说："我相信贵公司将会给我带来工作上的挑战及责任感"，而忽略了让聘用者确信你的工作会给公司提供益处。如果你参加过培训，你不仅要陈述这一事实，还要告诉他们因为有过这种培训，聘用你会节省很多时间与金钱，并能够很快进入工作状态。

3. 促使招聘者采取行动，打电话给你的结尾

结尾是最容易写的，也是最重要的。你应该给对方留下联系电话，并附加上："我们何时可以安排面谈？"由于公司都是希望你能打电话来，因此，不要在结尾说这样的话："希望尽快得到回复"，或是"谢谢你们考虑我，下个星期我等你们的电话"……这样的结尾易引起对方的不快，在角色上有喧宾夺主之嫌。

（三）求职信开头设计

开头是引导对方自然而然进入你所突出的正题，形式很多，此处列举几例供求职者参考。

1. 概述性开头

用一两句话概括你具备的最重要的求职资格和工作能力，并简要说明这些资格和能力如何满足目标工作的需要。

☞ **分析衔接**

××公司×经理：

您好！

作为一名外贸专业的大学生，很高兴得到贵公司招聘从事外贸工作驻外办事处代表的信息。作为平时酷爱外语学习，英语获得专业八级证书，对外贸易专业毕业的我属于外向性格，平时养成了喜欢交际的习惯，非常希望有机会成为贵公司的一名员工……

2. 赞扬式开头

赞扬目标单位近期取得的显著成就，然后表明自己渴望为其效力。

☞ **分析衔接**

××公司人力资源部：

您好！

我是××大学的应届毕业生，贵公司管理先进、产品质量过硬，其业绩扬名业内。作为一名喜欢来贵公司××岗位工作的大学生，非常渴望有机会与公司同甘共苦，开创自己的人生事业……

3. 个性化开头

从与求职目标有关的兴趣、看法与体会或个人目前的状况说起，谈自己为什么想到该用人单位工作。

☞ **分析衔接**

××公司：

您好！

贵公司招聘的××职位，既要求具备坚实的理论基础，又需要能深入一线掌握第一手资料的实践。我虽然是××大学的应届毕业生，由于对此种工作的偏爱，利用业余时间尝试在本市进行基层情况的调研，如感兴趣请看求职信后面的附件。

4. 独创性开头

如果应聘的目标工作需要创造性的想象力，可以用一个新奇、能表现这方面才华的句子开头。

☞ **分析衔接**

- -

××公司：

　　您好！

　　贵公司招聘企划部工作人员，我个人认为应该在创造性思维方面有突出特点。我是一名大学生，社会阅历、工作经验并不多，但是在各种智力竞赛中多次名列前茅，这与我过去爱好思维发散练习有直接关系。从事企划工作不仅符合我的专业，而且我对此工作的特殊性有所擅长。

- -

5. 志愿性开头

表明个人的理想，把目标单位称作你的用武之地，决心为之奋斗。

☞ **分析衔接**

- -

××学校：

　　我出生在教育世家，家庭的熏陶和个人的爱好使我选择了×××专业。知悉贵校所招聘的教师与我所学专业对口，从事教育工作又是我的理想，如果能在百忙之中审阅一下我的求职信，也许你会发现一个深爱教育事业的未来下属。

- -

（四）求职信的主体部分

主体部分是求职信的重点，是全文的中心，要突出自己的长处和优势，使对方觉得你的各方面情况都与招聘条件相一致，与有关职位要求、特点相吻合。比如，你现在申请的是生产部经理，你就应将以前所干过的与生产管理有关的经历和业绩写出来。

具体内容一般包括以下 5 个方面。

（1）简述你的主要求职资格、工作经验、参加过的有关社会活动、个人的兴趣和爱好。

（2）以较成熟而务实的语气，切勿自吹自擂地提供学业上和工作中取得的成绩，来证明所声明的资格和能力。谈论一下求职单位的有关情况，表明你对其已有了解，并愿意为之效力。

（3）表述你具备的教育资历、工作经验和个人素质。教育资历不仅是指学校的学业，工作经验不一定单指社会实践经验，校内活动的合理组织过程也可以谈。有的大学生认为从没担任过班级干部就什么也不写，这是不对的，校园的一切活动都可以证明自己的素质和能力。例如，最简单的"我每天晚上提议大家讲一下如何做好××的看法，过一段时间又提议换个话题"，这也是一种能力。

（4）重申你的求职动机，简要说明你对未来的设想。

（5）提示说明你在求职信后的有关附录或附件。

（五）注意事项

（1）细心检查，千万不要出现称呼不妥、自己地位不清及错别字等常规性错误。

（2）阐述个人能为公司创造价值时不能过高炫耀自己，诸如"你给我一个机会，我还公司一个奇迹"，好听并不中用，而且不要出现重点陈述的内容与职位要求不吻合的情况。

（3）提示说明在求职信后的有关附录或附件。

（4）结束语回味而使人记忆深刻，请用人单位能尽快答复你，此外别忘记向对方表示感谢，并将本人亲笔签名及日期落款写在右下角。结束语可以注明本人的联系方式、通讯地址、电话、E-mail等。

（5）假如个人字体非常漂亮，应聘的岗位如果是办公室文员的工作，不妨使用手写求职信，也许能收到意想不到的效果。

👉 分析衔接

在某高校组织的一次应聘训练中，仿真招聘者的老师询问应聘的学生，为什么不在求职信中留下自己的固定电话和手机号码？学生则回答：简历中有电话，如果想录取我可以通过看简历找到。老师批评他们：这是心理惰性的表现。求职是双方价值交换的过程，也受供求关系制约。如果你是用人单位求之不得的人才，没有电话也会想方设法寻找你甚至依赖猎人公司把你找到。问题是现在大学生求职供过于求，高职生在社会上还缺乏正确认知、合理使用的情况下，求职的大学生只能最大限度地给用人单位的招聘人员在工作上提供最大方便，其目的也是使自己的求职不至于产生失误。

【课内案例】

一份成功的简历

应聘惠普（中国）有限公司的简历可以说是堆积如山，可是小陈的简历却脱颖而出。有的杂志评论他的成功在于其"与众不同"的简历。

营销专业毕业的小陈很早就决定加盟惠普公司。他在投简历前，连续一周在中关村几个电子市场销售惠普打印机的摊位前观察，专门询问那些不买惠普打印机的顾客：不买惠普打印机的原因是什么？一周后，他做了一份详细的分析报告：有多少人不买惠普打印机？他们的年龄、性别、职业等情况如何？他们认为惠普打印机需要改进的地方有哪些？

小陈在个人简历后面附上调查报告，又在调查报告后面，标明了一句话："如果想知道详细情况，请与我联系。"

【行为导航】

1. 惠普（中国）有限公司人力资源部负责人欣赏小陈的原因在于：

（1）公司要招聘的是市场方面的职位，而小陈求职态度可嘉；

（2）所调查的项目正是企业最关心的问题；

（3）思路新颖，求职方法独特。

问题1：小陈的态度可嘉表现在什么地方？

_____

问题2：企业最关心什么问题？道理在哪儿？

_____

_____

问题3：小陈最后标明的一句话有什么重要性？

_____

_____

问题4：案例中可借鉴点有哪些？

_____

2. 参考此案例，设想自己喜欢的工作岗位角色，试进行求职设计。

问题1：正常情况下应该准备哪些工作？

_____

_____

问题2：为了能达到出奇制胜的效果，应该做哪些工作？

_____

_____

_____

复习思考题

1. 什么是就业焦虑？就业焦虑会带来哪些影响？

2. 什么是就业挫折？挫折本身是不是有害无益？

3. 就业压力有无好处？试具体分析。

4. 简述专业岗位细化的作用。

5. 职业能力分析对就业有何作用？

6. 求职材料准备包括哪几个方面？

7. 求职信的开头设计主要有哪些形式？

8. 练习写个人的求职信和简历。

第六章 就业面试策划

第一节 面试策划概述

一、面试策划的含义

（一）面试的含义

面试可简单理解为面谈加口试，是招聘者与应聘者在特定的场景下，通过面对面地观察、交谈，并对应聘者的素质特征、能力、求职动机、工作态度及业余爱好等进行了解、判断和甄别的一种方式。

（二）面试过程

面试过程是大学生内在素质与外显行为的整个动态系统的最佳展现过程。如今的面试已突破传统意义上的面对面双向沟通，形式上引入了演讲、角色扮演、案例分析、无领导小组讨论等情境面试。内容上在言谈举止、知识面基础上，拓展到思维力、反应力、意志力、进取心等全方位的测评。

（三）面试策划的意义

面试策划是指围绕求职目标，面临求职面试现场所做的心理、行为准备，现场应对、自我推销的过程、细节的研究设计。面试策划的意义有以下三个。

（1）面试是招聘者对大学生初步筛选后认为值得进一步了解而使用的一种选拔方式，因此，必须高度重视每一次的面试，即使失败也是为下一次成功做铺垫。

（2）要练习一些应聘技巧，也要不迷信技巧。求职现场没有灵丹妙药，一些冠以堂皇名义的高招，僵化地模仿也可能导致"东施效颦"的后果。

（3）面试策划主要是使自己进入一种积极状态，因为有所准备而产生心态平和的效果，临场表现能够稳定发挥。其实，考官不完全满意实属正常。

二、面试内容

（一）外在形象

外在形象主要体现在仪表风度上。一般认为仪表端庄、衣着整洁、举止文明的人，能够被联想为"做事有规律，注重自我约束、责任心强"，而片面追求时尚、打扮异常或衣冠不整都会在招聘者心中留下对己不利的印象。

（二）知识与经验

1. 专业理论知识

面试中对专业知识的考察更具有灵活性，尤其对一些重要的或空缺的岗位，招聘者关注的是应聘者的专业知识是否能符合职位的要求。

2. 工作实践经验

大学生一般不具备成熟的工作经验，这一点招聘单位是清楚的，主要是通过应聘者平时参加的教学外的各种活动过程来了解他们的责任感、主动性、思维力、应变力等。

（三）能力测试

1. 口头表达能力

笔试优秀者并不意味着口头表达能力也强，在面试中可以考察应聘者是否能将自己的思想、观点、意见顺畅地表达出来，考察其表达的逻辑性、准确性、感染力等，尤其对语言表达有特殊要求的工作岗位，应聘的大学生需下工夫准备。

2. 反应能力

主要看应聘者对面试官所提的问题理解是否准确贴切，以及回答的迅速性、准确性等。

3. 交际能力

了解应聘者人际交往倾向和与人相处的技巧。

4. 自我控制力

考察应聘者在受到不公、误解情况下的自我克制力和工作的耐心。

（四）个性测试

1. 工作态度

通过对应聘者的过去学习态度，推测其在新的工作岗位上的工作态度。

2. 求职动机

通过了解应聘者的求职动机来判断本单位的条件能否满足其期望。

3. 业余爱好

了解应聘者爱好是否有益于在本岗位上展开工作。

三、面试的优势和不足

面试有其优势，招聘者可以通过连续发问及时弄清应聘者在回答中表述不清的问题，从而提高考察的深度和准确度，并减少作弊的可能性，了解应聘者的气质、风度、情绪的稳定性、工作态度及应变能力。

面试也有不足之处，每次面试对应聘者提出的问题不多。由于"取样"较少，对每个应聘者的评价不可能完全准确。另外，招聘者的主观因素和耗费时间较多等因素也说明面试不是十全十美的方式。

第二节 面试前的准备

一、面试前的综合分析

（一）基本情况的掌握

1. 了解应聘单位

是否了解应聘单位，是目前大学生求职的障碍，即便找到了工作，也会有一个很长的适应过程。在目前就业竞争异常激烈的状态下，信息非常重要，尤其缺乏对应聘单位的了解，会在面试中陷入被动。

☞ **分析衔接**

面试中有一个重要的评价要素就是求职动机，如果询问到类似这样的问题：你对我们单位了解吗？你为什么来应聘？你对你要应聘的职位了解吗？假如你被录用后，你将如何展开你的工作？对于这类问题，如果你对应聘单位一无所知，回答的内容就可能不着边际。

据调查，目前大多数大学生最关注的信息是求职的公司提供给自己的待遇如何，并不了解自己想进入的公司的发展前景、用人制度、企业文化、人际关系等等，这必然造成大学生对即将迈出人生第一步没有具体目标，只有模糊认识。

面试前对应聘单位的了解可以通过因特网、社会咨询公司，通过熟人、朋友，或自己去应聘单位实习等不同途径。通过对应聘单位和工作岗位进行调研，会减少回答问题的盲目性，减少片面理解及仓促求职后的懊悔。

目前，用人公司喜欢了解公司的大学生，其原因是了解公司的人，才能把握公司的需求，最终会有效地为公司创造价值。而那些只凭"大概想象"，甚至"不清楚公司"的大学生，极易被认为并不是真心选择本公司。

2. 了解应聘面试者

人才市场求职的面试者多是经历过求职材料审核淘汰的"幸存者"，一般情况下，难以互相了解。应聘者可以在面试现场，通过观察、交谈获得一些信息，也可以在一些特殊的面试场面（如众人一起面试），通过细节表现快速判断，获得有价值信息，及时调整自己。

如果是校内面试，应该充分掌握一起面试的人的个性、能力、准备情况等，注意扬长避短、发挥自己优势，必要时有针对性地做面试行为预演。尤其是所了解到的面试者求职心态、欲望，是否与社会用人单位需求相矛盾，有准备地提示自己不要产生类似的行为表现。

（二）分析招聘者

面试作为双向沟通交流、彼此传达、引发对方的态度、情感、想法、希望的过程，在面试中，大学生并不是完全处于被动状态，可以通过招聘者的行为判定其态度偏好、判断标准、满意度等来适当调整自己的行为。分析招聘者要明确以下几点。

1. 招聘者也是普通人

初次求职的大学生参加面试，大多数都带有一种忐忑不安的心理。一方面对考场和考官有一种莫名其妙的怯意，认为他们有点高深莫测；另一方面过于看重结果，担心面试不过关而前功尽弃。其实招聘者也是普通人，在某些方面可能精练擅长，有些方面也可能存在不足，不要将招聘者神秘化和理想化。他们也有情绪（情感），也具有不同个性心理特征，对大学生回答的问题及行为表现的反应，也受其主观特征所影响。

2. 招聘者性格会充分体现

有的招聘者性格开朗、平易近人，可以消除或缓解应聘大学生的紧张和焦虑情绪。有的招聘者幽默风趣、热情友善，可以通过拉近彼此距离的话题，使应聘大学生心态放松。但是，也有的招聘者性格内向、不善言谈；性情冷漠、不苟言笑；孤高自傲、目中无人，甚至刁钻古怪。如果遇到此类招聘者，无形中又增加了对大学生的考验。

3. 任何情况都要冷静对待

有的招聘者不顾及大学生初涉招聘现场的心理，上来就横批鼻子竖挑眼，提出刁钻古怪的问题，也许是考察应聘者的应变力、情绪自控力，也许是装腔作势、追求虚荣心。无论何种情况，大学生首先都要冷静，语调保持客气，内容要坚定有力。如果工作岗位对应变力、情绪自控力有重点要求，这是测试内容；如果不是岗位特殊要求，大学生也要先满足招聘者的虚荣心，顺其意而为之，对招聘者表现出尊重，是面试获得成功的必要条件。

4. 改变自己是唯一选择

也许碰到的考官不是自己所喜欢的人，也许考官真的有些刁难于你，此时，你的权利不是评价考官，而是只能改变自己，因为来此目的是应聘成功。不管对方是不是"伯乐"，大学生必须保证让自己能给招聘方留下好印象，获取他们的赞许。不能因为现实中存在一些不科学、不公正的社会现象就悲观失望，那样受损害的只能是大学生自己。

5. 决策者也能隐名出现

有些招聘方的决策人，以无关紧要的小人物身份出现在招聘现场，以旁观者目光检验回答问题之外应聘者的行为，所以，进入面试现场前，面试已经开始，退出面试现场后，面试依然在继续。对于这一点，每个应聘的大学生都要做好思想准备，谨慎而为之，不要忘乎所以。离开应聘现场马上作出有损个人形象的行为，会被场外人员看见，在心中形成强烈反差，印象一落千丈。

☞ 分析衔接

某高校在应聘训练中，曾引用一个董事长以助理身份到面试现场的例子，教育学生要注意在应聘现场，每一个言谈举止都可能与面试求职相关。有个女生不以为然，在进入应聘现场前，看到一个男士在人群中观看，不时地用漂亮的手机接打电话，就嘟囔了一句"显摆什么，不就是有个好手机吗，转来转去的。"当初审合格进入复试面试现场时，这个女生非常巧合地发现考官正是当时的男士——公司的总经理，如果当时不是小声嘟囔，完全有可能造成不必要的失误。

（三）预想可能的发问

预先设想发问的目的是防止进入面试现场产生紧张心理，出现不该发生的失误，或者对有些难以回答的问题，进行假设式的练习，做到有备无患。

1. 个人简介

面试时应聘者的简历已在考官手中，有的考官为了缓和紧张气氛，可能让应聘者先简要介绍一下个人简历和家庭情况，借机也考验一下应聘者的语言表达能力。即使这是一个放松心态的机会，个人简介又是自己最熟悉的问题，但是不注意的话也可能发生失误。

☞ 分析衔接

在组织应聘训练时，老师为了缓解紧张气氛，一般会请学生先做自我介绍。一个男生在自我介绍时说：我叫×××、男、23岁……显然，背书式回答会引起别人的发笑和自己的尴尬，因为男生介绍自己的性别是多此一举。

如果在真实应聘现场，招聘者笑了，则应聘者会更紧张。如果招聘者没笑，应聘者自己感觉错了，也会产生自我干扰的心理暗示。

2. 实践经历

招聘者可能围绕着应聘者的培训经历和工作经历发问，考察是否有出色完成工作的技术背景和实力。

3. 验证简历内容

招聘者可能寻求一些事迹来证明简历所述内容，进一步了解应聘者的能力与天赋。

4. 考验能力

招聘者可能突然问出令人措手不及的问题，以检验应聘者的反应能力。

方法提示

问一些诸如"在同等条件下，你的同事被提升为你的上级，你将如何对待?"、"在工作中，莫名其妙地受到上级批评时，你将如何对待?"等问题，以检验你的情绪控制力。

问一些"能否认真倾听别人意见"，"与不同的人如何合作"，"发现矛盾后解决的方法和实例"等问题，以证明你的人际交往能力。

问及目前社会存在的问题，考察你的综合分析的能力。

问一些趣味性问题，检验你的思维能力。

针对考验不同能力的可能性较大的问题，应聘者可以预先读一些相关训练的书籍。

5. 探知心态、欲望、办事风格

（1）招聘者可能问及你为何会喜欢这一类工作、为何选择本公司、近五年内想去哪里、职业会往哪些方面发展等等，探知你的工作态度、求职目标、对公司的忠诚度、对事业的追求的程度大小等。

（2）问及你薪水收入期望值，考察工资待遇是否满足你的要求。

（3）问及出现问题时你是召集有关人员开会讨论还是自己解决，如何解决，以检验你的领导才能和风格。

通过预想可能的发问，研究用人单位的需求，写出文字答案，记忆后进行反复练习，对面试很有帮助。

（四）注意细小环节

1. 提前15分钟到现场的好处

面试的准时到达实质上是迟到。因为你取消了准备、放松、意外防范的时间。面试前有时有一些填表格及申请一类的事宜，现场还可以收集有价值的信息，可以通过观察别人的面试经历，在暗中进行面试排练和相应调整。提前到达还可以放松自己，越见到他人紧张越放松自己，从而增强自信心。此外，提前到达也是留出交通堵塞或误车等意外的防范时间。

2. 带手绢的好处

如果自己紧张出汗，则手绢可以派上用场，以便防止用手擦汗的狼狈。如果自己或考官打翻水杯也可以用上，以显示出你做事细心、有准备。

3. 多带一份简历的好处

面试前简历已经被公司留下，一旦遇到面试中引起对方浓厚兴趣，而考官不是一人的情况，及时送上一份简历可以帮助考官在最快时间内了解你。

4. 对考务人员热情的好处

面试时常先与考务工作人员接触，可能会遇到个别素质较低的考务工作人员，表情木然、神态冷漠、板着面孔，推开考场的门就把你放进去了。

面试中也可能遇到个别粗鲁的考务工作人员，大声点你的名字，不耐烦地扫你一眼，或念错你的名字引起周围哄笑，使你很窝火。

此外，还有可能出现招聘单位的真正负责人"低调出场"，混在人群中观察，寻找应聘者私底下的行为表现。

📖 **方法提示**

此时此刻，对素质低的考官不能表现出厌烦、憎恨的情绪，而且要对他们的"服务"表示诚恳的感谢。如果此情此景被考官发现或被人群中的暗访者看到，你的善于忍让，不计较小事，"海纳百川的心胸"和善于自控情绪的表现，将展示个人素质水平较高，会大大提高在面试中胜出的把握。对考务人员表现出热情不仅可以体现你的君子风度，也是放松心理的过程。面试结束时没忘记对普通人员致谢，本身用行为回答你的修养水平，可以得到印象加分。反之，考务人员事后谈到你的真实表现是行为粗鲁、态度傲慢，再出色的答辩也会让考官有一种上当的感觉，你的应聘努力必将大打折扣。

5. 表情放松、适当谈话的好处

面试现场的人群中不敢说没有招聘方的人在观察，表情放松不仅是内在气质外在形象的表现，同时也会给其他应聘者造成心理压力，给观察者留下美好的"第一印象"。

📖 **方法提示**

适当谈话可以借机清理嗓子，通过谈话，引导大家的话题，体现出自己具备无领导小组讨论中主要角色的作用。也可以使嗓音不至于由于紧张而发哑。如果考官真要是询问"你能证明你有组织能力吗？"不妨就举现场例子，"大家紧张而你能用话题牵制、引导别人"，本身就能证明你的组织能力、主动性、情绪控制力等等。

如果无精打采地坐着，给人留下不自信的印象，冷不丁地进屋开始面试时，一紧张说话连自己都感到像另外一个人，失败的幽灵也会向你游来。

二、大学生面试时易产生的心理偏差

大学生在面临面试时，心情各不相同。有人喜形于色、得意忘形、万事大吉而放松自己；有人感觉无所谓，反正简历已投放几十份；更多的人是有一种忐忑不安心理。不论何种状态，都易产生心理偏差。由于种种心理偏差，导致面试时发生如下现象。

（一）普遍性心理偏差

1. 心理负担过重

初次参加应聘的大学生，有一定的心理负担很正常，假如心理负担过重，就属于心理偏差，对就业影响很大。忧心忡忡，提心吊胆，感觉这也不行，那也不行。

心理负担过重的原因有很多，有的是自卑心理造成的，由于平时对自己评价偏低，看到现场人群拥挤，表情各异，尤其面对一些表情轻松的人群，第一反应是"我不行!"、"今天要失败!"等。这种对自己的担心，首先让自己在心理上背着包袱进入了面试考场。

☞ **分析衔接**

在一个大公司来学校招聘会之前，学院组织模拟面试，一个性格内向的女生，由于带着心理负担，越怕出事越出事，进去后匆匆坐下。老师问："你贵姓?"她直接答到："我贵姓张"，马上吐了一下舌头……其实这个女生在模拟面试中，并不存在竞争被淘汰的情况，所有的错误完全是让自己背起的沉重心理包袱压得变形所造成的。

心理负担过重还有因为对面试期望过高造成的，似乎这不是一次面试，简直就是决定命运的关键。于是自我造成心理压力大、急躁、焦虑、思想不集中。对考官提的问题不能全神贯注地倾听，无法准确地回答，甚至将头脑中杂念一闪的话说了出来，严重者会出现晕场现象。

☞ **分析衔接**

曾有上学体检的同学，有血压高的症状，换个医院验证一下，血压正常，来到规定检测点，血压又高。这说明人的心理会引发生理变化。当暗示自己这是决定命运的体检时，会产生过重的心理负担，导致血压上升。而换个医院，暗示自己的是：这里不是体验点，我本来血压也不高，于是检测出来正常。这就说明，大学生在面试现场，应把此次面试当做一件十分平常的具有多种选择的事，千万不能有任何"只许成功，不许失败"的想法。

------

2. 被动屈从考官

招聘方希望获得合格的人才，应聘方希望被招聘方认可，双方都是通过共同的指标——"人的素质"来实现各自的目标。从这一点来讲，不存在一方可以居高临下，一方只能依附随和的情况，只有通过平等沟通交流才能实现"双赢"。既然称为就业市场，实际上是双方价值交易过程，最后的成功一定是双方欲望"双赢"的满足。因此，在面试过程中，应聘方一定要坚持符合应聘规则下的自主性。充分展示出个人能力，就是展示个人价值，而对方渴望的正是这种价值。在现实中，有许多大学生在面试时，却人为地误导自己，这样就容易产生被动屈从考官的心理偏差。

产生被动屈从心理偏差的原因之一是应聘者的趋同心理。

☞ **分析衔接**

生活中的趋同行为主要是由于想得到他人的认同，避免伤害他人的感情，扰乱他人的心绪，而不能坚持自己的观点。或者表达他们的观点、见解时，用一种很谨慎、很胆怯的方式。在应聘面试中，趋同心理往往是以为自己是被测试者，只能是被动服从让对方满意的角色，因此，一味迎合、顺从主考官的意向。如果工作岗位需要的是必须具备独立自主性特点，显然这种心理偏差易导致应聘失败。假如主考官是为了检验你，故意误导提出问题，则这种心理偏差一下子就暴露出缺乏应有的个性品质、盲目模仿、无主见等，也意味着工作中通常会被人牵着鼻子走、苟且偷安。

产生被动屈从心理偏差的原因之二是应聘者带有恐惧情绪。

☞ **分析衔接**

生活中预感有风险而缺乏应付能力时，往往产生这种恐惧心理。"考官一定是比自己强许多的人，我恐怕会被问住"。仰慕之中而屈从，或放弃个人的主见，或就事论事地被动回答。实质上，面试过程是展示自己主见的过程，考官的任务是选人，竞争者是所有参加应聘的人，而不是考官。考官的水平再高，并不影响个人发挥自己的主观能动性，他的选择标准也不是用你与他本人比，而是应聘者之间横向对比。产生这种心理偏差，也容易导致失去成功的机会。

面试中也会遇到故意挑衅、令人难堪的状况，也许是一种"战术"应用，此时的正确做法既不是顺从，也不是反唇相讥，而是冷静地按照个人的理解去回答。

3. 认知问题偏执

应聘者不可能对面试问题回答得天衣无缝，对面试过程也不可能完全了解，发生一些误差都在情理之中。但是，有些心理偏差导致的行为偏差需要防止。

（1）带着掩饰心理参加面试，对一时难以回答的问题采用答非所问的做法，为掩饰自身的不足而不懂装懂。或因为怕自身弱点被发现，表现出如下的行为偏差：支吾搪塞、抓耳挠腮、避开主考官视线。或因为虚荣心太强，想过分展示又难掩神色不安。

☞ **分析衔接**

实质上，考官面对初涉社会的大学生，并不会用成熟经验的老员工标准衡量选人。相反地，用这种掩饰心理导致对面试认知的偏执，会弄巧成拙。即使自己不会或想不起来，即使身上存在弱点，坦诚地承认，不仅可以得到理解，有时甚至会被认为是诚实。目前有些企业已经对应届大学生带有成见，认为办事不踏实、缺乏诚信，所以更要在面试中注意，防止被误解。

（2）行为偏执还因为怀疑心理造成的偏差，出现对面试带着过于敏感和多虑的倾向。在行为上表现出对考官的警惕性，"刚才这个问题这么难回答，是不是故意刁难我?""我回答完问题他没有说话，是不是我答错了?"也可能表现出对一些"战术"性面试做法不理解，在行为上产生自我怀疑。"我刚才挺认真回答的，他为什么那么冷漠? 看来是对我不感兴趣或要淘汰我?"

☞ **分析衔接**

也许就是为了测试心理承受能力的"无言测试"，本来只要冷静放松就行，结果因自我怀疑反而自误其身。也可能事先受社会风气影响，对面试的公正性持怀疑态度，使自己不能全身心地投入到倾听—分析—回答的面试中，对一些问题变换提法认为是故意刁难。其实不论面试是否公正，都不是大学生能改变的事。既然是不能改变的问题，就没必要思考，更没必要在面试考场思考，唯一的选择是发挥个人最佳水平，其他的想法都是自我干扰。也可能对自己"回答问题之后，考官认为没答全略有等待之时"，怀疑自己没答好急于表白，再次重复或增加说明，不知不觉发生了前后矛盾的现象。

（二）高职学生特殊性自我认知

1. 高职学生有竞争优、劣势

按照哲学的观点，一切事物都会发生转变，优势即劣势，就看是否与环境相适应地合理运用。高职学生如果形成竞争优势，专业知识比中专中职生深厚，文化基础相对较好，动手技能高于本科大学生。高职学生如专业知识比本科生低浅，动手技能、工作心态不如中职生稳定，即产生竞争劣势。

因此，在择业就业过程中，高职学生必须要认知自我心理特征、教育层次特征和工作需求特征相适应的原则，才能扬长避短，否则就成为"高不成、低不就"的典型群体。

2. 社会对高职认识存在着一定的"误区"

高职教育是我国的教育特色，目的是造就一批基层的优秀管理技能型人才。但是，社会用人单位往往将高职等同于过去的"专科"。如果一个高职专业教学仅仅是"本科压缩版"，所培养的大学生也不会具备实现培养目标的目的。专科生容易被理解为"低于本科一个层次的知识型大学生"。教学变成"本科压缩版"，毕业生难以在求职中合理定位，在工作中根本不能发挥应有的作用。成功的高职大学生的作用与本科生不同，是不能相互取代的。

👉 **分析衔接**

例如，北方一所高职学院在 20 世纪 90 年代是国家重点中专，毕业生深受一家化工企业的欢迎。不是因为他们专业理论如何深厚，技术部门等岗位不缺乏本科大学生来就业。欢迎的根本在于，从生产操作现场技术个人开始，到技术员、生产主任、生产调度一系列工作岗位上，这些非本科毕业生有着独特的优势。因此，造成有些本科分数高的考生宁可先读中专，就业后再深造学习本科的现象。

---

3. 成绩高低不是用人单位重点选择目标

偏科的学生不好使用，即使个别高分，尤如"缺板"的木桶，无法发挥装水的作用。

高分的学生并不意味着"高能"，用人单位更担心"高分生"工作用心不专、好高骛远。

分数综合平衡，但有实践经验（教训也可以）、低调从业的学生比较受欢迎。

4. 高职学生更需要良好的就业心态

因为高职毕业生先从第一线做起，和本科生基层锻炼不同，高职生必须先成为基层的出色者才能逐级提升。因此，高职学生更需要注意心态调整。在应聘面试时，如果发挥得好，竞争优势不亚于本科生。但就业后必须及时适应社会环境，调整好心态，扎实地工作，赢得信任，今后有机会成为像本科生一样的白领。如果就业后，不能合理策划就业行为，极可能终生与中职毕业生同岗工作。

5. 高职学生做好就业后多元化发展的心理准备

高职学生既可以专一从事基层工作，如做销售，从普通业务员变成"打工皇帝"的杰出销售员，地位、收入并不低，炒老板鱿鱼也是轻松的事，也可以向业务管理人员发展，对单项产品经理、区域经理、部门经理进行就业行为策划，还可以自谋事业发展，或者边工作边学习，具备条件后向"白领"转化发展。

根据高职大学生的特征，就业面试时，一定要从自身特点出发，扬长避短，合理定位与策划，力争提高面试成功率，选择适合高职大学生职业生涯发展和创业的就业单位。

第三节 面试技巧

一、常见的提问方式与应答技巧

（一）连串式提问与应答

1. 连串式提问

连串式提问就是考官向应聘者提出一连串相关的问题，要求应聘者逐个回答。这种提问方式主要是考察应聘者的反应能力，以及思维的逻辑性和条理性等。

2. 应答技巧

回答这类问题时，首先要保持镇静，不要被一连串的问题吓住，要听清考官问了些什么问题。这些问题都是相关的，要回答后一个必须以前一个问题的回答为基础，这就更要求应聘者听清题目及其顺序，逐一回答。

☞ **分析衔接**

例如："你在过去的工作中出现过什么重大失误？如果有，是为什么？从这件事本身你吸取了什么教训？如果以后再遇到类似情况，你会如何处理？"

参考回答：

1. 有过重大失误（因为回答无会引起误解和反感，让面试官认为你经历少或者隐藏，从而产生"狂妄"的不好印象）。

2. 原因是初次接触突发性问题（初次、突发性为自己阐明有情可原的理由）。

3. 解释：这是一个突然出现、缺少理智的顾客，我坚持用规则给予解释，结果对方暴跳如雷，多亏经理及时出现，采取婉转的方法先使顾客恢复冷静。我从中吸取的教训是：坚持原则办事同时要多采取技巧方法，最顺利解决问题是关键所在。这件事没有造成失误后果，假如不是经理及时出现，后果不知会多严重？（承认会有严重可能性后果，但不是自己做得不对，只是因为参加工作时间短、没经验。定性为可能性重大失误而且是遇到缺少理智的顾客。）

4. 不过我知道了处理方法。

如果再遇到类似情况，先热情接待，让对方回归冷静，建立正常交谈的条件接着用带有同情心的语调倾听对方意见，并把握住工作规则标准，适时加以解释。（注意：世界上没有绝对完美的方法，大学生更不要追求表现自己经验丰富，出现回答不完全或遗忘问题时都可以询问考官。）

（二）开放式提问与应答

1. 开放式提问

所谓开放式提问，就是指所提出的问题应聘者不能只用简单的"是"或"不是"来回答，而必须另加解释才能回答圆满。如果开放性提问按照"封闭式"回答"是"、"对"、"有"等等，会出现考官等待进一步回答，本人以为回答结束的尴尬场面。

这类提问的目的是为了从应试者那里得到大量丰富的信息，并且鼓励应聘者回答问题，避免被动。提问方式常用"如何……"、"什么……"、"为什么……"、"哪个……"。

📖 **方法提示**

"开放式"与"封闭式"提问的区别如下。

① A：你在大学期间，承担过哪些社会工作？

B：你在大学期间，当过班干部吗？

② A：学校所学的课程中有哪些对你现在的帮助比较大？

B：学校期间你学了多少门课？这些课对你现在的工作有帮助吗？

③ A：什么原因促使你在两年内调换了三个单位？

B：你频繁调动工作，是否觉得原岗位难以施展个人才能？

上述三组题目中，A 问题都具有引发应聘者详细说明的作用，不能用简单的"是"或"不是"来回答，属于"开放式"问题。

上述三组中的 B 问题，应聘者可以不假思索地用"是"、"有"、"是的"来回答，这类问题属于"封闭式"问题。

---

2. 应答技巧

开放式提问属于一种非程序化的提问方式，具有结构松散、层次交错、气氛活跃、无固定模式等特点。这类问题具有随意性和投射性。"随意性"是指考官根据测定的目的，面谈对象以面谈情境和进展情况选择面谈题材或转换面谈方向；"投射性"是指所提问题具有深层含义，考官期望透过问题的表层，挖掘人的潜意识的特性。

回答这类问题，应试者应该能拓开思路，对考官提出的问题给予尽量完整的回答，同时要注意做到条理清晰、逻辑性强、说理透彻，充分展示自己各方面的能力，这样才能让主考官尽可能多地了解自己，这是一个被录用的前提条件，如果应聘者不被考官了解，则根本谈不上被录用。

方法提示

例如，问你"请你回顾一下前三年的生活中，找出最难相处的一个人，并用语言描述该人的特点"这道题，表层的含义是要求应试者描述自己不容易相处的人，而深层的含义则是期望探试受测人的人格特性，即他所描述的最难相处的人所具有的特性。

回答要点：一定要描述出此人难相处的特性，可以用其行为来说明。

开放式提问涉及内容丰富，也可获得大量信息，但对考官的谈话技巧提出了较高要求。

（三）非引导式提问与应答

1. 非引导式提问

对于非引导式问题，应聘者可以充分发挥，尽量说出心中的感受、意见、看法或评论。非引导式提问没有"特定"的回答方式，也没有"特定"的答案。

2. 应答技巧

在"非引导式"谈话中，应聘者可尽量多说，该说什么就说什么，把个人的阅历、经验、语言表达能力、分析概括能力等充分展现出来，有利于考官作出客观的评价。

方法提示

例如：考官：请你谈一下担任班干部时管理方面的经验。

应聘者：我们班级共有50名学生。

考官：（保持沉默）

应聘者：其中男生20名，女生30名。

考官：嗯。（点点头）

应聘者：在日常管理方面，我的主要做法是……

在这段面试中，考官没有步步追问，他的反应也许是沉默不语，也许是点点头，不含任何评论之意，只是对应聘者继续谈下去的一种鼓励。

（四）封闭式提问与应答

1. 封闭式提问

这是一种可以得到具体回答的问题，如问及工作经历、学历，家庭状况，个性与追求等等。

2. 应答技巧

对这类问题，应聘者一般不需要像回答开放式问题那样有充分发挥的余地。

方法提示

常见的问题如：你认为在过去的工作中最大的成绩是什么？你认为自己有什么专长？你认为你最缺乏什么？你对未来有什么打算？今年、明年、后年你喜欢干什么？你认为哪些东西最能激励你？

回答要点：最大的成绩不一定是很惊人的，大家不愿意做而自己能主动做的，而且能做成功的，就可以理解为最大成绩。最缺乏的千万不要是与工作相关的，因为那是自我否定。最能激励自己的不是金钱。

（五）引导式提问与应答

1. 引导式提问

引导式谈话中，一方问的是"特定"的问题，另一方只好作"特定"的回答，这类提问方式主要用于征询应聘者的某些意向，需要一些较为肯定的回答。

2. 应答技巧

对这种提问，应聘者不需作出其他任何解释，只要对问题作出回答即可，不需做什么发挥。

📖 **方法提示**

例如：你在学校曾学过哪些课程？

这些课程中你最喜欢什么？

最不喜欢什么？

回答要点：有些大学生为了担心招聘者产生想法，往往回答"我没有不喜欢的课程"。学校的课程与社会求职岗位需求完全接轨是客观现实，自己有不喜欢的课程不能简单定为"是错误的"，本来工作就需要爱好的作用才能产生出色效果，有偏好和不喜欢一些课程都属于正常现象。

（六）清单式提问与应答

1. 清单式提问

在这类提问中，考官除了提出问题外，还给出几种不同的可供选择的答案，目的是鼓励应聘者从多个角度来看多个问题，并提供了思考问题的参考角度，鼓励应聘者陈述优先选择。

2. 应答技巧

应聘者应根据考官提供的选择可能进行思考，不要偏离。

📖 **方法提示**

例如：你认为应届大学生在求职中最容易产生哪些心理偏差？自信心不足，高不成低不就，注重工资收入还是其他问题？

这样就为应聘者提供了回答问题的参考，使问题易于回答，同时也避免了应聘者曲解考官的意思。

回答要点：这三种心理偏差在大学生中都比较严重，最突出的心理偏差是注重工资收入。

本质上讲，应聘者和招聘者不是针锋相对的关系，除非是为了检验应变能力等，否则，故意为难大学生对招聘方也无好处。

（七）假设式提问与应答

1. 假设式提问

在这种提问中，考官为应聘者假设一种情境，让应聘者对这种情境作出反应，回答提出的问题，进而考察应聘者的应变能力、解决问题的能力、思维能力。

2. 应答技巧

回答这类问题，应聘者首先应该把自己置身于考官为其设定的一种特定的情境中，然后以这个情境中人的身份来思考考官提出的问题。

📖 **方法提示**

例如：招聘者讲授一个发生的故事，基本情节叙述后，问"如果你是我的话，你会怎么处理？"

回答要点：理解这个问题时可以将自己置身于这个特定的情境之中，适度想象后再进行回答。

（八）压迫式提问与应答

1. 压迫式提问

对面试氛围的要求是考官要尽力为应聘者创造一个亲切、轻松、自然的环境，以使应聘者能够消除紧张，充分发挥，但有些情况下，主考官会故意制造一种紧张气氛，给应试者一定的压力，通过观察应聘者在压力情境下的反应，来测定其反应力、自制力、情绪稳定性等等。

2. 应答技巧

一旦明白了这一点，就不必在主考官的压力下惊慌，应能迅速调整自己的心态，应付主考官的提问。另外，千万不要面对主考官的"刁难"而发怒，甚至指责主考官。

📖 **方法提示**

例如："你怎么连这样的问题都不懂？"

"你好像不适合在本单位工作，你认为呢？"

"你觉得你的才干能够胜任本工作吗？"

面对这些问题，应聘者首先要明白主考官不是真的要表示"你不胜任这项工作"或"连这样简单的问题都不懂"，而在其"另有用意"。

回答要点：微微一笑以缓冲自己的紧张情绪。接着回答，"也许时间关系您还不十分了解我，如果给我一段时间，我自信您会感觉我在同学中还是比较出色的"。

（九）重复式提问与应答

1. 重复式提问

重复式提问是主考官向应聘者返回信息以检验其是否是对方的真正意图；检验自己得到的信息是否正确。

2. 应答技巧

对这类问题应试者可以给出简单的"是"或"不是"的回答。

📖 **方法提示**

例如，将应聘者回答的问题重复一遍，之后问"你是说，……"，"如果我理解正确的话，你说的是……"。

也许是招聘者想再次确认一些问题，或许检验你对前面的回答是否坚持己见，因此，没有什么关键点，只要确定性回答即可。

（十）确认式提问与应答

1. 确认式提问

确认式提问表达出主考官对应聘者提供的信息的关心和理解，目的在于鼓励应聘者继续与之进行交流。比如，"我明白了，这很有趣。"

2. 应答技巧

对这类问题应聘者可以不直接作出反应，接着原来的话题往下讲。

📖 **方法提示**

这是一种不是提问的提问，仅仅是在应聘者回答问题之间，给予一种肯定性鼓励。例如："我明白了，这很有趣。"

回答要点：不需要改变话题，表情可以适当微笑一下，继续原来的话题回答。

（十一）投射式提问与应答

1. 投射式提问

投射式提问是指让应试者在特定条件下对各种模糊情况作出反应。这种方式又可以分为以下两种。

（1）图片描述式。对应试者展示各种图片，然后让应试者说出他们个人的反应。

（2）句子完成式。呈现给应试者仅有句首而没有句尾的句子，让应试者按照自己的感觉、思维来完成整个句子。

2. 应答技巧

由于这些图片形象朦胧，主题模糊，应试者对图片的感受、想象和反应各有差异，任何描绘都有可能。对于句子完成式，由于应聘者的心理素质各有差异，因此，完成的句子也彼此不同。

回答此类问题，保持一种冷静，按照自己的理解回答即可，但是要知道招聘者的提问目的是通过描述，分析出应试者的人格特质。对所完成的句子进行分析，就可以了解到应试者的一些特征。

📖 **方法提示**

例如，让应聘者描绘这样一张图：一个十四五岁的男孩坐在桌前，脸上表情淡漠，双目平视前方。桌上有平放的两本书，书本一厚一薄，看不清书名。

有的应聘者看后描述的故事为：男孩看完了书，已感到困倦，他想去玩，又怕被父亲批评，正思索如何摆脱困境。

有的应试者则认为：男孩很有抱负，期望将来成为哲学家，他近来认真看了两本书，现在正思考如何把书中精华提取出来，编制几张有价值的卡片。

主考官根据应聘者的回答就可以了解到其人格特质。这种方式完全避免了应聘者主观故意行为以及由此造成的偏差，具有较高的可信度和有效度。

例如：给你一些句子，然后让你接着回答。

我最希望……

我不相信……

我从不……

对我来说，快乐意味着……

我最难容忍的是……

我对钱的态度是……

对待陌生人，我通常的态度是……

回答要点：按照反映心态积极的原则快速回答即可。

（十二）案例分析式提问

这种提问方式是给应试者提供一个案例，要求应聘者对案例进行分析判断，进而测定应聘者的思维能力、分析和解决问题的能力等。

二、展示自信的技巧

任何一个公司招聘人才都喜欢自信的人，无论哪个大学生都知道自信心重要的道理，关键在于如何在面试中向招聘方展示自信。

（一）面试中对自信心的判断依据

1. 行为语言判断

行为语言是一个人的肢体和动作所表现出来的、被外界理解的内心表现。国际上著名的心理分析学家、非口头交流专家朱利乌斯·法斯特曾写道："很多动作都是事先经过深思熟虑，有所用意的，不过也有一些纯属于下意识。比如说，一个人如果用手指蹭蹭鼻子下方，则说明他有些局促不安；如果抱住胳臂，则说明他需要保护。"人才评论专家曾专门研究面试中自信心的判断，主要靠行为语言，具体有以下三种。

（1）目光。应聘的大学生的目光不敢正视主考官的眼睛，或一触即躲或紧盯住一个固定地方，属于不自信。用略带嘴角上翘的微笑带动目光平和，目光以主考官为主向则可以显示自信。

（2）手势。如果应聘的大学生在面试中，一直无意识地抓什么东西（如衣角）或双手扭在一起或手不由己敲击膝盖，都可能是恐惧心理的外在表现。双手平放于双膝，回答问题时合理使用手势并能放回原来自然位置，是良好习惯的外在表现，也是自信的体现。

（3）姿势。如果应聘的大学生在面试时姿势不自然，比如双肩耸起、身体前倾、双臂交叉在胸前、身体不由自主动弹弄得椅子发出响声，都可能被判定为不自信。而稳坐姿势，挺直上身，适当加些形体语言回答问题，都可以被认为有自信心。

2. 语言判断

除行为语言外，回答问题的语调、内容同样也会成为判断是否自信的依据。

（1）语言表达。不自信的人在语言表达方面的显著征兆是声音低弱、语调犹豫、平淡或失音（不是自己平时的声音），而声音洪亮、清晰则易被认同是自信心的表现。

（2）语言内容。不自信的人会盲目赞同主考官的观点，不坚持自己的观点、缺乏主见。面试时为了特殊能力的需要，一旦采取非常规方式，故意提出一些引导性问题，不自信的大学生就会盲目地跟着走。

☞ **分析衔接**

在某高校的一次仿真面试中，几位中层干部充当考官，一位考官突然把水倒在烟灰缸中，对面试的一位女生说：你看着我，随后把手指放在水中又快速放在口中。这位女生在细致观察后，笑着回答："您中间换手指了。"这个学生得到的评价是观察能力强、很自信。

这个考官实际上是使用了国际上一个医学研究老师的方法，用一个手指点烧杯里的尿液再快速放入口中，要求学生跟着模仿，结果有些迷信老师的好学生，真的将尿液点到自己口中。此例说明死读书本且听话的学生，往往容易忽略自信心和细致观察能力。

（二）表达自信的行为技巧

1. 不自信行为自我认知

面试是在特定的时间、空间的情境下，听其言、观其行、察其色、析其因、判其质的过程，体态所表达的内容占很大比例。在面试中有些体态表达具有先天性习惯，也存在失控性（不知不觉、情不自禁、生理反应等）。尤其当注意力集中在语言回答时，体态行为处于松弛状态，下意识、习惯性动作往往处于失控状态，大大冲淡了语言的正面作用。从这一点看，只懂得面试原理无法避免错误结果发生，只有先认知自我存在着哪些体态不利表现，才能有效改正。

☞ **分析衔接**

应聘前通过练习或询问他人，认知自身是否有下列习惯性、下意识行为：

（1）目光不敢与比自己地位高、能力强的人（如老师）对视；

（2）遇到难回答的问题时，目光暗淡、双眉紧锁；

（3）坐姿为双肩微垂，双手习惯性做某个单调的动作（如身体晃动、脚尖有节奏抖动、双手摩擦、乱挠头发、双手抱胸等）；

（4）嘴部习惯性动作（如咬嘴唇）。

如果有上述行为，应及时加以改正。

2. 动作程序设计

分析面试现场，进门—坐下—回答问题—离开座位的 4 个阶段，根据所要应聘的职位特点，根据个人前面的自我认知和演练，分析每个阶段，并针对每个阶段设计一两个关键提示。

📖 **方法提示**

进门：稳步进房间，转身关门，微停之后走到座位。

坐下：在椅子三分之二位置坐稳，双手放在舒适位置，挺直上身。

回答问题：放松，千万不要回避主考官目光。

离开座位：语言中伴随点头告别，稳步离开，转身关门。

（三）表达自信的语言技巧

1. 合理使用自信"前置语"

许多大学生在面试时，对提问习惯于直接回答，虽然也能够回答得很得体，如果加上能体现自信心的前置语，即在原有答案前加上一句话，效果会更好。

📖 **方法提示**

（1）"我相信 + 原发言内容……您是怎样认为的？"

（2）"我打算 + 原发言内容"。

（3）"我的想法是 + 原发言内容"。

（4）"我个人认为 + 原发言内容"。

遇到问题难以回答或没有十分的把握，已经听清问题时，也可以使用一些话，或者在回答问题期间为了缓冲紧张情绪，确认题目，增加思考时间，比静坐一会儿效果要好得多。

📖 **方法提示**

如："您是让我回答……?"

（得到确认后）"我的看法是……"

如："如果我理解正确的话，您说的是……?"

（得到肯定后）"我个人认为……"

每个大学生都可以将平时收集到的信息，以及个人经验得知的常问题目，拟好答案，进行演练，可以养成良好的习惯。

2. 有效的反问方式

有效的反问是指带有适度性地向招聘者询问一些问题。

总是被动地回答，不仅使面试现场角色成为主次关系，而且容易被怀疑缺乏自信。在面谈对话中适时反问，不仅可以放松自己，还可以体现主动、表示自信。

然而，也不要故作聪明，搞什么引诱式发问，故意设套，使考官认为自己非常聪明。这种展示"机智"的方式易引起反感，如果前面面试已经比较成功，这种做法极可能造成"画蛇添足"。

📖 **方法提示**

有效的反问要点：有效的反问方式要采取开放式提问，使问题回答有很大回旋余地，既可以获取有用的信息，又可以不让考官出现为难或尴尬。

如果采取封闭式提问，一定要注意便于考官回答。一定要防止连串式反问、压迫式反问，这些具有挑战性的发问方式是为了检验应聘者的其他能力的，容易被怀疑是有意为难考官。

---

3. 语言中求职意愿要强烈

自信的语言概括起来就是要简洁、有力，过多的重复性虽有强调作用，也可能会使考官产生厌烦情绪。而在简练、有力的语言中，流露出强烈的求职意愿是非常有必要的，即使不是真心想来此公司，事后不签合同即可，语言中没必要流露出三心二意。

求职意愿不强烈，招聘方会联想其他，担心你很快对工作产生厌倦情绪，在目前大学生就业流失率过高的现状下，用人单位尤其担心。

📖 **方法提示**

一般常使用的结束语："我非常希望能到贵公司工作"。

"我觉得个人很适合到贵公司工作"。

"与同龄人相比，我很自信自己能胜任贵公司的此项工作"。

"我非常渴望能有机会经常得到向公司老员工学习的机会"。

可以在结束之前使用上述类似语言，这样表达既能表示求职愿望强烈，也可以体现自信心。

4. 合理使用告别辞

走出面试场门外，还不算面试结束，因为人群中存在各公司的人和该招聘单位工作人员，所以告别阶段也很重要。如有可能是否可以留下联系方式，如果得到名片，要双手接过，认真默读，确认无误，收到上衣口袋。即使此次面试不成功，对这个公司工作情有独钟的话，可在今后工作中，适当打打电话，进行沟通，也许会有机会替补成功。

📖 方法提示

室内告别辞可以这样表达："我非常有幸与各位领导谈了这么多，感觉收获很大，希望有更多的机会向您求教。"

出了门外，表情微笑，如遇询问，可以回答："场面很好，沟通得不错，公司管理有水平"等礼貌语言，绝无坏处。即使此公司不录用，也有可能引起其他公司的注意。

三、发散思维提问回答技巧

1. 发散思维回答问题的必要性

发散思维是一种无固定方向，无固定范围，不墨守成规，不固守传统的由已知求未知的线性思维模式，是根据已有信息，从不同角度向不同方向思考，从多方面寻求答案的一种求异性思维。流畅性、变通性、独特性是发散思维的三大显著特点。

目前越来越多的面试，并不直截了当就事论事。旁敲侧击，测此而故问其彼，也是常有的事。如问你是否喜欢辩论，就要鉴别你的三个方面的能力，即社交能力、性格倾向、语言表达能力。喜欢辩论的人基本上愿意参加社交活动，交际能力强，性格是外向型，喜欢讲话，善于表达。如果工作角色需要这些能力的话，顺口答出不喜欢，恐怕机会将变得渺茫了。

2. 发散思维提问的分析

有时问题表面上似乎是很容易的，按照习惯性思维回答失败的可能性则很大。

问题一："前面有堵墙，你是跳过去还是绕过去？"

在条件不充分的情况下，有的大学生根据个人特点脱口而出。男生体力好、爱活动的往往顺口选择跳过去。对方追问："如果是三米高的墙，而且距离很短或在墙边不远，还非跳不可吗？"女生体弱，如果先入为主想象"墙一定很高，平时没跳过墙"，顺口答绕过去。如果对方又追问："如果墙延长几里也非绕不可吗？"显然，回答这个问题不能直接采取选择题回答方式。

问题二：请谈谈你过去的实践经历，包括内容、效果、满意度等。

表面看是了解你的过去，实质上可能是了解你的工作经验和求职动机，如果你对过去有些实践兴趣不高或不太满意，而满意的实践活动与现在招聘职业不相符，对方可以猜测你的求职并不十分认真、迫切。

综上所述，回答问题有时要思维发散，尤其面对似乎简单的问题，更要警惕。

☞ **分析衔接**

回答技巧有以下三种。

（1）反常规设想：如此简单的问题是否有其他含义？

（2）思考一会儿再回答：如果里面包含其他含义，思考两三秒钟后徐徐开口，正说明我们用心对待提问。

（3）重复一次问题再答：重复一次可以有时间开发智慧潜能，有时灵感一触即发或稍纵即逝，急于回答可能马上会后悔。

四、面试补救技巧

面试补救是指面试过程中对不利情况进行弥补挽救。面试中谁都可能出现失误，尤其初涉社会的大学生，出现失误时不能慌张，可留在后面补救。

1. 紧张的补救

实在太紧张难以控制，已经在行为上反映出来，不妨坦白告诉考官。

📖 **方法提示**

直率回答："对不起，我有点紧张，可不可以让我冷静一下，再回答？"唤起考官能设身处地的"同情心"。

幽默回答："也许太急于进入贵公司了，使我变得如此紧张"，对方使用安慰的语言会产生时间空隙，可以借机调整一下自己。

2. 对"说错了话"的处理

人非圣贤，孰能无过。出错之后立即想办法弥补，更能证明自己有勇气，说不定会引起考官的欣赏，既能有坦白态度又有高明圆场的手法，如果职位需要这一点，会赢因此得好感。

📖 **方法提示**

经验不足说错了话，不能懊悔万分或吐舌头，暴露出不成熟的表现。可以在合适的时间进行更正并道歉，比较理想的方法是说："对不起，刚才我紧张了一点，好像说错了话，我的意思是……，不是……，请原谅。"

---

3. 对想起问题的补救

利用时机，在相关问题发问回答后或在结束前，主动提起前面没有回答的问题，作以补充，敬请原谅。

总之，面试成功要求不放过任何一个细节上的机会。

【案例分析】

一个国有地质单位招聘两名化验员，前来报名面试的有高职生、本科生，甚至来了一名研究生。大家羡慕的是这个工作稳定、环境洁净、地点在市中心。然而经过各方面的测试，最终选用的是两个从初中毕业读五年的高职生。用人单位高度评价这两名高职生的表现，话语中却很少提起专业水平如何，其中重点赞扬下面几点。

1. 演示使用分析用具的手法特别娴熟，简直可以与老员工相媲美。（与平时老师重点训练"会操作"的基础上如何达到技艺演示水平有关）

2. 一起进到房间的不同应聘者，高职生坐的姿势好看且得体，觉得这些大学生稳重、有教养。（与学校毕业前突击训练礼仪常识有关）

3. 高职学院的名声及老师亲自陪伴去应聘会使用人单位比较放心。

（1）从案例中能发现哪些值得思考的问题？道理是什么？

_____

_____

_____

（2）用人单位注重的为什么不是专业理论水平？

_____

_____

_____

_____

复习思考题

1. 简述面试的主要内容。

2. 面试前需做哪些综合分析？

3. 简述常见的提问方式与应答技巧。

4. 面试时如何表达自信？

5. 面试补救有哪些技巧？

6. 自我练习应聘细节。

第七章　求职应聘仿真训练

第一节　求职应聘学习训练

一、求职应聘学习训练概述

（一）求职应聘学习训练的必要性

1. 求职应聘学习训练的准确理解

求职应聘学习训练是指从现阶段毕业前"临阵磨枪式"或临时抽出一点时间"填鸭式"的就业指导，转换成正规系统就业教学与仿真训练相结合的方式，有效地提高高职大学生现场应聘能力的教学过程。

求职应聘学习训练的目的就是使就业教育系统化、规范化，提高就业教育的有效性。从传统的理论学习懂得道理转换成增加实训使每个大学生变得"会做"，真正掌握如何提高求职面试的质量。

☞ **分析衔接**

目前就业教育停留在一般化传播道理阶段，缺乏具体可操作的方法传授，尤其是大学生往往在道理上自学即通的情况下，依然不能合理地求职。校园里招聘活动频繁，结果往往是双方都感觉不理想。人才市场人群拥挤，成交率依然不高。大学生匆忙上阵求职几乎像抢购商品，缺乏冷静思考—分析自己—研究细节—积累经验的过程。

2. 目前求职应聘环节存在的问题

（1）三心二意。大学生在求职应聘中的表现是犹豫不决或意志不坚定。犹豫不决往往是觉得哪个公司都可以选择，又不知道该选择哪个。选择了公司，面试之后，又开始怀疑和担心自己的选择，左顾右盼寻找是否别人选择的更好。应聘失败不能认真总结，化作成功基础。徘徊待业依然无忧无虑，寄生家庭经济条件，消磨时间。

（2）盲目从众。大学生在求职中缺乏分析，不作独立思考。不顾是非曲直地一概服从多数，随大流走。面试技巧上，不注意自我分析个性的思考，不注意成败的总结，按照道听途说的招数盲目地跟从。

（3）不求甚解。对求职工作岗位和面试过程停留在一般认识水平上，甚至不专心研究做好求职过程的细节。求职文件甚至犯"错别字"等低级错误，马马虎虎去应聘，轻轻松松走过场，总感觉还有下一次机会。对公司工作岗位只停留在概念上理解的层面，视乎什么都能胜任，不探知工作特点与自己的个性特征是否符合，更不知在面试时如何发挥自己的优势。

（4）唯利是求。本来是寻求对方能给自己提供生存与发展的平台的求职交换过程，却异化为以利益为着眼点，一心只顾谋取个人利益，先向对方索取的过程。唯利是求与待价而沽性质不同，待价而沽比喻有才干之人等到有人赏识重用时才肯出来效力。而大学生在并不了解自己是否能胜任工作，能否创造优异业绩之前，现有的交换资本仅仅是一纸文凭加一厢情愿。

3. 求职应聘学习的意义

（1）能帮助大学生克服求职认识的"顽疾"——先问待遇再谈求职的幼稚病。无论什么公司、无论什么岗位，求职前先问的是"待遇如何"，美其名曰：追求现实生活。这种很怕自己不提待遇就会得不到工资似的"聪明"，其实是没有了解社会上的公司做事准则。任何公司都会珍惜人才、善待人才，甚至不惜求助猎人公司高薪寻找人才。自己在不知道能否为公司作出业绩之前，先索取自己满意的待遇，任何公司都不会相信"你给我一个机会，我还公司一个奇迹"的大话。通过求职应聘的学习，可以帮助大学生抛弃幼稚想法，懂得如何应聘，以及掌握面试的过程和细节，用合理的应聘行为使招聘单位能认识到自己的才干。

（2）能帮助大学生化个人求职奔波或低层次认识与盲目从众为理性系统研究求职技巧，能学会分析工作岗位特征和个人特性相结合，有充分准备地去参加求职面试。

（3）组织有效的训练，从认识水平上升为熟练求职操作性技能水平，防止"过耳即忘"的感知现象，提高求职成功率。

（二）求职应聘学习内容

1. 合理认知求职应聘

学习求职应聘过程、细节，懂得如何进行合理的应聘及面试技巧。

2. 掌握必要的测试内容

根据招聘单位的不同岗位的工作特点和工作内容，掌握必要的测试项目，分析求职岗位普遍性询问、观察的内容，评价要点，有备无患地参与求职应聘。

3. 掌握求职面试细节程序

学习掌握应聘细节程序、岗位目标细节程序、面试现场行为细节程序、面试结束告别细节程序等。培养能够冷静、自信、有序地使用求职方法，克服粗心大意的求职习惯。

4. 进行相应的仿真训练

学习掌握求职前自信心提高训练、仿真面试训练，通过镜子技巧、行为预演和行为回放分析等方法，用一种全新的行为训练弥补以往就业理论认识的不足，提高个人的求职能力。

二、面试内容细化分析

（一）仪表形象

主要是通过外在言谈举止，向招聘方传播个人的内涵的过程。没有语言解释过程，只有行为语言展示。

1. 招聘方观察内容

招聘方观察应聘者仪表形象的内容包括仪容、衣着、举止、敲门、走路、坐姿、站立的仪态、礼貌用语等。

2. 招聘方一般评价要点

招聘方评价的要点包括穿着整齐、得体，职业化着装；沉着、稳重、大方；走路、敲门、坐姿上符合礼节；口语文雅、礼貌。

（二）求职动机

主要是通过提问，倾听直接回答，同时观察行为细节表现，洞察大学生内心求职动机。

1. 招聘方提问内容

（1）你选择本公司的原因是什么？

（2）你选择本公司最重视什么？

（3）你对本公司有哪些了解？

（4）你希望本公司如何安排你的工作待遇？

2. 招聘方观察内容

主要是观察应聘者在回答问题时的表情、动作。

3. 招聘方一般评价要点

（1）是否以公司发展为目标并兼顾个人利益。

（2）回答是否完整、全面、适当。

（3）是否有说服力。

（三）语言表达能力

1. 招聘方提问内容

（1）请介绍一下你自己。

（2）谈谈你的优点和缺点。

（3）说说你的兴趣、爱好。

（4）据你分析，最适合你的工作是什么。

2. 招聘方观察内容

语气、发言是否合乎要求，表情、手势、姿态是否得体。

3. 招聘方一般评价要点

（1）发言是否具有连续性。

（2）主题、语言是否简洁明了。

（3）说服力及逻辑性如何。

（4）引例使用是否准确。

（四）社交与人际关系

1. 招聘方提问内容

（1）请介绍你的家庭。

（2）请介绍你学校生活环境的情况。

（3）你的朋友如何对待你。

（4）你希望在什么样的领导手下工作。

（5）你交友最注重什么。

（6）你身边有小人怎么办。

（7）单位来了客人你如何接待。

2. 招聘方观察内容

主要观察应聘者的面部表情、目光、演示动作。

3. 招聘方一般评价要点

（1）自我认知。

（2）交际能力。

（3）待人方式。

（五）判断力、情绪稳定性

1. 招聘方提问内容

（1）假如本公司与其他公司同时录用你，你将如何选择。

（2）公司有时工作非常艰苦，你将如何对待。

（3）你怎么连这样的问题都看不懂。

（4）你好像不适合在本公司工作。

2. 招聘方观察内容

（1）准确判断所提问题。

（2）面对突发问题的表情变化。

（3）姿势变化、细微动作。

（4）回答问题迅速。

（5）处理难堪问题的反应。

3. 招聘方一般评价要点

（1）理解问题的准确性、迅速性。

（2）自我判断力。

（3）是逻辑判断还是感情判断。

（4）有自己的独立见解。

（六）协调能力、工作经验

1. 招聘方提问内容

（1）从事过哪些社会实践工作。

（2）参加或组织过哪些活动。

（3）担任过什么领导职务。

（4）有过何种研究。

（5）专业实习过程、论文写作过程。

2. 招聘方观察内容

（1）回答问题时表情、动作变化。

（2）工作节奏紧张、有序的描述。

（3）能否更多地从他人角度解释问题。

3. 招聘方一般评价要点

（1）表现力——对自己认定的事能否坚持。

（2）考虑对方处境和理解力。

（3）实践能力——组织领导活动内容。

（4）交际能力。

（七）责任心、纪律性

1. 招聘方提问内容

（1）对委任的任务完成不了时如何处理。

（2）对学校的规章制度的看法。

2. 招聘方观察内容

（1）通过语言流露、动作表情显示观察。

（2）负责到底的精神。

（3）对工作的坚持性。

（4）是否令人信服地完成工作。

（5）考虑问题是否偏激。

（6）对求职工作的要求。

3. 招聘方一般评价要点

（1）自制力——控制情绪与行为。

（2）纪律性——是否能遵纪守规。

（3）意志力——克服困难的精神。

（八）个人品质

1. 招聘方提问内容

（1）你认为现在社会中一个人最重要的是什么？

（2）你能否做到"受人之托忠人之事"？

（3）你对当前"就业难"问题如何看待？

（4）大学生先从基层做起你觉得合理吗？

（5）你有哪些习惯？

2. 招聘方观察内容

（1）通过语言、姿态变化观察。

（2）有无不良性格。

（3）有无偏激观点；回答问题是否认真、诚实。

（4）有无掩饰性。

3. 招聘方一般评价要点

（1）诚实——能客观合理阐述观点。

（2）人生观——对社会现象的评价。

（3）信用——事例证明言而有信。

（九）专业技能

1. 招聘方提问内容

（1）谈谈选择该专业的理由。

（2）介绍一下你的学习成绩和擅长科目。

（3）有何特长和具备何种资格。

（4）谈谈你从事该工作的优势。

（5）有何工作经验。

2. 招聘方观察内容

（1）通过语言、姿态、表情观察。

（2）对专业知识的了解程度。

（3）成绩的真实性。

（4）对工作的看法。

3. 招聘方一般评价要点

（1）专业学识是否符合工作要求。

（2）有关特殊技能。

（3）有无工作经历。

三、典型工作岗位个性问题

大学生如果经历初次求职，获得一些工作经验之后，会根据自己的能力和工作环境进行综合分析，择机重新求职。尤其高职大学生往往不能直接进入较为理想的管理岗位，或者进入管理岗位从事的是较为普通的工作。若要选择较为合理的岗位，对一些典型工作岗位个性问题的测试内容充分了解十分必要。

1. 公司办公室

（1）你认为公司应该有哪些规章制度？

（2）被要求赞助时，应采取什么方法对待？

（3）合作单位有喜庆活动，本公司应怎么办？

（4）来访人员要见主要领导，你会如何应付？

（5）你的领导与下属之间发生误解或矛盾，你会如何解决？

（6）领导出差，返回后该做好哪些工作？

2. 人力资源部

（1）招聘和录用员工一般采用哪些方法？

（2）人力资源考核内容、方法、作用有哪些？

（3）工资制度有多少种？各有哪些优、缺点？

（4）考勤管理主要方法有哪些？

（5）为保持职工的稳定性，应采取哪些措施？

（6）对当前大学生的招聘使用你有哪些想法？

3. 产品销售部

（1）当你的推销活动被拒绝，应怎么办？

（2）如何开拓新的销售市场？

（3）如何从全局考虑确定明年的销售额？

（4）你认为推销员应具备哪些素质？

（5）从事此部门工作你的优势有哪些？

4. 财务部

（1）本部门的主要工作是什么？

（2）你选择此工作的优势有哪些？

（3）公司应缴纳哪些税种，税率是多少？

（4）向银行贷款需要提供哪些资料？

（5）公司贷款被拖欠，应采用哪些方法？

5. 生产部

（1）生产部门的主要任务是什么？

（2）本企业生产的产品及性能你是否了解？

（3）你认为产品质量不好应如何解决？

（4）降低成本的主要途径有哪些？

（5）ISO 9000、ISO 14000 是什么含义？

6. 技术部

（1）你有哪些技术专长？

（2）你认为技术人员应具备哪些素质？

（3）作为技术人员，如何更新个人知识？

（4）你在哪些专业技术上有突出才能？

（5）怎样收集和整理技术资料？

7. 市场调研部

（1）市场调研的主要内容有哪些，其目的何在？

（2）主要调查方法有哪些？

（3）你曾做过哪些市场调查？

（4）市场调查人员应具备哪些素质？

（5）分析市场调查资料时，应注意哪些问题？

8. 物质管理部

（1）如何分析原材料报价？

（2）如何订货？合同单位违约怎么办？

（3）如何制订合理采购计划？

（4）如何验收货物？

（5）物质入库、出库有哪些手续和原则？

（6）仓库管理有哪些方法？

面临面试的大学生，可以在上述参考资料基础上，搜集更多的信息，结合自身的特点和求职目标，进行应聘策划的准备。

【课内练习】

根据自己现在的条件，回答下列问题。

1. 结合本人专业、就业目标确定自己就业应聘的目标有哪些？

_____

_____

2. 对照面试细化内容，分析自己的优势和弱势。

_____

_____

_____

3. 不同部门的工作特点不同，你本人喜欢应聘哪些部门？选择的依据有哪些？

_____

_____

_____

第二节　求职面试细化程序

一、应聘细节策划程序

（一）求职个人需求细化

1. 逐级分解框图

求职个人需求分解如图 7-1 所示。

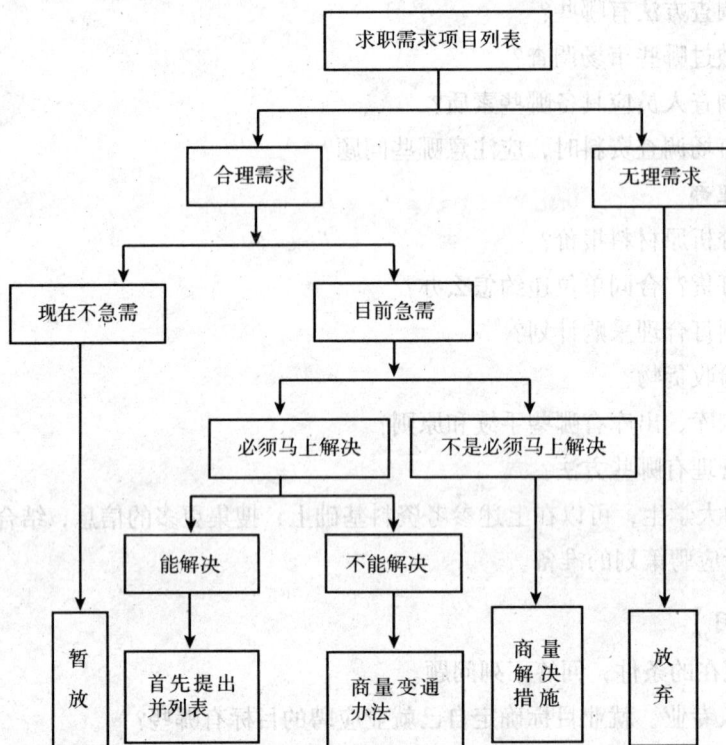

图 7-1　求职个人需求分解

2. 做好策划

（1）对必须解决又能够解决的需求首先详细提出（如工资及其他合理、合法需求）。

（2）对必须解决又不能解决的需求协商变通办法（如无法解决住宿是否增加工资或报销部分费用）。

（3）对目前急需但不是必须解决的需求商量解决的措施、时间、方法（如工作发展需求、福利措施）。

（4）对合理、现在不急需解决的需求适当提出，可以暂放不解决。

（5）对无理需求即使个人需要也要放弃。

通过细化，可以在应聘时避免因分不清轻重缓急而因小失大，错误选择就业的行为。

（二）求职岗位目标细化

1. 逐级分解的目的

逐级分解的目的是防止面对理想的工作岗位群，盲目地跟风从众。求职时，高职大学生应该利用自己的个性优势，选择出优先考虑目标、适当选择目标和应该放弃的目标。

2. 岗位细化

求职岗位目标细化如图 7-2 所示。

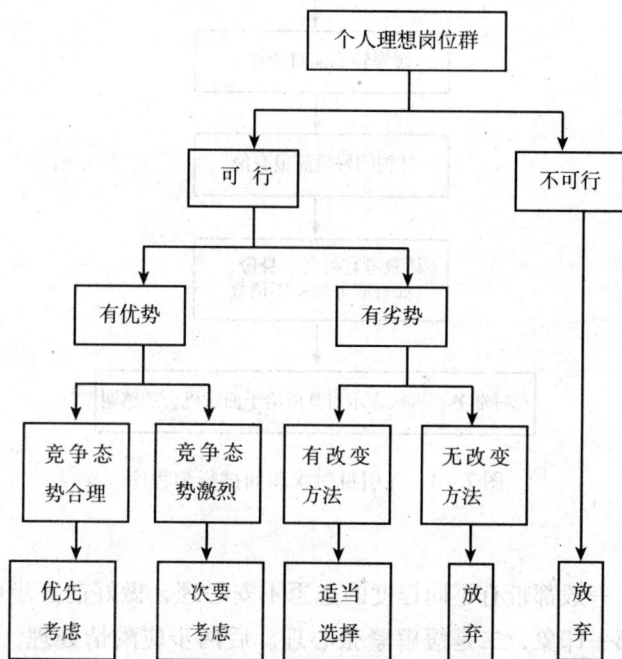

图 7-2 求职岗位目标细化

3. 做好策划

（1）竞争态势合理且有竞争优势的岗位优先考虑，充分准备，进行模拟练习。

（2）竞争态势不合理但有竞争优势的岗位次要考虑。

（3）可行的理想岗位但本身有劣势，如果有改进方法，可适当选择。

（4）可行的理想岗位但自身有劣势，又无法改变，可选择放弃。

应避免像无头苍蝇似的到处面试，虽然可取得经验，但失败挫折过多，可能会让人心灰意冷，导致就业心理和行为发生消极变化。

二、面试现场行为策划细化

（一）无引见时行为程序

1. 程序

无引见时求职面试行为程序如图 7-3 所示。

轻轻叩门

↓

得到允许后入室

↓

背对考官轻关门

↓

缓慢转身面对考官

↓

礼貌问好后简报身份

↓

请教考官姓名、身份，
如有职务标示不请教

↓

称呼职务，再次表示对其所给予面试机会的感谢

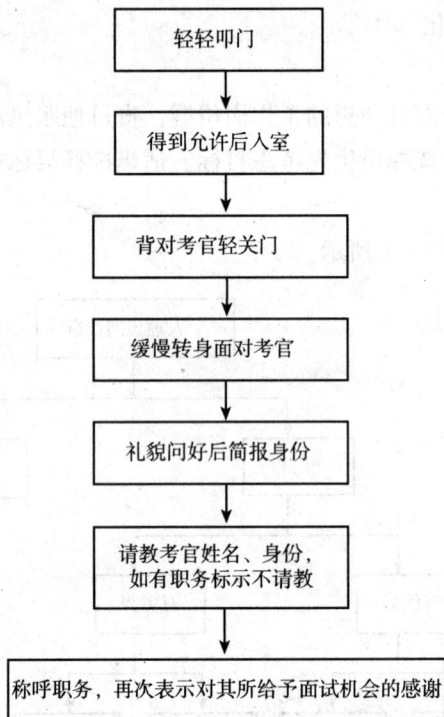

图7-3 无引见时求职面试行为程序

2. 说明

进入面试房间，一般都带有不同程度的忐忑不安心理，做好前五步可以收到两个效果：一是给人以良好的第一印象，二是缓解紧张心理。后两步应酌情处理，如果对方说出"请坐"，就不要教条地询问考官的姓名，可以选择说声"谢谢"，然后坐下。

（二）面试中行为细节策划

1. 握手选择

握手选择程序如图7-4所示。

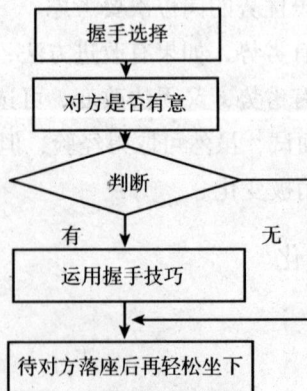

握手选择

↓

对方是否有意

↓

判断

有   无

运用握手技巧

↓

待对方落座后再轻松坐下

图7-4 握手选择程序

此选择应注意一点，即对方是否有意，若对方无意，牵强握手会引起反感。

2. 落座选择程序一

落座选择程序图一如图7-5所示。

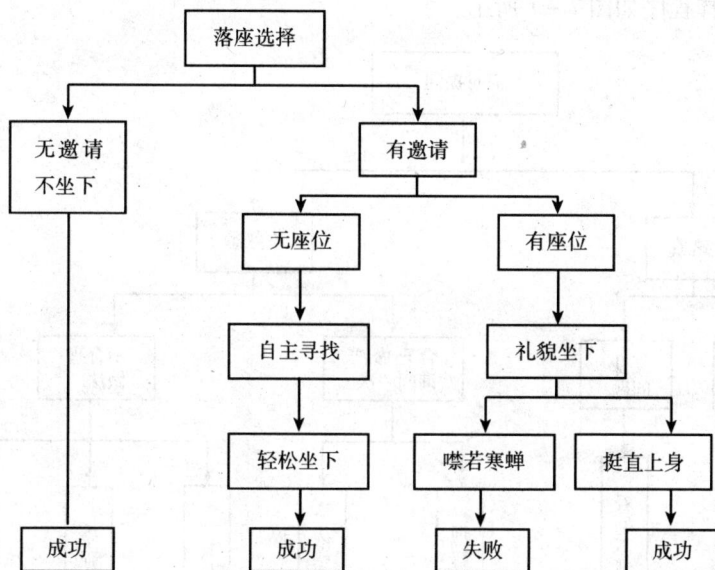

图7-5　落座选择程序图一

说明：无邀请多是面试时间较短的情况，可以略微放松地站着回答问题。有邀请情况下，无座位却请坐，一般是一种能力检测，看你是否有主动性、应变能力，所以，要主动寻找，不要说"没事，我能坚持"的话。有座位礼貌坐下后，应注意坐姿，且心态要稳定。

3. 落座选择程序二

在落座选择程序图一的基础上，我们继续分析落座选择程序对求职成功的影响。落座选择程序图二如图7-6所示。

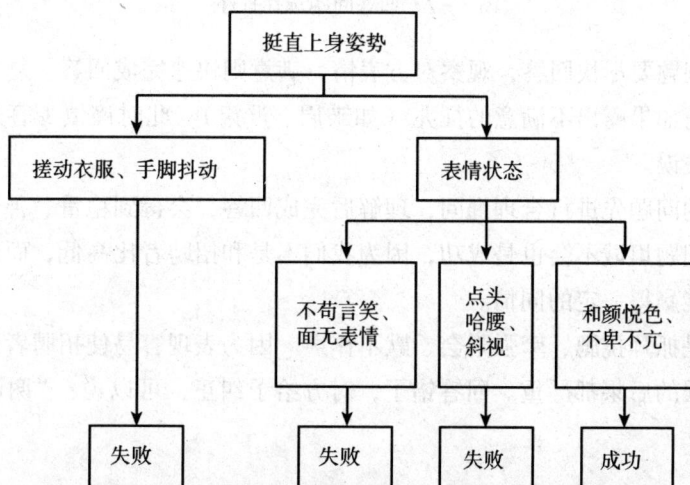

图7-6　落座选择程序图二

说明：失败的行为细节不是应聘大学生主观所愿，也不是不提醒自己，有些是潜意识保留的习惯，不知不觉地反映出来。通过训练方法，可以有针对性地加以纠正。

4. 回答问题选择程序

回答问题选择程序如图7-7所示。

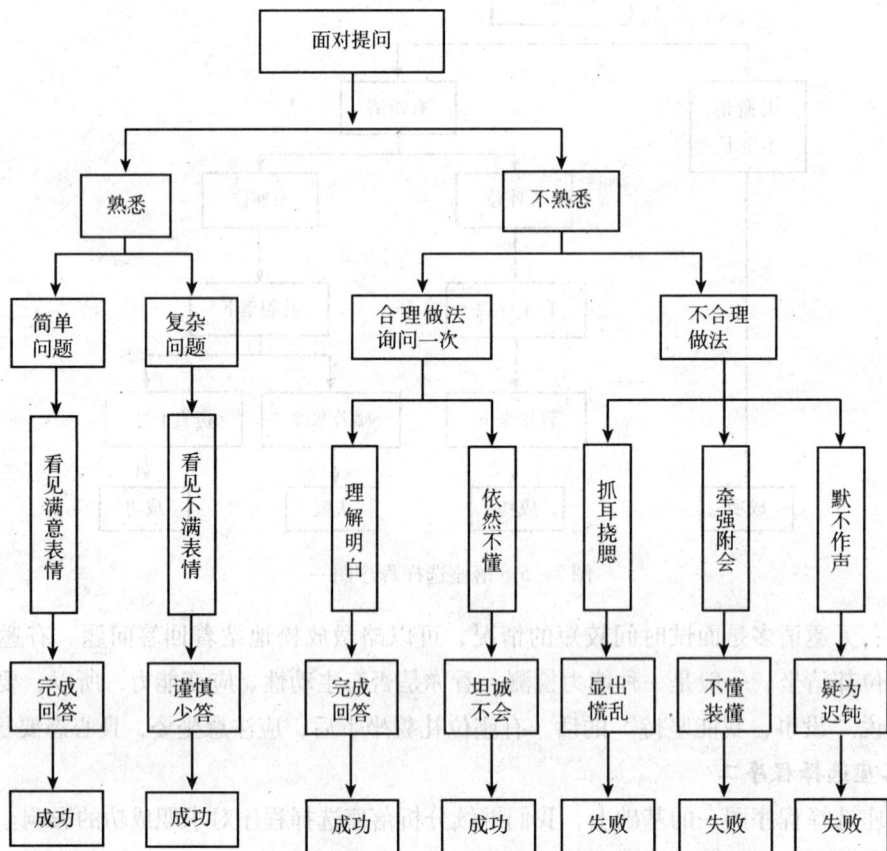

图7-7　回答问题选择程序

说明：简单问题要尽快回答，观察对方表情，满意则快速完成回答。复杂问题要缓慢回答，观察对方表情如果露出不满意的征兆（如皱眉、严肃），此时谨慎少答是成功选择，回答不足胜过回答失误。

遇到不熟悉的问题先进行合理询问，理解后完成回答，会得到稳重、善于思考的印象。

依然不懂的问题坦诚不会也是成功，因为我们不是和招聘者比高低，而是和应聘者比能力，不会而坦诚能赢得一定的同情。

不合理做法是抓耳挠腮、牵强附会、默不作声。因为表现容易使招聘者产生联想，这三种做法比回答错误的后果都严重。回答错了，对方给予纠正，可以说："谢谢，能得到指教今天不虚此行。"

（三）告别细节策划

1. 程序

告别的程序如图 7-8 所示。

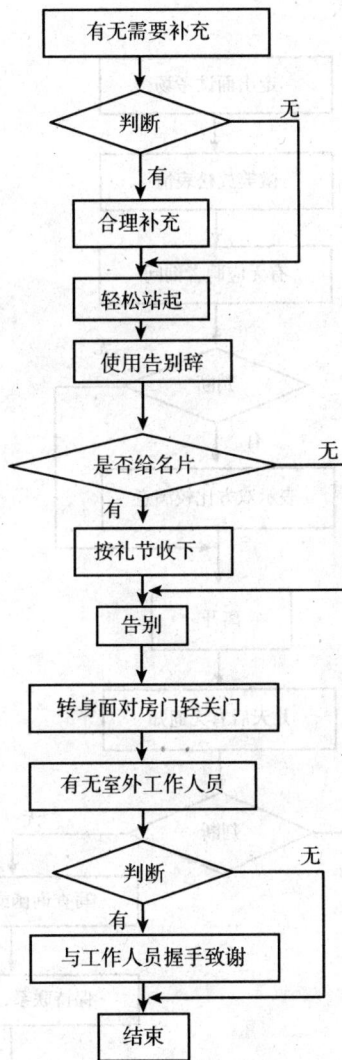

```
        ┌──────────────┐
        │  有无需要补充  │
        └──────┬───────┘
               ↓
          ╱─────────╲      无
         ╱   判断    ╲──────────┐
          ╲─────────╱           │
           有 │                 │
              ↓                 │
        ┌──────────┐            │
        │  合理补充  │            │
        └────┬─────┘            │
             ↓                  │
        ┌──────────┐            │
        │  轻松站起  │            │
        └────┬─────┘            │
             ↓                  │
        ┌──────────┐            │
        │  使用告别辞 │            │
        └────┬─────┘            │
             ↓                  │
          ╱─────────╲     无
         ╱ 是否给名片  ╲────────┐
          ╲─────────╱          │
           有 │                │
              ↓                │
        ┌──────────┐           │
        │  按礼节收下 │           │
        └────┬─────┘           │
             ↓                 │
        ┌──────────┐           │
        │   告别    │           │
        └────┬─────┘           │
             ↓                 │
    ┌────────────────┐         │
    │ 转身面对房门轻关门 │         │
    └───────┬────────┘         │
            ↓                  │
    ┌────────────────┐         │
    │  有无室外工作人员 │         │
    └───────┬────────┘         │
            ↓                  │
         ╱─────────╲     无
        ╱   判断    ╲────────┐
         ╲─────────╱         │
          有 │               │
             ↓               │
    ┌────────────────┐       │
    │ 与工作人员握手致谢 │       │
    └───────┬────────┘       │
            ↓                │
        ┌──────┐             │
        │  结束  │←───────────┘
        └──────┘
```

图 7-8　告别程序

2. 说明

（1）合理补充的作用。

初次面试回答不完整很正常，适时补充也可以表明应聘者细心、思路清晰。

（2）收取名片的作用。

名片是礼仪水平的展示，同时可以体现一定的职业化水平。

（3）向室外人员致谢的作用。

向室外人员致谢是礼仪水平（如谦虚、自信）的展示，可以为以后工作打下基础，为行为反馈提供有利于成功的信息。

（四）面试结束细节策划

1. 程序

面试结束程序如图 7 – 9 所示。

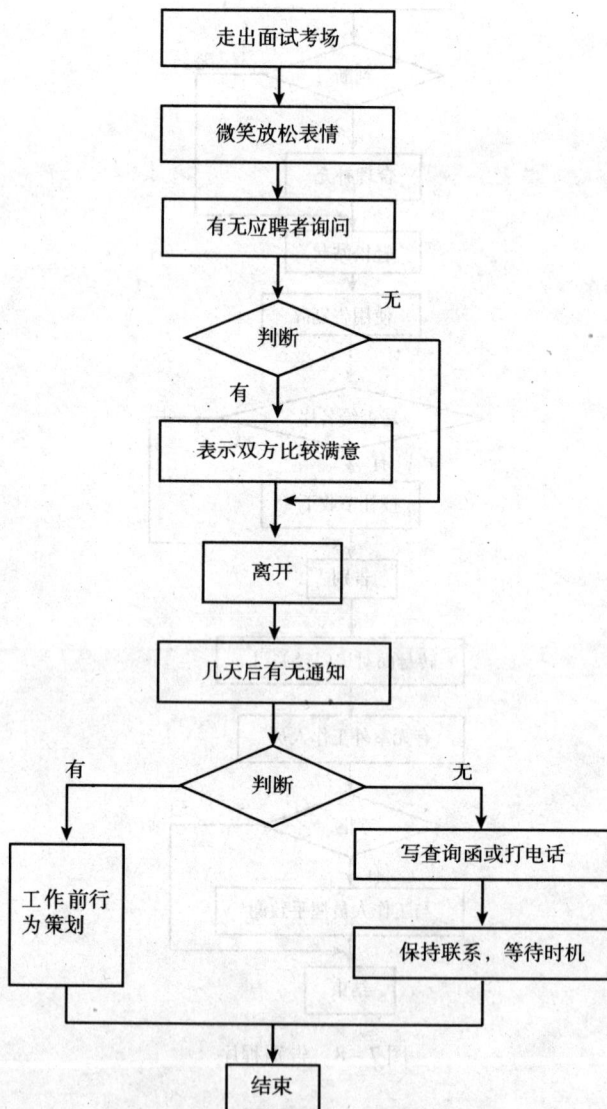

图 7 – 9　面试结束程序

2. 说明

（1）出考场微笑的作用。

表示自信及良好形象，招聘公司若有场外人员可以反馈给决策者，引起其他公司招聘人员的注意。

（2）回答应聘者的作用。

表示双方满意一方面暗示自己很成功，另一方面也体现应聘风度。从竞争角度讲，能给对手一定的压力。

（3）工作前行为策划的作用。

工作前行为策划可以防止面试精心准备创造的形象因日常不当行为而受影响，工作开始意味着新的竞争开始。

（4）查询的作用。

最好用手写，既可展示文笔，又可用语言表示加盟的诚意。如有临时淘汰或偶有个别机会，就可以保持联系优先被选择。

第三节　求职面试仿真训练

一、求职面试仿真训练概述

（一）求职面试仿真训练概念

1. 求职仿真训练的含义

求职面试仿真训练是指依据求职真实面试现场的要求，设计仿真情境，研究求职过程、细节，使学生进入真实求职状态，按照严格考核标准进行的实战性训练过程。求职面试仿真训练的目的是弥补现实就业教育局限于道理认识水平的不足，培养大学生实事求是、精益求精、符合市场就业规则的求职理念，牢固掌握求职面试技巧。

2. 求职仿真训练的原则

（1）真实性原则。除求职结果虚拟之外，求职过程、现场、要求要充分体现真实求职特征，使学生能进入求职状态。训练中教师不能迁就、原谅小毛病，但凡迁就、原谅实质上是坑害学生、误导训练。因此，对简历不妨采取吹毛求疵的做法，对面试不妨适度刁难学生。

（2）严肃性原则。在训练中，针对学生出现问题自我迁就，进入现场缺乏认真做事精神所表现出来的懈怠等行为，给予严肃警示，不通过则作为成绩不及格处理，以保证训练实现预期效果。大学生最容易出现对付过关的表现，原因有两种：一种属于一贯做事不认真，另一种是感到掌握不好具体做法，抱着先这样做，然后"看老师如何评价？出现问题今后注意就行了"的多年学习习惯。前一种学生行为本来就是就业能力薄弱的象征，必须坚决制止。后一种学生行为是一种应试教育的病根，以为标准答案在老师这里，习惯被动学习。

（3）整体性原则。训练从求职文件设计开始，直至到人才市场真实求职检验效果的全过程，从文字、语言、形象全方面始终按照严格标准进行，防止虎头蛇尾。整体性包括4个层次：第一层是仪容；第二层是着装；第三层是举止谈吐；第四层是行为。大学生因为年轻缺乏实践经验，不可避免会出现不求甚解的做法，以为明白原理和亲自掌握训练技能效果相同，这种做法要事先提示，尽最大努力力求面试全过程保持最好状态。

（4）有效性原则。训练是为大学生真实求职所用，不以校内考核为目标，对学生最大限度减少"这是训练"的心理暗示，保证在真正求职面试中能够帮助大学生提高求职面试的成功率。

☞ **分析衔接**

在一个高职学院组织严格的应聘面试训练之后，布置学生去人才市场进行真实的现场求职应聘，作为训练的成绩评定的一部分。大学生经过认真准备后参与了社会就业求职，反馈回以下三种信息。

（1）求职现场出现了部分训练中的场面，使学生感到训练的真实。

（2）个别学生遇到了公司负责人混入求职者人群中进行观察，在最后一关面试中露面的情况，大学生险些造成外面语言失误，影响面试效果，使学生懂得了求职细节的关键作用。

（3）在真实的现场求职面试，没有在校内训练感到紧张。这说明校内训练严肃性的特征，可以使学生增强自信心，冷静面对社会求职面试。

----

3. 求职仿真训练难点

（1）需要解决学生现有的迷茫心理，对训练缺乏热情和兴趣的问题。热情和兴趣对做任何事都是十分关键的因素，就业能力训练也是如此。

（2）解决大学生目前存在的做事毛躁的习惯，影响应聘的材料准备和仿真面试效果。生活中有一种倾向，即有时要求别人时很严格，到自己做事时却缺乏细致、认真态度。出现问题好原谅自己，"下次注意"成为口头语，结果下次注意成了下次复下次，下次还依然。

（3）解决教师把握训练深浅度的问题。过严和过松要求，都不会收到好的训练效果。如果将来真实应聘因为我们训练流于形式，学生会有一种受骗的感觉；假如训练过严，学生没有真实的应聘动机，会知难而退，集体推托训练，是同样无法收到训练效果的。

（4）解决教师的知识面、专业宽度问题。仿真面试表面上是考核学生，其实真正的应聘训练是对老师的一种考验。知识面要宽，准备要充分，通过记录学生的求职信、简历，对专业工作要有所了解，否则，因为老师的能力水平、准备不足，也会导致失真现象。

（二）求职面试仿真训练方法

1. 心理训练法

此类方法主要针对大学生求职过程中存在的自信心不足、缺乏就业合作意识及各种影响正常求职应聘的不良心理状态进行分析，借助其他训练模式产生感受，由指导教师加以引导的训练方法。诸如心理放松、自我肯定、自信心增强、合作意识提高等。

2. 形象训练法

此类方法主要是根据求职现场所要求的外在形象，选择部分常用的礼仪训练方法，对大学生进行符合自己个性和求职岗位需求的训练方法。有针对性训练的目的是快速、有效地改变自己的形象，用简单实用的方法提高自己的形象水平，保证能在求职面试现场获得最佳效果。

3. 镜子技巧法

镜子技巧法是由美国心理学家布里斯托总结而成的，这一方法简单、有效，可以使求职者增加信心，强化激情。组织每个训练的大学生，站在落地镜前，挺胸，做三四次深呼吸，然后模拟进入面试现场，回答一些问题，观察自己的动作形象，寻找自己满意的行为结果。

镜子技巧法可以自我寻找最佳动作状态，纠正不良习惯，也可以增强自信心，看着自己的眼睛，激励自己能战胜一切。

4. 角色扮演法

角色扮演法是指通过赋予大学生一个被现场面试的角色，要求其按照求职者的要求表现自己的行为，观察、记录并评价每个参训大学生扮演的行为接近程度的训练方法。

角色扮演法有利于充分调动和发挥大学生训练的积极性、主动性和创造性，使学生在训练过程中产生一种角色意识。

角色扮演法一是要设计好面试主题及场景。让学生感到既不能太难，也不能太容易，有一种挑战又有一种成就感。设计场景时，要感觉到进入真实的面试现场。二是要准备道具，场景中的设备要能产生逼真效果。三是要做好评价，恰当地对每个大学生给出反馈意见。

5. 行为回放法

一般情况下，个人的行为都是别人能观察到的，而个人的真实表现与自我感觉有误差。采用行为回放法，使个人看到真实的自我，会有很多感触。

行为回放训练方法是利用摄像机把训练场面记录下来，然后回放讲评，指出改进的地方进行二次行为表演。在引导或施加一定压力下，产生进步后的行为记录再回放后，个人感觉有进步，内心会产生"我能行"的自信。每个人都会有一种充分表现自己的渴望。这种方法对内向性格、对就业有自我压抑心理的人能产生突破性效果。

二、求职文件设计训练

（一）求职目标确定

1. 布置训练任务

要求每个参与训练的大学生端正态度，选择求职目标，制作真实的求职文件，做好参加面试训练的准备。

虽然是仿真训练，为了保证训练效果，训练任务布置要仔细，并反复强调各种要求，尤其是训练的目的、应该端正的态度及每个环节注意事项等等。在布置学生训练任务的同时，教师要做好面试各种准备。

2. 确定合理求职目标

求职目标一定要合理。一旦在求职目标设计上不符合实际，将会导致后面每一步训练都虚假。

作为高职教育，培养的目标很明确，基层有熟练的实践操作（动手）能力和管理经验的技能型人才。按照就业目标分析，高职毕业生不可能"一步到位"进入理想岗位。熟练的动手能力只能从一线工作开始，逐步积累方能成熟。管理经验顾名思义是计划、操作、指挥、控制具体工作等方面亲身经历过的多次实践得到的技能。

部分大学生内心存在的好高骛远习惯，如果不加以控制引导，会出现以不可能寻求的职务作为训练求职目标，结果导致面试过程中牵强附会，漏洞百出。

☞ 分析衔接

在一次应聘面试训练中，一个学生将求职目标定位为"销售经理"。这个工作岗位本来需要成熟的工作经验，而经验的成熟需要较长工作时间的累积才能获得。训练中，指导老师按照正常招聘销售经理的标准进行面试，发现学生求职的依据仅仅是自己业余时间曾有打工的经历。于是在老师正常询问下，学生支支吾吾，说话前后矛盾。这样的训练叫老师很为难，按照严格规定，训练成绩勉强及格。作为学生对比其他同学接受的询问题目之后，认为老师有些刁难自己，其实这就是求职目标确定不合理导致的后果。

3. 求职目标的审定

1）求职目标审定原则

（1）研究是否符合专业就业方向。

（2）研究是否符合个人个性特征。

（3）研究是否与个人经历、爱好相协调。

（4）研究是否与用人单位对高职层次的聘用标准相符合。

☞ 分析衔接

作为初次进入社会就业的大学生，求职目标应该以与专业对应的行业、公司、相应的工作岗位为主。

同样，与专业对应的工作岗位不止一类，如果不同的工作岗位与个人的个性特征相吻合，相对工作能够顺利一些。有些工作对某些性格的人来说，做起来会有很大困难。

个人有相关经历、爱好，求职面试中就会应答灵活。同时，能够成为招聘者选择的有利于自己的参考。

高职毕业生最初进入任何一个公司，即使从事文职工作，也是属于辅助性工作。个别大学生能获得所谓的经理助理的工作，也是一个弹性很大的工作岗位，但都是属于基层工作。因此，训练时确定求职目标，应该防止好高骛远现象。

2）求职目标审定方法

（1）每个训练者自我确定求职目标，写出说明理由，统一上交或现场口头说明。

（2）教师给予指导，提出两个以上合理化建议。

（3）学生根据建议确定自己的求职目标。

（二）求职文件设计

1. 求职信的用词推敲

在各自确定的求职目标引导下，每个学生构思求职信，撰写草稿。由于求职信讲究精练实用，能引人注目。因此，要防止参训大学生敷衍了事、华而不实的行为。

求职信初稿写完后陆续进行审核，发现问题及时纠正。

2. 简历设计

简历有一般性模版，也可以自我适度调整。简历设计之后，填写的内容要求仔细，突出要点。学习经历、工作经历要将最近时间的经历写在前面，在时间上由近期往前排列书写。特长要突出与求职目标的相关性。

3. 封皮设计

封皮是求职材料的"脸面"，要提醒参训学生避免华而不实、增加文不对题的时尚语句。

在设计封皮时，一方面要通过严肃性向招聘方体现个人的认真程度，但也不可白纸黑字过于简单。另一方面要通过新颖性吸引招聘方的注意力。

4. 其他部分的研究设计

如果参训的学生有实践经历、获奖经历与求职目标相符，可以提倡写出证明材料或推荐信，并且向学生提醒，争取在毕业前通过与老师合作、与社会相关人员合作，完成一定的调研、论文、成果总结等，争取提高个人真实就业的含金量。

（三）求职文件修改

（1）研究是否有粗心大意之处。大学生不乏粗心大意者，还有对高职学习一直抱有不甘心同时又不用心之人，通过求职仿真训练一方面教会学生提高求职技能，另一方面改变学生的不良习惯。

（2）认真审核求职信、简历、求职目标与个人特性是否吻合，求职信中文字、用词是否准确。

（3）让每个人的求职材料留作范本。目前很多大学生养成了心理惰性，就业临近才从网上下载求职文件，无法保证最佳地推销自己。将自己的求职范本在真实就业时略加修改，就能够不断提高求职材料的质量。

三、求职心理形象训练

（一）心理放松训练

1. 训练说明

要进行求职应聘，心态放松是很重要的，而在苦思、焦虑、勉强的状态下完成求职会有很多困难，这就需要进行心理放松训练。心理放松训练的目的是有意识地塑造自己，通过想象自己是一个充满自信、充满热情、富有魅力的形象，使心中的烦恼、不自信、悲观、低下的自我逐渐消失。

人尽快走出焦虑、烦恼是十分重要的。每当自己出现这种状态时，用一件与这种心态相反的事来冲淡这种心态，可以收到较好的心理放松的效果。

2. 训练过程

每当心里紧张时，找个安静的地方，舒适地坐下来，轻轻地闭着眼睛，慢慢呼吸，很深很深地吸气，开始数数，由10倒数至1，感觉到自己数数的节奏，头部有意识开始放松，并在心中暗念：头部开始放松。逐次到面部、颈部、胸部、腹部、双臂、双腿……逐步释放紧张。

☞ **分析衔接**

在面试前，为了尽量保持轻松愉快的心境，以一种兴奋的情绪投入到面试中去，也可以选一个合适地方，选一个自己喜欢的"平静"情境，深吸一口气，七秒钟后慢慢地呼出来，呼出时想"平静"二字和相应的情境，配合吸气时肌肉紧张到呼气时肌肉放松，持续7分钟左右。也可以运用暗示语：我已经充分准备了，我是经过训练的，他们一定比我还紧张，我一定能赢他们……

----

3. 训练方法

只要是训练有时间，就可以在训练前进行一次心理放松训练。参照分析衔接中的训练方式进行即可。

（二）自信心提高训练

1. 训练说明

自信是大学生在自己求职过程中对自身力量的一种确信，深信自己一定能实现所追求的目标。自信是一种信念，是发自内心的自我肯定与相信。面对今天竞争激烈的就业环境，我们每一个自信的表情、自信的手势、自信的言语都能真正在心理上培养起我们的自信心。自信心是一种积极、有效地表达自我价值、自我尊重、自我理解的意识特征和心理状态。

大学生求职面试时，心理具有不定性的特点，既受周围环境影响，也受以往习惯制约，甚至有时又受情绪影响。本来缺乏一种自信，觉得自己不行，一旦被一些话刺激，走到另一个极端，就变成一种狂妄、不服。缺乏实力的自负，经过短短时间，又悄悄回到自卑原点。

求职自信心训练的目的就是消除这样一种习惯，即经常脱口而出"我不会"、"我怕不行"、"我没经验"、"都在等待，我也只能随大家"等习惯。

2. 训练过程

自信心提高训练的过程如图7-10所示。

（1）讲授自信心在就业中的重要性，讲授每一个步骤的训练要求和方法。

（2）安排进行自我分析，争取消除求职面试中对自己影响最大的"消极性心理自卑想法"，有针对性地设计自我激励词。就业过程在某些方面的自卑心理是个人内心隐蔽的、长期存在的且经常起作用的，必须主动消除。

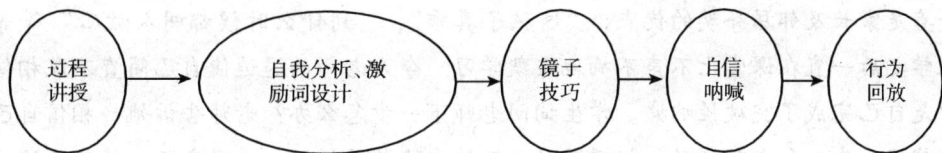

图 7 - 10　自信心提高训练过程

（3）用写好的激励词，在镜子前进行自我激励；然后到室外进行自信呐喊训练，并现场全程录制。

（4）将训练过程进行回放分析，使每个大学生能够看到自己的心理突破现实表现，达到提高求职自信心的效果。

3. 训练方法

（1）自我分析、激励词设计。先寻找影响求职的消极想法，如担心自己不行，形成一种消极的心理循环，如图 7 - 11 所示。

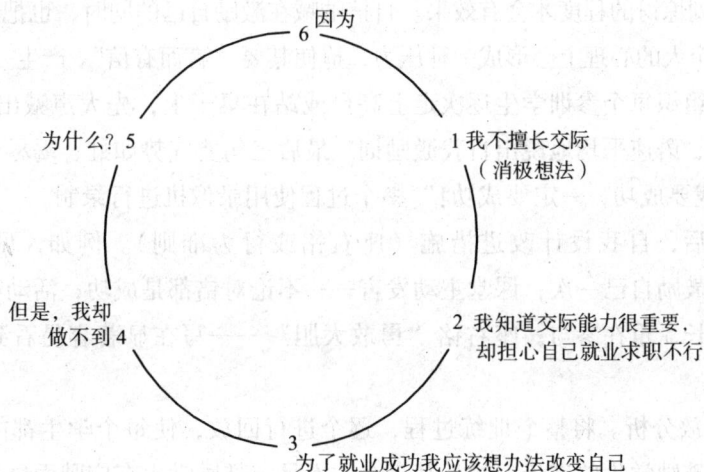

图 7 - 11　消极心理循环

这就是为什么消极想法一次次改变不了，原因就是心理上有这个消极心理循环。只要在 3 ~ 4 之间用激励词逼迫自己截断心理循环，就能起到消除消极想法的作用。

激励词可以这样设计，"我从前是误以为自己不善交际，其实只要我想改变，我就能让自己擅长人际交往。我会在就业应聘中有出色的表现，因为我是最好的，我要成功，我一定要成功！"

☞ **分析衔接**

在组织的应聘训练中，一名经贸外语专业十分内向的女生，站在高台上腿就开始哆嗦，语言还跟平常一样慢声细语。老师鼓励她大声呐喊，她辩解自己已经尽力了。老师强制她，必须大声呐喊，经过三次纠正，她终于喊出自我激励词。事后，这名女生给老师写了一封信，述说了今天训练简直自己都想不到最后能完成，因为自己慢声细语、沉默老实的行为表现，一直是家长及邻居夸奖的优点，"这孩子真乖"，"到什么时候都叫人放心"等等，所以，入学之后一直在课堂上不声不响地默默学习。今天老师的逼迫使自己简直不敢相信回放镜头中是自己完成了突破性呐喊。学生询问老师下一步怎么办？老师告诉她，相信自己能做得越来越好，先从和老师主动打招呼开始，锻炼自己敢于说话，学习交际。毕业时她应聘到一所学校做教师，她看到学生素质较差，工作难度大。老师问她，面对这样的学生该怎么办？她很轻松地说，严格管呗，没有别的办法。

（2）镜子技巧。此技巧要求每个学生在镜子面前，站稳站直，双眼炯炯有神，大声朗诵自我激励词，达到熟记程度。自我激励词设计原则：针对性——与自我消极性心理问题相吻合；有效性——实事求是围绕问题设计有效方法；简练——不宜过长，避免出现忘词的尴尬；口语化——朗朗上口，平仄押韵。

（3）自信呐喊。自信呐喊是迫使自己用最大的声音喊出激励自己的语言，这种呐喊要使自己事后都会感到惊讶的程度才会有效果。自信呐喊在激励自己的同时，也把监督权交给了周围所有的人，在个人的心理上会形成一种压力，迫使其要"言而有信"，产生一往无前的精神。

正确做法：组织每个参训学生逐次走上高台或站在桌子上，先大声喊出：我是×××，然后，声音洪亮、语速平均地说出自我激励词。最后三句要气势如虹、竭尽全力地呐喊出来"我是最好的，我要成功，一定要成功！"整个过程使用录像机进行录制。

自信呐喊之后，自我设计改进措施（座右铭或行为准则）。例如，见到老师主动说话——成功一次鼓励自己一次；课堂主动发言——不论对错都是成功；活动积极参加——无论是否爱好、擅长，重在参与；座右铭"勇敢大胆"——写在显著容易看到的地方，进行心理暗示。

（4）行为回放分析。将整个训练过程，逐个进行回放，使每个学生都能看到自己的表现，然后由老师鼓励学生的进步，纠正其存在的不足，鼓励学生在应聘面试过程中，坚信自己能够竞争取得成功。

（三）社会合作训练

1. 训练说明

据调查，目前大学生中自我为中心问题较为严重，缺乏与用人单位的合作精神。求职时张口就问"给我什么待遇"，工作不开心或有情绪就辞职离开，似乎将就业发展当做"我的事情我做主"。在当今社会里，生存与发展不再是个人的行为，专业能力固然重要，但任何能力的发挥都是处在复杂的社会环境中的，与他人合作才能得以完成。据美国的一份有关事业的报告分析，失业大军中的90%的人不是因为不具备工作所需要的技能，而是因为不能与同事、上司友好相处或者经常迟到造成的。德国职业教育把与人合作作为"关键能力"进行培养，足以说明与人合作精神直接制约着个人事业的成功发展。

缺乏合作精神会演变成缺乏诚信，自然难以获得信任，更难以获得用人单位提拔选用的机会，这是大学生职业生涯发展中危害不浅的毛病。作为独生子女的一代，自我意识极强，公众意识较差，自控能力较弱，奉献精神淡化，很大一批人难以适应复杂的生活环境，更需要加强与人合作精神方面的强化训练，教育他们融入社会，与人和谐相处，宽容接纳他人，提高心理素质，增强社会生存和发展的能力。

求职面试学习过程增加社会合作训练的意义在于防止大学生流露出与用人单位有心理隔膜的迹象，只有借助用人单位的职业平台，自己才有生存发展的可能，只有平等进行价值交换，精诚合作，才能获得双赢结果。

2. 训练过程

借助拓展训练中"背摔"的方法，组建训练团队，规定每个训练者将自己作为求职大学生，把配合训练的同伴作为自己求职的单位或合作团队。用这种心理暗示，考验大学生能否说服自己信任他人，寻求合作。社会合作训练过程如图7-12所示。

图7-12　社会合作训练过程

讲授过程重点指出，潜意识对他人怀疑可以改变，在保持彼此经常沟通、相互信赖情况下，当你发生危险时，好友会尽力救助你。

鼓励两个队伍之间进行竞赛，在团队精神感召和教学引导下，产生竞争意识后，各队会出色地完成训练。通过录像行为回放对比后，每个训练者会深深记住：信任他人是增强自身安全的需要，是团队协作的需要，是赢得别人信任的前提。在任何公司求职就业，没有对方的信任，就没有发展机会。

3. 训练方法

信任背摔是一项素质拓展训练的活动，目的是通过这个活动建立起彼此间的信任关系。

在就业求职面试之前，改良成设想本人是大学生与求职单位集体或一起奋斗的团队，克服潜意识中的迷信自己、怀疑他人的弱点。信任背摔的操作如图7-13所示。

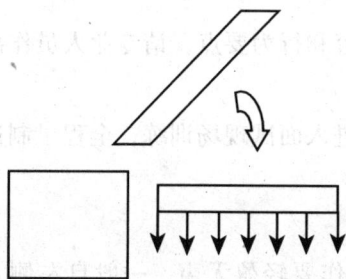

成功做法：直身后倒，体重平均分布，做到自我安全、队友安全

图7-13　信任背摔

（1）让参加训练者自愿找出关系融洽的十个人为一组，由教师讲解训练要求。

在1.6米高的台子上，每个训练者合起双臂抱于胸前，向后直倒。下面几位参加者用手接住，强调身体尽可能平直。这里考验人的潜意识中对他人的信任程度，依次换位进行。既要克服自己的心理障碍（理智上相信这种训练的安全性，潜意识却反映出要依靠自我保护、乱抓一气），又要培养相信别人是可以信赖的心态。

（2）针对个人不愿承认怀疑别人的心理，训练中采用摄像设备录像后进行回放。

（3）行为回放，进行教学总结。

理智上信任别人，不等于克服了潜意识中不信任他人。有的同学挺直身子摔下，不但安全而且接的人也相对轻松，反之弓腰、乱抓不仅暴露出潜意识中对人不信任，而且会对接的人造成困难与危害。真正的危险是来自内心的不信任他人，为什么别人不怀疑你怀疑？怀疑的后果对谁有好处？

（四）求职形象训练

1. 训练说明

人对来自外界信息的接收，70%来自眼睛。招聘单位的考官对每个求职面试者首先也是通过眼睛观察他们所提供的形象而形成"第一印象"。因此说，求职形象是一种无声推销自我的语言，非常有必要进行相应的训练。

求职面试形象需要借助礼仪训练方法，但又不是系统的礼仪训练内容。重点进行坐、站、走、表情、问候语、告别语等训练。争取用最快的时间掌握要点，寻找最适宜的机会进行展示。

2. 训练过程

求职形象训练过程如图7-14所示。

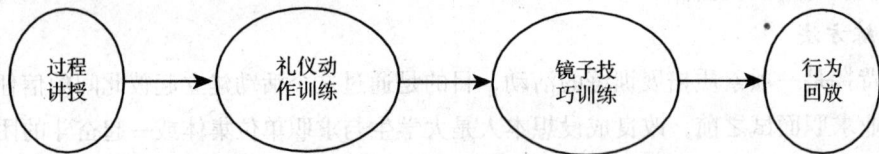

图7-14　求职形象训练过程

讲授重点在于使每个学生懂得需要掌握的训练内容和行为要点，请专业人员作出示范性动作，拍出录像适机再回放。

每个参训者自己在镜子面前训练，然后进行模拟进入面试现场训练，全程录制进行回放分析。

3. 训练方法

（1）练习坐。分为入座、坐姿、离座三步骤，动作要轻盈无声，一般自左侧入座，左侧离座。坐时头不要乱动，眼睛不要四处漫游。要点在于要在椅子后面留出三分之一的空间，挺直上身，双腿合拢，双手自然放在双腿上，表情放松，面对招聘者。（可在镜子面前自己找感觉）

（2）练习走。由于进入练习过程，加上平时各自走路习惯各异，参训者会有一种走路不自然的感觉。注意上身挺直、头正、挺胸、收腹、立腰。双目平视前方，双肩平稳，双臂前后自然摆动，手自然握紧。男士体现豪迈洒脱的阳刚之美，女士则体现轻捷、优雅、飘逸、娇巧的阴柔之美。如果感觉不适应，可以采取拿着一个文件夹的方式，练习走路会自然很多。

（3）练习站。在镜子前，按照身正、腰直、挺胸而收腹，双腿并双脚微分，双肩平直，双目平视的原则进行站姿训练。

（4）用摄像机拍摄之后，进行行为回放分析，帮助每个学生提高外在形象。

四、求职面试仿真情境训练

（一）求职仿真面试情境设计

场地：一间独立办公室，一张办公桌前放置一把椅子，一台摄像机。

人员：两名招聘者，应聘者依次进入。

　　　事先拟好测试问题。

时间：每人面试10分钟。

过程：从敲门进来开始，按照面试技巧进行模拟面试，全过程录像。五个人面试结束后，进行电视回放，寻找细节问题进行改正。

（二）求职仿真面试操作

按照"高标准、严要求"的原则，每个学生按照要求依次从屋外敲门进入面试现场。为了使学生能进入状态，尽可能在场景上适当进行设计。本书案例中的场景是吉林工业职业技术学院商学院，利用校企合作关系，公司在学校设立的办公室中进行面试（见图7－15）。学生准备好求职材料，着职业装，参照前期心理素质训练、形象训练和应聘技巧的学习，认真严肃地参与了面试训练。

（三）求职仿真面试回放分析

1. 看似简单却最为关键

传统教育方法往往是老师用语言对学习过程作总结，学生也习惯标准答案在老师这里，于是，听着有道理，却记忆不住，感受不深。

行为回放分析法看似简单，但是可以使学生从传统的被动角色变为主动研究自己的角色。自己看到自己的真实行为，自己寻找到自己的优、缺点，自己评价自己。面试训练关键在于后处理阶段，而行为回放能调动学生自己的主观能动性，学生会记忆深刻，懂得今后如何做得更精彩。

2. 指导老师使命感更强烈

有些校园的训练带有自娱自乐性质，即使寓教于乐也仅仅是停留在懂得道理的层次上。而应聘面试训练必须对学生真实就业应聘能力负责，在每一个环节都要始终以社会应聘面试效果为目标，尤其是行为回放分析，要现场对每个学生的表现即时性给予正确的评价。由于应聘训练要求老师的考验高于学生，知识面要宽，准备要充分，通过记录学生的求职信、简历，对专业工作要有所了解，否则，失真现象就不是学生的原因。

在校企合作的公司驻学校办公室仿真面试，摄像机全程拍摄

参加学生依次进行面试，回答指导教师的提问

五名大学生完成面试后，进行行为回放分析，指导教师在视频上进行分析指导

图 7－15　仿真面试情境

　　因此，要求指导老师必须有强烈的使命感。要保证学生训练质量，自己必须先完全进入招聘者的角色，并且有招聘者应有的发问知识面和针对不同个性特征的学生有针对性发问，并且懂得灵活应变技巧。

👉 分析衔接

　　在实际训练过程中，很多大学生明明知道这是一个仿真训练，依然十分紧张。很多同学看到自己的行为回放，更是惊讶不已。

　　在回答问题时，有在语言上前后矛盾、说错话、答非所问、依然犯学习过程已经深知不该采取的错误回答。这说明应聘能力不因一次学习懂得道理就一劳永逸，只有多加训练才能深刻认识自己的失误。

　　在行为动作方面，事先多次提示自己的习惯性小动作依然流露出来，不知不觉地出现手脚抖动、皱眉等等，都使参训学生深感简直经历了一次考验，没有亲眼所见，不会相信自己现场所为。

　　综上所述，仿真面试实训是一种提高大学生正确认识自己、增加面试现场行为细节的优化，提高应聘能力的有效方法。

（四）求职现场考核

面试应聘训练在校园内的结束，也是真正检验每个大学生真实的就业应聘能力的开始。

为了提高求职面试应聘的有效性，必须安排学生到人才市场真实应聘一次，并将其表现作为检验每个大学生应聘能力的成绩的一部分。这样的考核方式使大学生感到从未有过的压力，也产生了从未有过的兴奋。

求职现场考核采取由大学生自己按照人才市场真实招聘工作岗位，确定求职单位目标，初试后准备求职文件，参加公司面试，争取求职成功，并将信息反馈给学校。

👉 **分析衔接**

参训的大学生经历社会人才市场的求职应聘后会出现各种感受，因此，指导老师还需要进行反馈信息的说明。

一些学生反馈，真正的人才市场求职面试感觉没有校内训练严格，因此，面试时没有感到紧张。这种感觉要从两方面解释：一是因为经历了严格的校内实训，在社会应聘时有了一定的经验基础，说明校内训练越严格越实用；二是所经历的社会就业，可能招聘岗位层次不需要严格的、较高层次的面试内容，而校内训练不能以用人单位较低岗位需求为训练标准。

也有的学生反馈，在应聘现场真的遇到训练学习和操作过程中遇到的事例，有的公司经理在初试时，真的在房间外面观察所有的应聘者。这种反馈老师要再次强调，真正的应聘不是进入面试现场才开始，在面试之前，自己的行为就可能是被开始考察，一定要注意自己今后在应聘现场的言谈举止。

还有的学生反馈，准备得很充分，甚至估计了训练中可能出现各种特殊突发事件来考核自己，但是没有出现，认为白准备了。这种感觉要不得，暴露出年轻人一种想当然的习惯。这种感觉要从严要求学生注意，应聘者永远接受招聘者的考核，永远不知道招聘者的问题所在，即使备而不用也要坚持有备无患。如果自己准备得非常充分，应该肯定自己在应聘能力方面有些成熟，甚至强于其他竞争者，不要误以为可以忘乎所以。

最后还有的学生反馈，经历社会应聘后深深感到校内实训的必要，观察其他应聘者，流露出一些我们校内训练前的一些幼稚行为，我们训练过感到很幸运。这种感觉一方面要肯定校内训练的重要性；另一方面要鼓励学生继续努力，未来的应聘市场不会简单地重复以前的案例，只有不断学习才能保证自己的优势。

【课内练习】

模仿给定的消极循环图，自我设定本人的最大的消极性心理问题，作如下练习。

因为
6

1 我没经验

为什么? 5

2 今天肯定
竞争激烈

（犹豫半天）4
我不能参加

3 按理说我应该参加

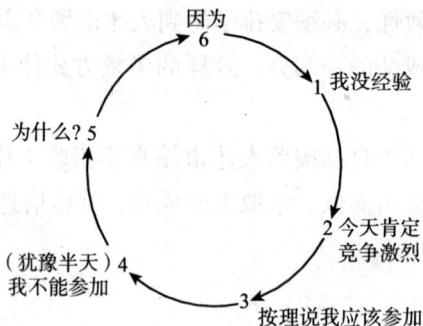

问题1： 画出个人的消极循环图。

_____

_____

_____

问题2： 有针对性地设计自我激励词。

_____

_____

_____

_____

_____

【案例分析】

在就业应聘训练中，培训老师询问学生：假如你的领导与下属发生矛盾，责任在领导，因为他把你转告的事情给忘了。在双方僵持情况下，你作为领导身边的工作人员，该怎么办？

学生中的答案或是请双方坐下对话，或是自己可以出面劝下属和领导，领导向下属解释就行了，甚至有的学生说领导可以认个错，相信矛盾就能解决了。老师的看法是：你应该承担责任，说是你的失误，忘记向领导汇报了，学生对此有些迷惑。

问题1： 你认为应采取哪种方式？为什么？

_____

_____

问题2： 你还有哪些更好的方法？

_____

_____

复习思考题

1. 面试分析包括哪些细化内容？
2. 应聘细节策划程序分为哪几个方面？
3. 面试行为细节策划分为哪几个方面？
4. 简述求职面试仿真训练的原则。
5. 简述求职面试仿真训练的方法。
6. 简述求职心理形象训练的作用。
7. 简述求职面试仿真训练回放分析的作用。

第八章 就业准备阶段策划

第一节 就业准备期概述

一、就业准备期分析

（一）就业准备期概念、研究意义

1. 就业准备期的含义

准备期顾名思义是正式操作某件事之前的一段时间。

就业准备期是指就业之前，针对如何能够顺利就业所做的各种预先安排、筹划和操作的阶段过程。

就业准备期的目的是就业之前安排一段时间做预先准备，以免临时手忙脚乱，或者拿出时间和精力周密、合理策划，以免决策失误，或者作出分步骤适应社会、分阶段熟悉专业工作的打算，以免仓促上阵，或者在一定时空中，借助一种形式仿真就业，以检验自己更适合做什么等等。

2. 就业准备期的研究意义

设定就业准备期有未雨绸缪之意，也有减少就业曲折之用。

毛泽东在其著作《目前形势和我们的任务》中阐述了一个道理："不打无准备之仗，不打无把握之仗。"做任何事情，如果坚持这个道理，将无往而不胜。

就业关乎大学生能否顺利生存和发展，因此研究就业准备期可以为大学生顺利就业提供

参考。

近年来，就业速成的意识在高校中迅速蔓延并愈演愈烈，导致大学生头脑发热、盲目乱闯，增加了就业挫折的几率。就业准备期可以使教育者和大学生一起冷静思考，探索出循序渐进地进入社会就业之路。

高校有组织地研究、安排就业准备期，应和了俗语中的"磨刀不误砍柴工"的道理，对解决目前大学生急于求成导致的诸多就业行为先天不足现象很有帮助。

就业如何准备没有严格的标准，但有一般性的认同性规范。就业心态准备应放在首位，其次是利用有限的时空，学习工作岗位需要的技能、经验，最后是就业意志培养问题。很多大学生在进入社会前，缺乏脚踏实地做事的精神，停留在一次次地表面性尝试，虽发出一个个的感慨，却对成功就业帮助不大，甚至起到反作用。

（二）目前就业前大学生现象

1. 就业异化现象

异化在哲学上是指主体发展到了一定阶段，分裂出自己的对立面，变为了外在的异己的力量。就业本来是帮助学生从课堂进入工作岗位，帮助用人单位解决人力资源需求，如果就业过程出现与这两个目标相悖的行为，就业就会发生异化现象，导致学生不能顺利生存和发展，用人单位产生误解和不满的后果。

👉 **分析链接**

据 2010 年南方都市报报道：大学生出现"被要求就业"现象，即学校要求没就业的毕业生自己随便找个公章，盖在就业协议书上证明自己就业。现在，"被要求就业"已经升级为"被就业"，应届毕业生们纷纷讲述自己"被就业"的经历——在自己完全不知情的情况下就已经"就业"了，就业协议书上赫然是一个从没听说过的公司名称和该公司的公章。

据报道，截至 7 月 1 日统计，2010 年"已落实去向"的高校毕业生比去年同期就业人数增加 44 万人，高校毕业生就业率达到 68%。如果"被就业"现象存在的话，不仅目前的就业率要缩水，而且高就业率会成为社会怀疑"诚信度"的话题。

教育界面对大学生就业难现状从未无动于衷，开展就业教育活动，开设就业指导培训，组织就业洽谈会，与企业携手搭建就业平台等等，都是各高校为解决就业难所做的努力。但是，在"提前推荐就业"成为各个学校认定改变就业难的手段的时候，也会出现事与愿违的结果。

2. 认识模糊现象

大学生进入就业准备期，所遇到的麻烦不是岗位不足而是"机会过剩"。所谓的机会过剩，是指摆在大学生面前的是做什么都有成功的案例，犹如面前有各种食物，什么都想吃，结果不知道吃什么好。就业准备期机会过剩是一种假象，很多大学生开始寻找到个人觉得理想的工作，工作一段时间后觉得总是看不到发展前景，其根本原因是很多大学生视乎感觉实践好像都接触到了，又都停留在一知半解层面上。理论机会化作个人的现实机会，需要一个艰难曲折的过程，而认识模糊往往在这个艰难曲折过程中更加迷茫，会出现认识模糊、遇挫动摇、三心二意、虎头蛇尾等现象。

3. 行为盲目现象

所谓的行为盲目，就是在相关就业行为中表现出的无见识、无目的特征。随意选择，盲目跟潮，不加分析，盲目听信；急于求成，盲进盲出。一个营销专业女生刚进入实习阶段，就因为不随心的理由，盲目听从男朋友的召唤，去一个社区医院去做护士，连护士需要相关资格的常识都不懂，如何能坚持？

急于求成、急不可耐是青年人的一个特征，如果表现在就业准备阶段，往往事与愿违。不知道为什么选择，不清楚选择后的结果，在大学生临近毕业阶段表现非常突出。自古"快"字，多用于褒义，速度大、灵敏、锋利、爽利、高兴等，但是在很多地方就业应聘会出现拥挤不堪的"抢购式"，此"快"毫无意义。会开枪不等于会打仗，急于冲锋不见得成功。

4. 实习物化现象

就业准备期需要打工，因为只有真实的工作岗位才能掌握工作技能、增加工作经验、增强社会能力。然而，打工不等于是就业准备，用打工替代就业准备是一个认识误区，因为打工往往以收入作为选择的依据，而就业准备需要借助真实的打工过程，正确的做法是理智地选择打工方向、形式，设计出合理方案，克服种种挫折，不断坚持，系统地对过程进行总结，其关键在于总结。而将打工等同于实习是将实习物化，脱离了就业准备的内涵。

☞ 分析衔接

一个在上学期间能够在淘宝网上经营网店的高职生，在实习之前，老师提示他应该去一个有产品生产的公司实习，掌握工作技能、锻炼意志、学会交际的同时，未来还可以利用淘宝网的技术，做公司产品，可以为自己开发自己喜欢的工作岗位。高职生开始认为很合理，由于在实习前该学生是在一个名牌代理商的公司兼职，得知名牌产品进入旺季，可以挣些现钱，于是放弃了老师给的建议。该学生就是被社会一些"平民百姓就是多挣些现钱"的意识误导，将就业前准备的实习物化为"多挣钱"的行动。

实习需要打工，打工不等于实习。实习需要报酬，高报酬不等于实习。高职培养目标需要一线工作技能，所以借助打工形式。如果完全与打工理念相同，将挣钱放在第一位，培养的则是一个优秀的打工仔，绝不会是合格的高职毕业生。很多大学生上当被骗，甚至被误导进入"传销队伍"，无不与追求金钱第一紧密相关。

二、就业前综合准备

（一）就业前心态准备

就业前心态一般是指大学生对即将面临的工作本身、周围环境的各种事物与各种关系，所持有的观点和行为取向的原则。每个大学生都无法准确估计会遇到什么人群、什么困难，无法准确将解决问题的妙计熟记心中。保持良好的十种心态（十心），就是掌握了如何做事的原则。

1. 安心

安心即心情安定。严格地讲，社会没有完全符合理想的工作岗位与环境，面临的求职目标与预先期望大相径庭也不奇怪。大学生羡慕沃尔玛的事业辉煌，更要知道其创始人沃尔顿，大学毕业后最初也是一个小镇连锁店的打工仔，十几年后才开设自己的商店。

2. 诚心

诚心即真心诚意。目前的用人单位对当代大学生抱有缺乏诚心的成见，不是空穴来风。用人单位不论规模大小，都有重要岗位，犹如"家有房屋千万间，睡觉只是三尺宽"的道理一样，即使进入跨国公司，你的工作也只能从事其中一个岗位。因此，无论去什么公司，在什么岗位任职，首先考验指标是诚心做事，并把诚心工作作为提高人格魅力来加以认识。

3. 信心

就业信心是对于尚未见到工作岗位的信念和凭据，它包括相信自我和敢于将自己完全委托他人两个层面，前者通常称之为自信，后者通常称之为信任。

初次面临工作，大学生心理既兴奋又紧张，兴奋的是要开始新的生活，紧张的是怕做不好工作。因此，工作之前要树立信心，相信自己一定能干好。不要把自己与老员工对比论成败。

目前的大学生迷恋"天将降大任于斯人也"的较多，不屑于做好小事、琐事。有信心地工作，应该在小事、琐事上做得精益求精，赢得大家的认同。

4. 耐心

耐心即不急躁，不厌烦、有耐性。大学生身上普遍存在着一些具有双重性的特点。例如，热情来得快，恨不得最短时间作出成果，这一特点的另一面就是热情消失得也快，工作急躁，做不好就泄气。例如，大学生求新意识强，愿意接受新事物，这一特点的另一面就是，简单的工作或重复的工作，就觉得缺乏乐趣，产生厌烦情绪。

5. 恒心

恒心即坚持达到目的或执行某项计划所具备的持之以恒的决心。大学生即将进入陌生的社会环境，一旦缺乏恒心，进入工作状态往往会"常常立志常无志"。

目前大学生就业很少与事先理想期望相吻合，最容易让初涉社会的青年产生退意，因此，培养工作恒心是事业取得成功不可缺少的一环。

6. 热心

热心即所谓的热心肠，热忱；干什么就爱什么，对工作有兴趣，肯尽力。

在任何单位，不论领导还是同事，最初都用一种审视的目光观察新进入的大学生，如果工作辛苦，事情琐碎，一旦表现出冷淡态度，就会引起议论或反感。

工作有热情、有兴趣，也体现在尽全力做好细小问题方面，这对培养认真、细致的工作习惯非常有用。

7. 虚心

虚心即所谓的谦虚，不自满、不自大，不自以为是，能够接受别人意见。

"三人行，必有我师焉。"即使你是名牌大学优秀毕业生，公司中的普遍工作者，文化水平可能相对较低，但不意味着不可作为个人的老师。事实上，知识本来就分为书本知识和社会知识，书本知识也是来自社会的过去经验总结，人的智力因素大部分是靠社会知识来提高。因此，每个人都可以有别人不具备的好经验、好方法。虚心工作、认真求教对当今大学生非常必要。一些大学生表面似乎"怀才不遇"，却连普通事情都做不好。

8. 清心

清心即心神宁静、快乐自处。古人养生注重内心的宁静与和谐，同时强调个人与自然、社会、他人要保持和谐的关系。

大学生做任何工作都会产生矛盾，包括与社会环境、周围人际之间，不论矛盾是否能尽快解决，始终保持工作清心最为重要。大学生易冲动，对一些环境刺激心理承受能力较差，情绪化行为较多，不计后果的行为选择经常出现，因此，培养工作清心相对较难。

9. 雄心

雄心即理想和抱负，壮志宏愿。大学生工作雄心与好高骛远有本质区别，工作雄心是在对客观环境条件分析、融合基础上，为自己未来设定的奋斗目标所确定的主观志向。好高骛远则是对自己的能力没有客观分析之前，主观上所产生的不切实际的追求。大学生进入社会会有极端动摇性的表现，开始好高骛远，脱离实际，盲目追求。遇到挫折会走到另一个极端，失去奋斗雄心，消极颓废。无论哪种极端心态都是就业成就事业的弊端。

10. 苦心

苦心即做事费尽心思、苦心经营。如果想不比别人多辛苦，就不要奢望能比别人多收获。很多工作困难是经常性的，甚至经常会出现"山重水复疑无路"的状态，因此，绞尽脑汁、费尽心思才能寻找出合理方案。任何事业发展都会经历艰难曲折，只有苦心经营才能取得成功。

（二）就业前学习准备

1. 克服认识误区

大学生学业结束等待就业，往往产生一种心理暗示，即"学习任务告一段落，就业开始做事"。于是，进入一个要全身心忙碌求职的认识误区，其实毕业不是学习结束，相反学习的内容增加了很多，甚至有些学习内容是迫切需要的，是没人教的。

2. 明确学习任务

（1）学习就业规律。就业过程不是单方面的为所欲为，而是双方相互认可的交换。就业目标不是一步到位，而是有着各自不同的曲折发展。就业规律制约着每个人的就业发展每个环节，因此，抓紧学习就业规律，学会服从客观环境，防止出现想当然。

（2）学习社会能力。社会能力培养的课程一般学校不专门开设，因此导致大学生适应社会、团队协作等方面的能力较弱，而社会能力往往在就业时先于专业能力发挥着作用。因此，要主动学习并掌握必要的社会能力。

（3）学习工作规则。任何工作不是原理性的固定模式，每一项工作都有其特殊的可操作性运作规则，懂得工作原理需要掌握"会做"的本领，想要做得出色则需要超众的技巧。这个发展变化过程需要一步步学习，在就业准备阶段，应该采取各种方法尽可能地了解所要求职的工作岗位规则，做到有备无患。

（4）学习行为设计。大学生有在自己熟悉的学习环境养成的行为习惯，有些习惯可以发扬光大，有些习惯可能不适应社会就业环境。因此，大学生要对自己的言谈举止进行研究设计，争取给招聘单位以最佳的第一印象。

（5）学习挫折防卫。在一些教育者和大学生的心中，认为学校环境是属于社会环境的一部分，似乎每天出校门就是接触社会。加上学生兼职过程，网络又使世界变小，能了解很多天下事，以为社会与校园在空间上不存在太大的差异。其实学校的环境不是宏观环境的缩小，而是一种"失真的环境"，俗称"象牙塔"环境。在这个环境里，过去是学生接受经过老师"二次加工"后的对客观世界的认识，回避了消极阴暗面对学生的影响，形成了单纯、片面的世界观；现在是大学生自发、无序地接受各种社会信息，度过的是半失控状态下的人生价值观形成阶段。

☞ **分析衔接**

理论上的知识学习相当于在一定的静止、抽象的条件下分析问题，给予了爱心的态度、耐心的帮助、失误后谅解的关怀，省略了社会独自生存的生活本领的掌握。相当于社会是大海，校园是静水。在静水中学会划船（掌握必要的专业能力和方法），虽然也知道大海里有波涛和风暴的危险等等，进入大海后大学生依然会在技术上难以操作，因为不适应动态环境，缺乏应对多变、及时调整的能力；社会又是由复杂心理状态下的人群组成的，有友善也有恶意，有帮助也有破坏，有合作也有竞争，面对缺少热情接待和主动指导，无法回避竞争、排斥态度，挫折随时不期而遇，学会心理防卫非常重要。

（6）学习理解不公平。同样的事情发生在新老员工身上，出现了不同的态度，在很多大学生眼中非常气愤这种不公平。公平与平均不是一回事，资源的有限性、人际的亲疏性决定了有些不公平要长期存在。其实在就业中的"马太效应"经常出现。

☞ **分析衔接**

所谓的马太效应，是指好的越好，坏的越坏，多的越多，少的越少的一种现象。就业发

展机会不是平均施加给每个学校、每个大学生的，名牌大学的优势专业会有用人单位主动去招聘，同是一个文化层次，专业却成了没有社会工作岗位的尴尬专业。有人被猎头公司主动安排发展目标，有人奔波难求一职。学会理解不公平，就是要承认在我们没有能力改变这些现象之前，抱怨是最不可取的。只有冷静对待，只有快速地改变并提高自己，只有必要的忍受让对方接受自己。不是不该讲道理，而是道理都在每个人心中，现象依然发生。

3. 懂得学习方法

（1）主动性学习。不要将课堂上绝对服从教学安排去学习的习惯带到就业中，社会除了公司安排的强制性学习内容外，真正能使自己能力区别于他人的学习，只能是自己主动性学习。实现主动性学习，不是拿出更多的集中时间，而是随机注意、甚至睡不着觉也思考问题。主动性学习与校园内考试制约下的强制学习截然不同，它是将学习的任务装在心里，随时学习。

（2）独立性学习。从众是大学生就业中表现较多的行为特征，甚至求职也期望有伙伴，自然学习也表现出愿意"跟风"。独立性是就业必备的特征，不要寄托于他人的关照，不要取决于他人的强制，不要受制于他人的理解，只要是有利于自我设计好的职业发展过程，就应独立于他人去选择性学习。

（3）针对性学习。世界上没有无用的知识，如果认识到知识的有用性即是学习的内容，则一辈子学不完。为了工作能够更加出色，针对工作岗位需要而学习，学会对知识的取舍是很关键的。

（4）强制性学习。时间永远是紧张的，欲望永远是出新的，经常会出现"想学而未学"的现象和现象之后的一次次"时间不够"的解释。强制自己学习并做好雷打不动的学习计划，是就业前获得有帮助的能力的前提。

（三）就业前意志准备

1. 就业意志内涵

就业意志是指大学生自觉地树立就业目标，并根据目标支配自己的行动，克服困难，从而达到预定目的的心理过程。

就业行为过程犹如"凤凰涅槃"，许多有就业经历的大学生回首应聘就业过程，都会对此深有感触。因此，就业行为离开意志无法成功。整个就业过程都需要意志力，只是工作准备期的意志准备更为重要。

2. 就业意志准备内容

（1）战胜心理惰性。惰性是指无法按照自己的愿望进行活动的一种精神状态。由于大学生很长时间是在生活上处于"养尊处优"状态，好学生把绝大部分精力放在学校规定的学习上，差学生把很大精力浪费在网吧、恋爱等消磨时光上。有些事情已不习惯做，活动反应迟钝。大学生从道理上都知道，参加工作要勤奋，工作要细心，但在实际行动中或者反应不及时，或者产生失误后才明白，经常会陷入自责的"感情折磨"中。

（2）克服坏习惯。大学生也会沾染一些坏习惯，如贪睡、好玩、讲究吃穿等。进入工作单位会因小而失大，引起别人的反感，就业意志力的作用之一就是可以帮助大学生提前下决心克服坏习惯，避免招聘单位产生对自己的误解。

（3）抵制不良诱惑。大学生属于智商高的群体，但并不是意味着不会上当受骗，过去曾有大学生让不识字妇女拐卖成为农民之妻，今天又有不少大学生被拉入"传销"队伍而难以自拔，其根本原因在于潜意识里存在着片面追求、巧取利益之心，被人所诱惑。就业过程中也会被一些不良诱惑所吸引，本来设计好的就业过程，突然出来令人垂涎的"机会"，头脑发热以为天上掉下来馅饼，最终吃亏上当。

☞ 分析衔接

一位高职毕业生被一家公司聘为业务员，派到一个省的某地区，工作很卖力，而且初见成效。其他地区老业务员出于不良目的，唆使大学生向公司提出发一车货，借机向一个销售兴旺地区"冲货"。因为公司对老业务员管理很严格且有所防范，老业务员无法成其事，公司却忽视了新业务员会参与这种违反竞争规则、影响正常销售的行为。大学生之所以上当，一是碍于面子，倡导者是原来曾教过自己技能的师傅，二是听说以前有人这样做过能挣到"外快"，结果私欲膨胀、头脑发热上了老员工的当。公司发现后开除了他，而老业务员早就携款不知所踪了。

对于大学生初次工作，千万要抵制不良诱惑，意志一定要坚强，按照理性设计的就业程序不动摇。

（4）克服绝望情绪。大学生的生活和情绪都处在比较动荡的时期，强烈而不稳定，甚至很小困难都会使其灰心丧气，意志消沉。大一点的困难经过主观情绪加以放大后，甚至会产生轻生的念头，过去就业前轻生的大学生并不罕见。所以，当今大学生应该加强就业前意志力的培养。

【课内练习】

在询问一些大学就业部门负责人提前就业的原因时，回答是用人单位有限，只有早毕业才能帮助学生抓住机会。美其名曰："晚组织就业自己的学生吃亏呀！"

【行为导航】

1. 从表面现象看，这种观点不无道理。从本质上看，这样做不仅无助于解决"就业难"，而且是"顾此失彼"的举措。这是一个非常浅的道理，所有学校都提前让大学生就业，其结果与全部正常就业的就业率是相同的，不会因为提前就业，社会就业机会就绝对地增加。网上经常会报导某地招聘会人群拥挤，大有商场有物美价廉商品只有第一时间抢购才能成功之势。这种现象就是就业认识异化导致大学生行为异化的表现，误导了对就业准备的正确认知。

问题：谈一下你对提前就业的理解。

_____

_____

_____

2. 提前就业对完成学业有直接影响。

耽误了关键的专业课学习和正常的毕业环节，难以合理地高质量地完成毕业课题与论文。计划分配时期，毕业前的一学年是决定大学生专业能力水平最关键的一年，重要的专业课知识的学习，目标明确的专业研究课题，适合毕业实践的专业对口的实习空间，理论与实践相融合的论文项目，一方面理论能升华，另一方面掌握了一定的实践技能，也可以为就业打下基础。相反，如今重要专业课没学完，让大学生提前找工作并服从单位严格的制度约束，人际关系需要融洽，工作技能需要学习熟练，激烈竞争需要适应，各种挫折需要应对，实践与理论相结合的研究课题机会无从提供和难以得到支持，同时又要高标准按时完成毕业环节的论文，相当于让学生同时追几只兔子，没有老师亲自带队现场指导，这是几乎不可能正常完成的任务。虽然学校布置论文的要求依然严格，模版要求依然认真，但是，细节有时决定事物性质，多数学生不得不从网上下载论文，剪切再组合，花钱买、花钱代笔"假戏真做"已是家常便饭，老师除了对公开答辩学生严格要求，面对多数论文也只能"守株待兔"地"假账真算"，追求格式、文字、结构符合要求罢了。

问题：你了解的提前就业的学生信息有哪些？

_____

_____

3. 在没有完成重要专业课的基础上，缺乏时间充足、目标具体、空间适合的实习环境里，学生盲目进入社会就业，就业成功率低，流失率高，挫折感增大，茫然性增强。如果真像权威部门统计的那样，一年内就业流失率高达70%，只能说明是误将"离校率"等同于"就业率"。大学学习有其规律性，不是人才装配线、可以快马加鞭速成的。

问题：你认为让自己去独立完成毕业实践过程，会有哪些弊端？

_____

_____

_____

第二节　就业前实习

一、就业前实习概述

（一）就业前实习的理解

1. 就业前实习的含义

实习顾名思义就是在实践中学习。

就业前实习一般是指大学生在即将工作前的一段专门组织的实践培训阶段，把已学到的理论知识通过在实际岗位工作中加以应用，以检验、锻炼工作能力。校园环境里成长的高职学生，有知识优势又有经验的空白；有需要员工扶持下的现场操作又有超越员工的技能型人才未来培养目标。

因此，顶岗实习是一项较为复杂、容易使学生误解、对学生职业生涯规划与发展影响很大的一个实践过程。

以往大学生毕业前属于专业实习和课题研究过程，将理论升华完成毕业论文，其特征以专业知识应用分析为主。目前多采取提前离校就业的方式，因此，目前的就业前实习相对更有针对性，其特征是以直接衔接就业工作的选择为主。

2. 就业前实习的认识误区

误区之一：实习是学生根据自己就业需要安排的事。

实习的确衔接就业，但是实习不是学生自己的事，实习阶段需要将理论与实践相结合，从肃静的教室学习到复杂的社会实践，学生非常不适应。将实习作为学生自己的任务，本身是教育者将自己的任务、责任推卸给学生。

误区之二：实习是将学生交给公司进行实践锻炼的事。

公司接受学生实习，仅仅是给学生提供实践的平台，公司无法理解或按照教育思想、方法去具体管理学生。同时，锻炼这个词带有浓厚的盲目性，没有量化指标。而真实的实习应该是有计划、有步骤、有组织、有目标分解的教学环节的一部分。

误区之三：实习是提前就业的尝试。

提前就业是一个误区，实习既是对理论的验证、使用，也是对做事做人综合锻炼的总结。而就业则往往将自己的角色定位为打工，容易误导学生急功近利。

3. 就业前实习的作用

就业前实习的作用是验证自己的职业抉择，了解目标工作内容，学习企业工作标准，找到自身与职业的差距等。

（1）验证自己的职业抉择。大学生就业前实习相当于"以身试水"，用实际工作检验自己是否真正喜欢且适应这个职业，以便于及时地纠正和确定自己的职业发展轨迹。

（2）了解目标工作内容。掌握工作核心内容、核心能力、社会能力、工作环境与人脉关系，观察了解员工工作技巧等。

（3）学习企业工作标准。了解企业及业内对每项工作内容所要求的流程和标准，以及工作岗位制度等。

（4）找到自身与职业的差距。实习更要明确自己与岗位的差距，以及自己与职业理想的差距，为向职场人士转变做好心理准备，并在实习结束时制订详细可行的就业计划。

（二）就业前实习内容

1. 知识转化为能力

理论知识需要通过课堂讲授获得，但知识变化成方法使用，需要在真实环境中实践。还有很多生活中非常需要的能力只能在实践中感受、自悟。书本可以网罗天下所有的成功精华，学校的训练却不可能使学生掌握所有未来的工作技能。一个人可以一天先后顺序、适当取舍学习各种理论，但是工作技能操作只有先在某一个方面学会，掌握其中的技巧，然后靠自己的思维创新能力，举一反三、触类旁通，自我创造并发展自己成的工作能力。

2. 心态调整、意志力培养

心态调整主要是明确自己的角色，意志力培养主要是绝大多数学生肯定不适应实习环境，需要坚持。

实习过程首先是作为学生角色的学习过程，又是进入工作岗位直接操作真正业务的过程。作为学习既是一个辛苦过程，又是一个创新过程，还是一个自我醒悟的过程。在进入公司时很多技能几乎不懂如何变化为会做并且灵活应用，必须付出努力、不存侥幸的辛苦之后才能成功，任何犹豫、胆怯、退缩、懒惰都会导致半途而废。为什么又是一个创新过程？因为掌握了规范性的东西只能实现工作效果一般化，只有融合提炼，有创新意识，避免盲目跟随，才能超出别人的业绩。为什么还是一个自我醒悟的过程？因为实习是进入社会的前奏曲，社会上做事必做人，做人一方面与社会相融，一方面符合自己的个性。

实习过程又是以一个正式员工角色尝试工作的过程，因为占据一个工作岗位，行为要求必须与其他员工无异。大学生不仅与正式员工做一样的工作，甚至因为没有经验所付出的汗水、所遭受的挫折多于正式员工，也不一定获得同样报酬。

3. 人际交往、改变不良习惯

社会是由复杂心理状态下的人群组成的，有友善也有恶意，有帮助也有破坏，有合作也有竞争，与人交往是在社会立足的先决条件之一。

学生有很多习惯性行为，在校园里可以被认可、原谅，或者忽略不计，或者耐心教育给予改正机会。但是同样的习惯性行为，社会上的态度却相反，反感、误解或影响对学生的使用，或直接简单地予以处罚。

学生实习过程最容易出现的习惯性行为有以下几种。

（1）粗心溜号、期待别人提醒。一旦出事第一反应是"我不知道"，第一借口是"没人告诉我"，第一期待是"重新再给一次机会"等等。

（2）牢骚抱怨、抗挫折较差。在学校无论什么学生，老师必须一视同仁，对"不会"不仅不能歧视，还要付出加倍心血予以帮助。社会则存在"马太效应"，贯彻择优使用人员，优胜劣汰是自然法则。因此，大学生牢骚满腹，将不同方面的优点进行"集合"，对比挑剔所在公司的毛病，对自己遇到的挫折进行"放大"，抱怨对自己不公平。

（3）懒惰习气、生活不能自理。多年埋头学习可以放弃生活琐事自我管理，于是床铺不整，衣物乱扔。学习工作做一个放一个，不会挤时间。花销无计划，借钱度日也要保持满意消费等习惯，这些都可能会带到实习公司，引起公司不满。

4. 适应环境成为"社会人"

校园环境是将复杂多变的真实环境，净化成幽雅、纯洁的学习环境，回避了消极阴暗面情况下让学生进行学习。教给学生的是在一定的静止、抽象的条件下分析问题的内容，划定了范围后靠记忆获取考核成绩，给予了爱心的态度、耐心的帮助、失误后的谅解等让学生舒适的人际关怀，省略了社会独自生存的生活本领的掌握，仅仅知道就业有艰难，却不知道艰难的感受和克服方法。实习可以感受到：社会缺少热情接待，心理上非常紧张；风险不知如何回避；竞争、排斥态度无法接受；失误会受到斥责和惩罚等。大学生不要期盼环境如何满足自己，只能通过实习将自己从学生转换成社会人。

（三）就业前实习分类

1. 按照实习规模划分，有学校组织的实习和自发组织的实习

（1）学校组织的实习。这是由学校统一联系实习单位，统一管理，教师跟踪指导的实习。此类实习安全性较好，便于控制，能够统一实习题目，及时给予指导，定期进行理论辅导。

（2）自发组织的实习。基本是个人为单位或极少数人结合在一起，自己联系实习单位所进行的实习。此类实习需要有高度的自我控制能力，遇到困难挫折能自我调整的能力，在框架内自我选题、提高实习认识总结的能力。此类实习的缺点是没有老师具体指导，容易发生动摇性而见异思迁。

2. 按照实习时间划分，有短时间快速转入就业的实习和较长时间按照计划完成毕业环节的实习

（1）短时间快速转入就业的实习。此类实习目前在高职院校较为流行，走入社会熟悉公司岗位工作之后，办理提前离校手续，进入工作岗位就业。有尽快就业走入社会的优势，也有对社会、对个人个性、工作特征认识肤浅的劣势。

（2）较长时间按照计划完成毕业环节的实习。此类实习目前在高职学校较少，是在实习单位带着实习课题，坚持到毕业前完成整个毕业环节的实习。这种实习容易被看做耽误及时就业，但是能够真实完成专业学习毕业环节，撰写论文。

3. 按照实习参与度划分，有辅助性模仿实习和真实性顶岗实习

（1）辅助性模仿实习。此类实习是在工作岗位有定岗员工的情况下，学生通过观察模仿，了解工作技能的实习。此类实习比较稳妥，学习技能掌握较慢，一般实习单位接受实习需要实习费用，或者大学生无偿劳动。

（2）真实性顶岗实习。此类实习是指大学生如同员工一样在岗工作的实习，学生靠真实工作掌握工作技能。此类实习比较艰难，学习技能掌握扎实，一般都是有报酬的实习，属于实战型实习。

（四）就业前实习的策划

1. 策划方案制订

以往的实习都是教师采取灌输式向学生阐明实习目的、意义、内容，围绕着事先确定的实习题目布置实习内容，主要是通过实践验证理论知识的正确性和应用性。

目前的就业前实习本质特征是以就业为导向，以岗位工作实践，提高工作技能为主题。由于就业是以大学生自身需要和个性发挥为标志，因此，就业前实习不能替代大学生的独自思考、选择，需要自己进行策划方案的制订。

就业前实习策划可以按照"5W1H"要素，加以确定。

5W1H 是管理工作中对目标计划进行分解和进行决策的思维程序。它对要解决问题的目的、对象、地点、时间、人员和方法提出一系列的询问，并寻求解决问题的答案。就业前实习也要具体展开如下问题的问答：

（1）Why——为什么实习？（目的）；

（2）What——实习什么与专业就业发展更相关？（对象）；

（3）Where——在什么地方实习？（地点）；

（4）When——什么时间执行？什么时间完成？（时间）；

（5）Who——实习指导人员是谁？一起参加者有哪些？（人员）；

（6）How——怎样实习？采取哪些有效措施？（方法）。

运用这种方法分析就业前实习问题时，先将这 6 个问题列出，得到回答后，再考虑列出一些小问题，又得到回答后，便可进行取消、合并、重排和简化工作，对问题进行综合分析研究，从而确定自己的实习方案。

2. 就业前实习策划的必要性

任何一种实习都能达到不同程度的锻炼效果，正因为如此，才容易进入认识误区，才需要认真策划。

（1）策划不是定性选择实习问题，而是定量对比分析、选择最有利于专业就业的实习。策划不好，会出现"任意实践实现模糊性锻炼"而仓促选择。

（2）缺乏策划急于进入实习公司，大学生会以点概面地思考问题，一旦进入后，又突然感觉不适应而朝三暮四，导致就业前实习无法衔接就业。

（3）可以引导学生结合自己特征合理选择实习过程，验证自己是否喜爱、适合某种工作岗位，是否能有利于职业生涯发展，避免模糊性实习。由于专业面对的工作岗位不止一两个，大学生容易一般性思考专业工作，忽视个人就业特征，导致就业前实习失败产生不必要的误解。

3. 付诸行动、克服动摇性和情绪化

实习策划之后，刚开始大学生都会满腔热忱投入实习，随着时间的推移，会产生"已经得到很多锻炼和认识"的感觉，将实习停留在认识水平上而不是技能掌握上，更不是技能出色上；也会产生不适应社会节奏、留恋校园生活、兴趣下降、工作不投入、遇到挫折产生退意等等。克服动摇性对就业前实习效果非常关键，很多不能顺利衔接就业的大学生多是因为缺乏持之以恒精神造成的。

避免情绪化也是根据目前大学生进入社会前，容易因为情绪化做事给自己造成危害的行为特征所应该重点强调和注意的实习内容。相对来说，有指导老师、有组织的就业前实习可以及时提醒、引导情绪化行为停止，大大地降低青年人的情绪化冲动。

☞ **分析衔接**

在一所高职学院组织大学生选择就业前实习单位时，学院与几个公司取得联系，达成实习就业框架协议。然而，有些同学认为怎么实习都是锻炼，不如自己回家在附近找一个与专业毫不相干的工作，如工商管理专业去街道办事处工作；也有一些学生总能找到实习单位的不足之处，半途离开，自己选择其他的实习单位，如感到实习公司工作辛苦，去蛋糕店做服务员；还有些同学将就业前实习看做打工，嫌弃学校联系的实习工作收入低，临时能找到收入高的工作，如先做电子产品工作时，因看到中秋节月饼销售待遇高而临时跳槽。虽然能锻炼吃苦精神，但却与就业前实习目的脱节。还有的校内好学生因为公司缓发工资，借职务之便克扣公款，以换取公司开资。这种用违法行为制裁公司违规行为，险些造成被起诉的后果。而有组织的实习使一些同学认识到自己更适合做什么工作，如有的女生发现自己并不适合原来设计的文员工作，有的学生在有组织的帮助下确定了职业发展定向选择，有的学生学会了如何控制自己的情绪，有的学生懂得了如何认知各种挫折并合理应对。

二、校企合作顶岗实习

（一）校企合作顶岗实习优势

1. 发挥优势互补

严格来讲，高职教育培养的目标，在校园里无法完成。这不是对教育的否定，是由于目前学校的教育功能局限性所致，是社会用人要求综合性决定的。

高职培养目标因专业不同，描述也不同。一般地讲，是培养掌握专业理论、熟练的基层工作经验和专业管理技术的高素质技能型专门人才。从实践来看，不同专业所需要的实现高职培养目标所需要的综合性能力，学校的专业教学能完整提供的是非常狭窄、有限的。即使开发出校内演示课件和仿真模拟训练，与真实的工作情景、现场工作竞争、复杂的人际关系下的现场操作也有着"本质之别"。熟练的基层工作经验和专业管理技术，不深入一线操作性实践，没有真实空间的施展，缺乏时间的沉淀，根本无法掌握。高素质不是懂得大道理，很多腐败分子讲起反腐败往往头头是道，高素质只能在做事过程中体现出来。专门人才强调的是具体的、有针对性的在某方面出色的人。

公司能给大学生提供弥补学校教育功能局限的实践空间和条件，却缺乏教育学生的方法。单纯将学生交给公司，公司能传授给学生工作技能，却容易导致成"打工"；缺乏理论教学的及时跟进，却容易导致完全模仿现场管理；没有综合素质培训，学生好坏难辨，容易造成对员工的"人格复制"。单纯靠公司一方，也无法实现高职培养目标。

因此，学校需要公司提供能延长、补充教育职能的"平台"，并借助公司"平台"深入公司，校企携手完成实践性的高职"继续教育"。

2. 追求利益共享、责任共担

合作的含义是群体与群体之间为达到共同目的，彼此相互配合的一种联合行动。联合行动不应该一方无偿使用对方的资源，市场经济条件下的校企合作顶岗实习是利益交换关系。利益交换不是将实践教学庸俗化，恰恰相反，是按照市场规律行事，直接将学生带入未来的工作环境中，对培养诚信意识，创造真实价值，增强竞争意识、生存压力、责任感非常有益。

校方的收益是持续获得生源、有偿教育的收入和培育人才的荣誉。担负的责任是深入实践完成职业教育的延伸，用学籍管理、思想教育配合公司日常的制度管理，完成学生岗位工作技能的掌握。

公司的收益是学生获得劳动报酬，同时创造一定的效益，优先获取人力资源的机会。担负的责任是提供安全、舒适的生活条件和工作条件，循序渐进地帮助学生适应竞争环境，克制员工中消极行为的影响。

校企合作的共同目标是培养出社会需要的、脚踏实地的、能直接创造价值的劳动者。校方实现学生良性流动，公司享受人力资源，围绕这一目标，双方的利益自然实现共享。

3. 实现三赢目标

顶岗实习实现的是"三赢"是指公司、学校和学生三方面共同创造价值、利益兼顾，实现有利于学生就业、有利于教学改革、有利于企业用人目标的过程。

顶岗实习使优秀大学生得以关照扶持。学生可以同期毕业，但不能同期适应工作，实现从校园到社会的"蜕变"过程不会是同步的。顶岗实习能脱颖而出优秀的学生，借助校企合作可以培养优秀学生直接就业，使优秀大学生得到合理扶持、使用。

教师可以借机深入实践升华专业理论，为公司做出必要的理论教学，完成专业教师的"双师型"的造就。

公司提供实习空间同时获得学生的劳动付出的结果，同时，可以择机选拔符合自己公司需要的人才。

(二) 校企合作顶岗实习的操作

1. 操作过程

校企合作顶岗实习的操作过程如图 8 - 1 所示。

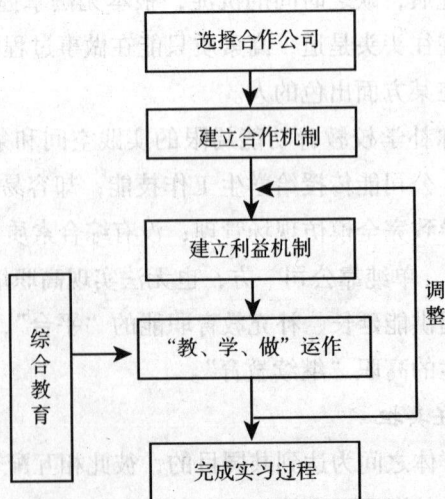

图 8 - 1 校企合作顶岗实习的操作过程

首先，校企双方选择合适的稳定合作对象，企业能满足学校学生综合素质的培养目标，学校能帮助管理学生按照协议完成实习，学生能完成工作岗位经济效益指标。

其次，建立长期合作机制，建立梯次"实习—就业"体制。这是校企双方"双赢"基础。实习能满足学校长期"教、学、做"培养目标，就业能满足企业分批用人的需要。

再次，建立合理的灵活调整的利益机制。顶岗实习是在真实的岗位进行，企业靠劳动效果收获了利益，学生得到回报，既能减轻家中经济负担，又能鉴别出个人的实践动手能力的高低。

最后，建立"教、学、做"运作模式。现场遇到问题，及时理论教、及时结合学，会记忆深刻、难以忘怀。很多能力是靠"感悟中自我加工"，很多知识靠"教与练中提高"。

（1）在运作过程中，企业的"商道"与学校的"学道"需要磨合，管理措施需要完善，需要经常性商榷，即要调整管理方法。

（2）社会实习过程中，学生已经是社会人，自然受社会法律、规范制约，接触社会人群需要有社会公德，很多校园环境难以接触的新事物，直接影响大学生做事做人，都需要安排"综合教育"项目与专业实习同步进行。

2. 操作要点

（1）实习公司不可任选。按照"几不选原则"，即与专业理论不相关的公司不选；与专业理论不相关的工作岗位不选；技能培养缺少综合性的工作不选；成果容易得到的工作不选；清闲轻松的工作不选；脱离第一线的工作不选等等。

（2）认识统一目的明确。为什么实习？实习什么？达到什么目的？怎么实习？对实习的认知不能停留在一般认识水平上，要做到清晰牢记。

（3）不厌其烦、随时纠正大学生的思想偏差。即使参加实习的学生信誓旦旦，甚至签署实习合同，其思想和行动依然会反复、动摇，产生将实习异化、物化等现象。发现即纠正，预防措施也不可缺少。

（4）顶岗实习是一把"双刃剑"。可以实现职业教育的延续，使学生综合能力全面提高，也有风险、失误导致辛苦付诸东流。

（5）要不断提高校企合作的效用。学生在基层实习，要与职业生涯发展挂钩。公司与学校之间可以建立一种"接收—培训—使用—提拔"的"梯次人才培养"机制。部分大学生在实习中能有发展性定位，会带动整体提高实习效果。

（6）强调生活家庭化、学习规范化、工作市场化，综合形成顶岗实习最优化。

3. 管理细节与技巧

（1）关心到位。目前大学生生活自理能力不高，独生子女较多，通信条件先进，很多家长几乎每天电话交流询问生活情况。这种关心对实习有害无益，却不能断然杜绝这种现象。因此，应事先尽可能将校企合作实习地点的生活方面安排得合理。

（2）扶持到岗。学生进入陌生环境，人际关系皆为空白，公司和老师要帮助学生上岗，提供一切方便。

（3）阶段引导。学生实习是一个月内心情激荡、三个月情绪下降、六个月左右观望。

不同时期要有主动性学习引导。

（4）榜样示范。利用同龄人中直接与本岗位发展有关的较为成功的员工做报告或结成伙伴关系，起到榜样示范作用。

三、自发组织的实习

自发组织的实习是指学院集体组织实习之外的、大学生个人通过不同关系联系的各种形式的实习。

（一）自发组织实习的优势

1. 可以按照自己的个性特征进行选择

人的个性特征与工作岗位、工作效率之间有相关性，如果进入专业学习时就发现自己某些个性更适合做某个具体岗位的工作，就可以按照个性特征选择自己的实习单位。如本人身材、气质、口才较好，即使学习的是理科专业，也不妨去选择公关、接待等方面工作岗位实习。因为个性特征是先天优势，专业知识可后天补充。

2. 可以按照自己的爱好进行选择

人的爱好直接影响工作效率。爱好一项工作会乐此不疲，能主动钻研。因此，个人选择实习岗位可以按照自己的爱好选择。

3. 可以按照自己的就业去向进行选择

将实习直接与就业挂钩是最佳的实习选择。如果学校组织的实习人数较多，就业机会自然存在着竞争态势，而自己又有能力联系到合适的就业单位，不妨直接与就业联系在一起进行实习。但是，这样的实习要高标准严格要求自己，否则，参加工作时，会因为一些缺点而留下不好的先入为主的观念。

4. 可以按照地理优势进行选择

有些实习地理环境不适合自己的生活和未来的就业，或者某些公司的地理优势适合自己的个性、爱好等，自己可以按照这一标准进行实习的选择。

（二）自发组织实习的劣势

1. 缺乏持久性

经过多年的观察可以发现，但凡自发组织的实习缺乏持久性的特征非常突出。人在一定程度上有自觉性，更多的行为是在社会规范及纪律约束下完成的。即使那些自觉地从事创新性工作的人，也是因为个人具备了强烈的责任感，自我强制保持了行为的持久性。大学生因为价值观没有稳定地形成，独生子女责任感先天不足，失去了老师的指导和约束，很容易产生见异思迁、兴趣下降、朝三暮四等现象。

2. 情绪化行为无法得到帮助

大学生进入社会，受到的排斥大于欢迎。严峻的竞争形势下更容易引起冷漠、白眼等不接纳现象发生，最容易引起大学生所谓的"不开心"。工作不熟练，失误发生率高，易引起群起而攻之，更容易使大学生心理上难以承受。大学生属于青年人群体，更容易情绪激动，了解大学生离开实习公司情况，很少有人是因为有更理智的选择项目而离开的，多数是头脑一热冲动之下作出的行为。大学生同样的情绪化行为，如果发生在校企合作指导老师在场情况下，一般都能被引导或制止。

3. 孤独感

由于自己联系实习单位，会有一段时间非常孤独，尤其是性格内向的学生，简直每天感觉受煎熬一般。大学生缺乏交际能力，习惯于与家长沟通。如果家长懂得专业实习和就业前准备的重要意义，会劝慰之后强调继续坚持。如果家长出于溺爱，不懂专业实习特点（曾有学生家长质问学校，我们孩子是去学习的，为什么安排到社会），就会召唤学生回家。在某些浅思维层次的家长心目中，只有自己家最安全、最舒适，至于专业职业生涯发展应放在毕业之后。

4. 盲目跟风

有些大学生实习出于各种不同的心理的考虑，感觉还是自己安排实习自由度大一些。但是，他们既不考虑个人的个性特征、爱好，也不考虑就业方向等，盲目跟风地选择。这种选择最耽误大学生就业准备，反映的是缺乏自主性心理。

第三节 顶岗实习操作案例

本案例是吉林工业职业技术学院商学院与西贝乐实业（上海）有限公司（以下简称西贝乐公司）真实合作过程。学院学生是工商管理和市场营销专业，公司是从事小家电全国销售的公司。

一、顶岗实习准备

（一）顶岗实习单位的选择

1. 按照专业教学计划的培养目标进行选择

按照专业教学计划的培养目标，市场营销专业培养具备渠道开发、产品销售、商务洽谈、客户服务、账款管理、销售团队建设、营销方案策划等职业能力和良好职业道德及文化素养，适应各类生产制造、商贸企业的营销、服务、管理第一线需要，胜任区域经理、业务经理等中层营销职业岗位的高素质技能型专门人才。工商管理专业培养掌握现代工商企业管理理论，能在工商企业或相关行业从事工商企业管理部门的相应岗位，如综合办公室（管理人员）、市场部（业务员）、信息部（录入员）、财务部（统计员、会计人员）、人力资源部（办事员）等基层管理工作的高素质技能型专门人才。

无论哪种专业的专门人才，不仅需要掌握销售一线的技能、工作经验和各种综合能力，而且需要做到很出色。很多毕业生反映，直接进入管理岗位后，能很快学习的是程序化的工作内容，涉及改进、创新内容时，缺乏基础性工作经验底蕴。尤其是出现工作错误，往往受到领导的批评及下属的嘲笑，造成一种无机会锻炼又无法获得基础性常识的尴尬状态。

按照目前公司用人惯例，设置了"两年工作经验"的门槛。对只有书本知识的扩招后的高职生，更不会直接安排到重要的管理岗位。因此，在一线安排顶岗实习可以夯实专业工作基础，提前具备一年的工作经验。

按照社会需要的吃苦精神、竞争意识、自信心、交际、合作等方面的素质培养，只有一线最能得到真实锻炼。

综上所述，按照专业培养目标确定到销售一线去顶岗实习比较合理。

2. 不同公司对比分析进行选择

西贝乐公司从事的是自产自销的小家电的终端销售，与西贝乐公司经营模式、产品相似的公司还有美的、九阳、飞利浦等各种国内外名牌。选择实习单位时要进行多项目对比分析，而不应该是慕名而择。表 8 - 1 所示为西贝乐、美的、九阳、飞利浦的项目对比分析。

表 8 - 1   西贝乐、美的、九阳、飞利浦项目对比分析

对比项目	西贝乐	美的	九阳	飞利浦
工作难度	大	小	小	较小
收入、待遇	低	高	高	较高
食宿条件	集中免费	分散自理	分散自理	分散自理
培训条件	每周培训	无	无	无
竞争强度	高	低	低	中
工作技能	好	一般	一般	一般
经营性质	自产自销	代理商	代理商	代理商

对比分析可以发现：四个名牌中飞利浦相对较弱，先排除在外，其他分析如下。

（1）美的、九阳的分析。

美的、九阳小家电在业内优势显著，如工作难度方面相对较小。顾客多是主动寻找选购，收入自然较高，作为打工仔来说是最佳选择对象。竞争强度低，员工不会感到心理紧张，因为即使工作技能一般的人也会收到较高的收入。

美的、九阳的劣势在于食宿分散自理、无培训条件，对于名牌产品销售，这些缺点会被忽略，因为收入高可以多方法消费，产品获得消费者认可，会一般性解释即可。代理商属于地区性的经营者，不会给大学生职业生涯带来直接发展渠道。

对于高职大学生的就业前的顶岗实习来说，名牌企业的优势对学生无益，劣势更为有害。大学生食宿分散自理本身就增加了实习风险，没有培训条件违背了实习性质，直接演变成打工。竞争强度低、工作难度小受懒惰的学生喜欢，与高职教育培养目标相悖，高职大学生就是应该敢于竞争、不怕困难。工资高是好事，但收入高低毕竟不是实习的第一选择条件。

（2）西贝乐的分析。

西贝乐是自产自销的小家电公司，与地区代理商有着本质区别。其优点正是校企合作顶岗实习所需要的。集中免费食宿，既可以保证伙食可口，也能保证居住安全。每周两次集中培训，既可以培训工作技能，也可以进行专业理论跟进教学。师生在一起，

既可以发挥教育者管理学生的作用，还可以为员工补充必要的学习辅导。虽然工作难度大、竞争强度高，但是公司能够开发出独特的工作技能方法，正是高职教育从严从难职业教学、培养高素质人才的需要。收入低是一个遗憾之处，但是可以通过协商保证大学生们的自食其力水平。

最重要的一点是，西贝乐是全国性的自产自销公司，从厂家到销售终端有很多就业发展机会。实习优秀者可以有机会就业，实现高职培养目标中的基层管理者工作岗位的发展。

除此之外，经过调查发现，名牌企业的很多销售导购员来自西贝乐公司，是因为他们的工作技能优秀被名牌产品销售公司"挖走"。这一点更说明选择西贝乐公司是培养销售人才的地方，更有利于校企合作顶岗实习。

（二）顶岗实习关系的建立

1. 明确校企合作顶岗实习的性质

顶岗实习公司与学校之间的平等的利益交换关系是职业教学的延续，是公司人力资源的准备。在此基础上，应改变以往的实习即打工的浅层次理念，建立双赢的合作关系。

2. 实习学生待遇问题确定

学生初步进入公司，能力会参差不齐，为防止因为技能整体水平低，导致按照员工标准出现的收入过低，或者因为个别人差，导致收入档次过大，经双方多次研究讨论，确定为稳步均衡、减少差距的报酬方式。每人每月 800 元生活费（包括交通费 100 元，中午误餐费300 元，日常生活物品费用 400 元）。一年实习结束，公司为每个学生缴纳一年的学费，这就是稳步均衡原则。开始公司会亏损，后期会盈利，为了培养自己的员工，应该接受这些条件。为了调动工作积极性，实行减少差距的报酬方式，完成计划的享受员工标准一半的销售提成（每销售一个小家电提成 8 元），完不成计划的销售提成减半。既保证公司经济利益的风险最低，又能确保学生的生活保障与员工待遇相差不大。

3. 实习协议的签订

为防止出现违约现象，双方签订了实习协议，即学校与学生签订了协议，公司与学生签订了协议。

4. 可持续发展的策划

校企合作的共同目标是培养出工作技能出色，管理经验扎实、理论能结合实践的高素质技能型人才。这是学校一方劳动有效性的标志成果，也是公司一方人力资源需求的渴望。但是，仅仅完成实习即告一段落，对双方来说意义都将下降。

应该形成可持续发展模式，即按照校企合作顶岗实习后的优秀者是公司需要的，也是其他公司需要的，学生有去留的选择权。公司应该给他们提供发展机会，才能吸引住人才。学校只有帮助公司得到优秀的人力资源，才能不断地进行合作。

可持续发展的策划核心是公司建立"梯次人才选拔模式"，接受实习，认真培训，发现人才，选拔使用。在现有的优秀学生中选出几个见习业务经理重点培养，发挥学生互相影响的作用。规定高职生一年至两年，经过考核可以陆续做基层业务经理，公司业务员、部门文员三年之后经过考核，可以做公司区域经理或扶持做二级城市创业老板。

二、顶岗实习操作过程

（一）实习工作标准

1. 生活家庭化

顶岗实习的生活家庭化目标是让学生有家的感觉，实现这个目标的标准是干净、温暖、和谐、方便。如本次校企合作规定：住宿整洁卫生，过生日给奖金和煮鸡蛋，过节聚餐，饭菜不奢华但可口，彼此团结互助，洗漱方便，有必备电器等等，不仅是学生安心实习的生活条件，也是养成良好自理习惯的条件。

2. 学习规范化

为了避免学生将实习误解为打工，为了使学生逐渐淡忘的理论与实践相结合，应该组织定期的学习。例如，公司应该组织职业发展的设计指导学习、商场管理规则和方法学习、工作心态的学习、技能竞赛的学习、成功者经验的介绍学习等。

3. 工作市场化

工作上不能有丝毫迁就心理，迁就学生就是坑害学生，弱化学生的综合素质。现在是竞争社会，任何懈怠都可能使学生失去发展的机会。西贝乐公司的训练机制是其他公司认可的，竞争意识和工作技巧也是出色的。当学生模仿社会上一些错误做法损害了公司利益，也应该按照市场化规则承担责任。

4. 考评综合化

对于习惯划范围、老师辅导、死记硬背的学校学生来说，在实习中按照综合考评方式会有些不习惯。其中，工作业绩占50%，考勤占10%，理论总结占40%，对于校内传统的好学生往往事与愿违，被一些习惯认为的差学生所超过，岗位上感到力不从心，理论需要对实践过程描述，难以死记硬背。对这种现象，一是要承认考评的合理性，实践能力就应该用工作业绩说话，没有创造价值的劳动是无效劳动。二是要引导传统的好学生改变观念，下工夫深入实践，争取获得理论与实践双丰收。

（二）实习过程出现的问题与解决方法

1. 认知统一

校企合作顶岗实习的目的及意义，校企双方的不同人员在认识上会有差异，不会自然统一。公司很多人意识不到校企合作顶岗实习与普通实习不同，与打工更不同。为此，应该适当组织不同人员参加实习，阐明对学校来说顶岗实习是职业教育的延续进行，对企业来说，顶岗实习是人力资源的准备培养，不能简单地将实习学生当做打工仔使用，需要耐心、热情、周到、细致地做引导工作。尤其是员工要注意"行为语言"对大学生的影响。

大学生虽然进行过实习动员，并不会一劳永逸地认识清楚，经常会出现反复，甚至向打工者"从众"。这更需要对学生定期进行认识的统一和对反复的纠正。

2. 建立组织机构

建立校企合作领导机构，有校领导、公司领导参加；建立校企合作日常管理机构，由销售经理、指导老师负责，最好相互兼职；建立校企合作教学机构，由业务经理、业务尖子、专业教师等组成，负责全员各种学习的指导。

3. 管理磨合

任何一个公司都会迷信自己的习惯做法，有的需要学生去适应，有的则需要公司进行方法改进。失败的做法是：老师看到管理方法不当时，着急无法提出建议，有时感觉不对，自己又没有好方法；有时看到学生处于管理失控，不好意思插手；有时看到培训不足，老师无法参与培训指导。这就要求在管理过程中，老师充分发挥引导作用，与公司的管理层进行沟通磨合，对学生实习过程中出现的问题加以指导。

4. 引导员工、学生树立长期发展目标

员工也有必要提高综合素质，树立长期职业生涯发展意识，这是公司的薄弱环节，即使意识到也感到无法解决。老师可以发挥理论的优势，定期组织学习辅导。员工素质提高，会间接帮助顶岗实习，减少不良习惯对学生的误导。

帮助学生进行职业生涯设计，提出破格培养学生的计划，建立见习业务制度，将优秀的学生提前培养起来。

三、顶岗实习总结与完善

（一）顶岗实习总结

目前，各方面对校企合作理性认识上狠下工夫，对深入现场进行可操作性的实践很少，因此，实习总结非常关键。本次实践过程分阶段进行总结，作为今后实习的参考。

1. 明确经贸类实习的特殊性和途径

（1）实习空间不同。任何企业相对是一个封闭空间，而经贸类各专业顶岗实习除个别在办公室实习外，在销售现场是一个开放的社会空间，有很多对学生有消极影响的因素无法控制。

（2）实习任务不同。在封闭空间实习，学生可以做到辅助性的参与实习甚至就是观察性实习。现场营销必须以真实员工身份一顶一顶岗，而且与销售业绩相关联。

（3）工作条件不同。在销售现场有公司自己的规范，还有商场管理规范；有自己掌握的工作规则，有竞争对手干扰的"潜规则"；有理论阐明的工作方法，有现场实践积累经验手段；有彼此理解的人际交往，有难以接受的恶意攻击等等。

（4）实习待遇不同。有些实习单位收取实习费，有些单位则给学生一些固定性补助，在销售现场顶岗实习按照任务给予合理的工作报酬。

（5）创造工作业绩影响条件不同。封闭性生产空间下的人们受生产设备制约较大，工作方法规范化，甚至硬性化，工作业绩与专业技能水平、专业理论与工作岗位技术相关性极强。

（6）销售现场不同。实习初步阶段，专业知识几乎貌似用不上，需要死记陌生的工作经验积累制作的销售方法。进入一定阶段，掌握销售技巧之后，销售业绩想再提高连专业技能都不起主要作用，人际交往能力，忍耐、意志能力，自信心，自我现场应变能力，对消费者的态度和心理判断能力对提高销售业绩起到主要作用。

由此看来，营销现场是顶岗实习，相对其他形式的实习更具有复杂性、艰巨性、灵活性、综合性、风险性。对学生是更深层次的历练，实实在在学的是真功夫，真正直接体现劳动的价值性。对老师来说是一场真才实学的考验，不仅仅是如何解决将理论与实践结合的基本性问题，而且能与公司管理深度相融，携手互补，准确判断学生问题，及时应变解决，真正快速将学生培养成既懂基层工作经验又有专业理论的管理技能型人才。

2. 提炼出顶岗实习理念

顶岗实习可概括为"求实、求难、不惧风险、灵活、衔接、双赢合作"。

（1）求实。深入实践，通过实战来提高高职生的真才实学，做真实工作，顶真实岗位，做真实业绩，收真实收入。

（2）求难。回避清闲简单，求艰难工作环境。回避名牌公司，求难中磨炼培训。回避金钱诱惑，求难中曲折发展。

（3）不惧风险。目前大学生投机心理较为典型，很多老师更担心出事而选择退居安全线内。但是商场是战场，不用战场规则培训战士无异于让战士去送死。顶岗实习要求老师不惧风险地去培训学生的工作技能。

（4）灵活。市场经常发生突发事件，学生心态经常变化，尤其是情绪化行为较多，因此灵活多变的现场管理必不可少。

（5）衔接。顶岗实习的衔接作用在于它能顺利将学生从知识与实践衔接，进一步与就业衔接，更深一步与职业生涯发展衔接。

（6）双赢合作。双赢是如今社会单位之间成功的铁的原则，学校不是浅层次请求公司提供实习天地，而是携手培养出合格学生后优先保证公司的人力资源需求，明确这种理念后公司就会全身心投入精力培养学生。

3. 总结顶岗实习操作性重点

（1）预测学生行为变化规律，分阶段主动管理。

大学生在实习开始热情过剩，要适当压制。一个月后，学生会因工作的重复性而兴趣下降，此时要提前做好鼓励、防范准备。大学生在三个月内左右观望，觉得掌握基本技能了，受社会影响，开始将自己的收入放在价值观的第一位，总拿自己工作岗位的缺憾对比其他公司的好处，心神不定，此时要想方设法引导。六个月决定取向，有的大学生觉得自己不适合做下去，有的学生心态开始平和，老师则要开始设法鼓励优秀学生的职业发展。

（2）重点控制情绪化行为，治理失信行为。

实习过程的大学生易发生的情绪化行为很多，有行为的冲动性，自控能力差；有跟着感觉走，不能理智分析问题；有恋家情怀，不能意识到实习连着就业、就业应该独立的道理；有盲目从众，缺乏独立思考；有自私自利现象严重，围绕个人处理问题；有抗挫折能力差，有困难就选择放弃；有角色认定不稳，忽而认为是实习应该掌握实践技能，忽而觉得不如打工暗思跳槽等等。对于这些情绪化行为，可以在一定程度上预感到个别学生的表现事先防范，更多的是随机应变，发现后及时解决。

实习过程中个别学生暴露出缺乏诚信意识的缺点，甚至作出违约之举。对于这种现象任何时候都会发生，应该严肃处理。按照协议办事，不是处罚学生而是警戒所有学生树立法制观念。

（3）建立校企长期合作机制。

建立校企长期合作机制即学生循环进入公司，建立梯次实习—就业体制。实习一批训练一批，毕业一届使用一批，招聘一批提拔一批。

（二）顶岗实习的完善

专业理论来自实践，通过校企合作顶岗实习再次进入实践，其完善的结果应该是更高层次的理论认识。因此，顶岗实习应该有理论上的新认识。

1. 教师的专业教学水平的提高

高职教育作为中国特色的教育新模式，需要不断地通过实践—认识—再实践—再认识的过程积累经验，创新教学。深入顶岗实习的教师会得到很多校内没有的学习总结的机会，如能够认识到对专业教学进行整合的思路，能将合理的实践技能课程引进校园，能将专业教学紧密结合实践精湛讲授，能认识到在原有教学计划中增加诚信教育、团队合作意识教育、奉献与所得方式教育、纪律强化教育。

2. 校企合作成果升华

经过校企合作过程，实践精英与教学老师紧密合作，能够开发出相应的指导教材。将校企合作成果升华即是对整个高职教育的贡献。

3. 是教育事业不是教学环节

这是一个教学理念问题，教学环节属于教育事业的一部分，不等于教学环节的完成就是实现了教育事业。如果单纯为了完成教学环节，可以随着顶岗实习的结束而结束，老师也可以监督完成作为工作目标。将校企合作顶岗实习作为教育事业，就应该作为长期任务深入研究，与公司深层次合作。老师能参与日常管理，帮助公司改进管理，真正理解职业教育事业不是仅仅停留在校园，不是仅仅完成一次实习指导，不是仅仅维持在学生能够就业，而是扶持学生事业发展，扶持公司进行相应的改革。同时，借助公司的各种优势不断改进校园内的教学和实训水平，借助实践开发出符合社会需求的职业教学模式。

【案例分析】

学会成长——一个大学生的自述

现在想一想四年大学生活犹如美梦般的就这样过去了。毕业时，既兴奋又有些不安，兴奋的是期待着盼望已久的社会生活，满怀抱负期待在今后的生活里能一展才能，做一个有价值的人；不安的是对于我们这些一直过着无忧无虑生活的学生来说，"社会"还是一个神秘、深不可测的词语。人们都说刚进入社会的大学生就像一张白纸，而社会是多么的复杂，多么的不可想象，让我们这些还没进入社会的大学生就先有些胆怯。不过一切都得去面对，只要勇敢地去面对还会得到磨炼和成长。毕业时，我的目标还算明确，离开了家乡来到了我一直期待有亲戚居住的南方城市——宁波。这是一个经济开放、适合人居住的地方。刚到的时候很激动，很认真地分析了自己的优劣状况。

优势：①大学毕业；②相应的技能证书也俱全；③是学生会干部，又是中共党员。

劣势：①不会宁波话；②没工作经验；③到底选什么样的职业还没确认好。

总之希望自己能放平心态，不管怎样也能找到一份工作，可没想到比我想象的还要差，去人才市场的第一个星期就以失败告终，主要有以下几个原因。

（1）没经验的大学生公司都不要。人家一听大学生都还有点兴趣，再听应届的，招聘单位就变成理都不理了。

（2）有些职业听都没听过。如"单证员"、"外贸业务员"、"报关员"、"报检员"，最初我看人才市场招此类职位的人最多，可都不知道是什么工作（在这里，我真的希望北方的学校在培养外贸人才时，应该以南方的一些职业性的培训标准来学习，不应该只以书本方面的东西为准，不然来了南方真的很吃亏）。所以开始时我也没应征这方面的工作，只找了一个在北方常看到的职业，如后勤人员、人事管理人员等等。可招聘人员一见就问"你会不会喝酒呀"、"我们公司的后勤人员都做一些杂事，是不是委屈你们大学生了"。天呀，我都快晕死了。

（3）英语的重要性。在北方时我只注重考证，并没有想过认真学好、学精。事实上，证书多并不代表能力强。然而此时此刻真是吃亏，有几家外贸公司招外贸业务员，虽说我不懂外贸业务员是做什么的，可也去试了试。原来外贸业务员和内销员差不多，只是客户都是外国公司，平时联系、沟通都是针对国外客户，因此流利的英语口语对外贸业务员来说是尤为重要的。这样的公司在宁波真是太多了，有几家公司看我是应届毕业生勉强接受了，可是让我说英文，想了半天也没说出来半句，真是急死我了。可是在宁波当地的有些未受过高等教育的人，未必所有的课程都学过，可人家只攻英语一门都已经足够在社会上用了，没想到会是这样……回去之后，我认真总结经验，在第二次的人才招聘会上，最终找到了一个小的公司做外贸单证员，整个公司也不过才5个人，可那时我真的就是门外汉，什么都不懂，单子上的东西没一样是我见过的并且还都是英文，我真是急得要死，恨自己当时没把英文学好，那时我感觉需要学的东西好多！报了单证员的培训班，平时只要有时间就再学学英文，我感觉那一段的时间比我大学四年里学的东西都多。既得上班又得学习，非常辛苦，和刚毕业时那种满怀自信心的我简直形成了鲜明的对比。这时我感觉很缺乏自信心，感觉虽然是大学毕业可工作起来这却很吃力，挣的钱又那么少，一个月只有1 100元。当时我真的无法接受，一个月的工资比我在大学的生活费多不了多少，况且还要租房子、吃饭。就是这样，在公司里，我都要做收拾办公室、复印之类的杂活。在这家公司我忍受了半年，这半年我得到的就是对单证工作有了进一步的了解和熟练的掌握。我总在问自己，为什么人家没学历的都可以过得比我好？我总在网上、QQ群里和一些培训班里的同学们中打听，我如何努力才能再多挣些钱。当时这样想主要是对于我在当时社会中的价值产生了疑问，大学生难道都这样吗？当时的精神压力真的是很大，并不是身体上的，而是对大学生教育产生了疑问，对"人才"的概念也产生了疑问。我只在第一家公司工作了半年，通过这半年的磨炼，金钱方面并没有收获，不过工作上、生活上等各方面都学会了很多，又慢慢地找回了一些自信心。现在的公司是我来宁波后的第二个公司，是一个实力、规模都很强的公司，公司的工作氛围也特别好，部门内部比较团结。最重要的是，在这里对工作能力的锻炼有一个很好的空间。

想想最初的半年生活是我到目前为止感觉最难，也是最艰苦的一段。不过只要肯努力，肯吃苦，一切都会过去的。也就是那半年的生活让我体会到了很多，成长了很多，也是最值得怀念的时期。

现在，还有些问题让我觉得有些不可理解，也有些迷茫。在北方，我们很重视教育，父母不管多辛苦也希望自己的孩子是大学生。可我到了南方之后，发现这边的人并不是和我们一样的想法，很多的人都是念完了高中或职高（受过相应的职业培训）后就开始工作，他们未必有较高的学历，可是工作能力都很强。他们很有优势，年龄小，工作能力强，发展空间也很大。我有个表弟在上海工作，最近他也有些不愉快，是因为现在的上司竟是一个年龄比他小，学历比他低，就是经验特别高的人。这让他很郁闷，可就是得佩服人家，因为业务上他的上司真是一个人才。大学毕业生的经验比学历低的人少，年龄却大得多，作为大学生应该早一点认真思考：社会存在这种现象，我们该怎么办？作为大学学校也要认真思考教育如何才能真正地与社会接轨。

今后的生活还要继续努力，我还要在社会中学习、成长。

问题1：这个大学生针对自己进行了哪些分析？必要性有哪些？

_____

_____

问题2：校园里"学的"和实践中"用的"有哪些差距？

_____

_____

问题3：成绩合格为什么用时非常吃力？

_____

_____

_____

问题4：学历高不如学历低的人工作做得好，是因为理论知识用不上吗？

_____

_____

_____

问题5：就业是学习的结束吗？

_____

_____

问题6：本案例对高职教育有什么启示？

复习思考题

1. 何谓就业准备期？研究其意义有哪些？
2. 就业前大学生有哪些不良现象？
3. 简述就业前心态准备的内容。
4. 简述就业前实习的作用。
5. 就业前实习的内容有哪些？
6. 校企合作顶岗实习的优势体现在哪些方面？
7. 简述自发实习的弊端。

第九章　就业工作策划

第一节　就业工作策划概述

一、就业工作策划的作用、内容

（一）就业工作策划的作用

1. 就业工作策划的含义

就业工作策划是指大学生应聘被用人单位接纳后，为了有利于顺利融入环境，被快速接纳，顺利开展工作所进行的分析、决策过程。

2. 就业工作决策的作用

（1）进入工作岗位虽然有招聘合同，但只是纸面上的接受，而岗位上人际环境的认可程度直接对就业者形成动力或阻力。

（2）大学生专业理论的掌握已达到一定程度，但工作经验为零。岗位工作经验的获得，靠个人直接获得的较少而且较慢，更多的是间接经验的获得。间接经验来自老员工的传授，如果第一印象引起了老员工的反感，将会失去很多获得经验的机会，甚至会推迟事业发展的机会。

（3）客观环境中对新进入的"外来者"，都会有一种排斥性倾向。这种倾向在影响人际关系、获取经验的同时，也会影响大学生工作、生活情绪，给大学生造成心理挫折，往往是导致大学生就业失败的最直接因素。

（二）就业工作策划的内容

策划内容分为三大部分，内含不同的细节性策划。

1. 寻求能被快速接纳

由于纸面上的合同并不能保证事实上的被接纳，加上环境对新进入者的排斥性，以及社会对大学生所形成的种种消极的看法，寻求能被快速接纳是就业进入工作状态的首要任务。

2. 做好顺利工作计划

顺利工作是所有大学生的愿望，也是用人单位期待的。无论愿望还是期待，都需要有严密的计划、合理的步骤、周到的细节加以保证。做好顺利工作计划，需要在人际沟通、做事方法、生活习惯等多方面进行合理安排。

3. 适时合理创业发展

高职大学生就业的特殊性之一在于抓住机会，或者独自创业，或者承担项目，或者担任管理角色。大学生要认准自己、认准时机、认准环境，合理安排自己的发展途径。

二、就业工作策划的原则、意义

（一）就业工作策划的原则

1. 有效性原则

有效性原则首先要体现出行为策划的可行性。工作策划不是大学生主观愿望的展开计划，不是脱离现实工作岗位要求的空想。有效性关键在于应符合客观工作需要。

有效性原则就是充分考虑最不利的因素，"从最坏的方面着想，向最好的方面努力"，进行合理的行为策划。

☞ **分析衔接**

有效性原则还要包括行为策划的诚信品质，无诚信的策划将是"自食恶果"，是"伤害无辜"之举。少数大学生缺乏诚信品质的行为，已经给严峻的就业环境造成更严重的"心理污染"，产生了"负面效应"，用人单位对大学生心存疑虑，甚至因为几个大学生缺乏诚信的行为使用人单位对后几届学生产生本能的排斥感。

2. 适应性原则

大学生怀着美好的憧憬进入工作单位，绝大多数是抱着尽快干好工作的愿望。用人单位也希望所聘之人不是"水货"。但是，毕竟教学环境与社会环境有很大的差距，复杂的社会环境中会存在许多不如意、不公平，所以要求大学生必须做到"随遇而安、随机应变、适者生存"。

适应性原则不仅强调个人要适应工作环境，在行为策划上也要注意可调适性。不能因为预想策划与现实发生"冲突"，轻率下"失败性"结论。应以调整自己为主，把存在的、发生的现实先"心安收下",冷静分析之后,避免因小事的不理解而产生心理挫折。

3. 低位切入原则

由于工作环境中存在着不同学历、不同经历、不同经验、不同专长的人群,古语有云:"三人行,必有我师焉。"就业是一种新的学习活动,所以,高职大学生进行策划时,要坚持低位切入的原则,工作不厌其小,角色不厌其低。按照勤奋学习而设定步骤,按照不耻下问而设定心态。取别人之所长,构建个人的合理能力结构,按部就班地提高个人的综合素质。

4. 精细化原则

精细化原则不仅要求自己养成工作精益求精的观念,更重要的是具体到细节进行行为策划,主要体现在以下三个方面。

(1)体现在工作上精细化。注意细小的工作环节的合理安排,通过工作细节树立个人工作认真的形象,并提高工作效率。

(2)体现在生活上精细化。注意生活上细节的合理策划,肯定发扬个人优点的同时,寻找大学生共性弱点和个人个性弱点,有针对性地制订改造计划,通过生活细节的优化,赢得良好的人际关系和认可。

(3)注意语言的精细化。语言细节体现在"会说"和"该说不该说"上。现在的大学生由于受家庭环境和学校环境的影响,似乎认为都是平等的社会人,说话也是"平起平坐"。其实,语言细节更难掌握。

5. 发展性原则

发展性原则要求适应期行为策划要将现在与未来综合考虑。也许所选择的岗位与自己不"匹配",但不等于公司没有适合的工作岗位。

👉 **分析衔接**

经常会有一些大学生进入工作环境后,如果是自己,安排工作角色就与员工比好坏。如果是几个人一起被录用,就与同伴争高低,甚至质问"为什么对我这样?"威胁公司"不安排我满意我就不干了"。即使公司需要非留下你,也会因此产生不好的第一印象,最终受影响的还是自己。

(二)就业工作策划的意义

1. 实现角色转换,迈出成功的第一步

进入工作岗位,工作、生活环境与以往的校园环境有很大差别,角色、心态、思维方法截然不同。过去是消费型学习角色,有人督促、有人帮助,如今是价值技能创造与学习的角色,是有压力下的刻苦努力。曾有毕业生迷惑不解"为什么老员工缺乏学校教师的主动和热情",这反映的正是个人角色没有转变。

2. 顺利适应环境，实现人际融合

社会化分工与协作决定了工作必然在人际交往间完成。工作岗位间的人际关系与校园内的同学关系不同，提前做好适应期的行为策划，可以在面对复杂的工作环境时随遇而安，在发生人际冲突时有心理准备。尽快实现人际融合，构建良好的生存空间，对顺利开展工作大有帮助。

3. 减少工作挫折

任何大的工程都是由具体的细小环节构成，针对大学生的一些弱点，容易发生"大事做不成，小事做不精"的现象。适应期的行为策划其中一点是重视工作细节的策划，而工作细节好坏往往是周围人评价的主要考虑因素。因为细节引起的失误受到指责，大学生心理上更容易产生挫折感。

4. 为未来的职业快速发展期奠定基础

初步工作带有普遍性的意义，各个企业的各种岗位，有工作技术方法的差异性，也有一般能力的通用性。扎实地做好适应期的工作，养成良好的工作习惯，增加社会需要的各种一般性能力，将是未来发展的资本。

总之，每一个大学生的职业生涯是一个连续发展的过程，客观上要求不能出现"链条断裂"。就业工作期是以第一次走上社会为起点，心理变化反差非常大，一些大学生正是由于这一阶段的失误，延误了整个职业生涯的发展。

第二节　最快寻求被接纳

一、被接纳概述

（一）进入工作单位后的状态分析

进入工作单位后，会出现不同的状态，大致分为四种，即大学生与工作单位互相都不满意的双低状态，公司满意而大学生不满意的低高状态，公司不满意而大学生满意的高低状态，公司和大学生都满意的双高状态。四种状态如图 9-1 所示。

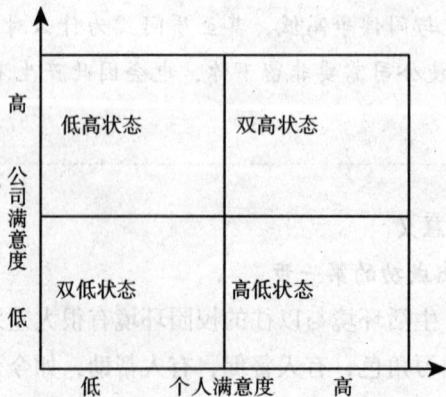

图 9-1　进入工作单位后的四种状态分析

1. 双低状态

双低状态也称双误状态，是因为双方从各自需要出发，忽视对方利益而思考问题的结果。这样的状态下的就业关系是短暂的，只有相互及时认识到问题的严重性，以对方利益为先，兼顾考虑个人安排，方会有所改变。否则，可能出现的是双误的结果。

2. 低高状态

低高状态即遗憾状态，是公司对大学生能力比较认可，公司条件、待遇、发展机会等得不到大学生认可，或者公司条件不错，大学生好高骛远造成的结果。这种状态会给公司留下惋惜，给大学生自己留下遗憾。

3. 高低状态

高低状态即隐患状态，是大学生对工作单位、工作岗位非常满足，但是公司对大学生的能力不满意，或者因为对大学生第一印象不好，影响了公司对大学生能力的认知所造成的结果。这种状态说明大学生存在着自己没感觉到的问题，因此，有隐患存在。

4. 高高状态

高高状态即理想状态，这是一种理想状态，双方最佳地发挥了各自的优势条件，并且在行为上都赢得了对方的理解，或者各方虽然都存在着一定的问题，但都能从长远观点看问题，认识到双方发展潜力，形成一种理想状态。

（二）积极的被接纳态度

无论属于哪种初始状态，积极的态度是尝试改变现状，不轻易否定。目前高职生处于大学生低层，用人单位一般不能轻易发现高职生的潜力，高职生也容易"定位失误"，于是匆忙选择、匆忙跳槽行为很普遍。也许经过一段时间，双方能重新认识对方，发现对方的优势，就可以避免盲目放弃带来的损失。

1. 积极改变自我

对于低低状态，即使是属于用人单位的责任，作为高职生采取"有理的抱怨"也是消极的做法。因为我们不能改变别人，只能是改变自己。我们能改变自己，哪怕是委屈、谦让、让步，只要是这个工作我们认为值得就业，就要作出最大的努力去说服、征服，甚至用行动感化用人单位。

2. 对比反思自我

对于低高状态大学生要反思，尤其是高职大学生，因为未来工作角色的特殊性，做"白领"在用人单位眼中不如本科生有优势，作为基层管理者又必须深入一线获得扎实的经验，有一段艰苦的磨炼时间，往往使一些大学生不愿意接受这样的过程。有时候因为公司存在暂时的困难，但公司又非常需要大学生继续坚持，与公司共渡难关。此时此刻，大学生有必要自己思考一下，自古有"士为知己者死"，我们有没有必要证明一下自己对公司的忠诚度，摆脱"急功近利"的习惯，成为公司扭转困境的中坚力量。如果是公司条件不错，是因为好高骛远的"传染"，就更应该反思自我。

3. 快速提高自我

对于高低状态，大学生要毫不犹豫地作出决策，提高自己。无论为人还是做事，都要观察用单位需要的人是什么样的人。如果是存在误解，不要争辩，更不要寻找理由。

4. 乘机升华自我

对于高高状态，是一种难得的状态，大学生要抓住机会，不可忘乎所以，争取在工作中证明自身价值。

二、形象接纳的分析与策划

（一）形象接纳的分析

1. 受欢迎的形象

由于个人内在素质的优良和平时良好的生活习惯，加上精心的策划，会在工作单位得到良好的"第一印象"，留下受欢迎的形象。

对于留下受欢迎的形象应采取以下两个措施：

（1）保持。任何事情的成功都"贵在坚持"；

（2）警惕。人们对他人的要求不是静止的，出色的表现也会使别人产生更苛求的要求。如果个人忘乎所以，产生失误，会被人认为"前一段是装出来的"。

2. 可接纳的形象

大学生到用人单位主要方面表现令人满意，有过个别失态表现。由于失误不大，虽引起周围的议论，毕竟"人无完人"的道理人所共知，周围的宽容使大学生成为十分满意的可接纳形象。

对于留下可接纳形象应采取以下两个措施：

（1）对症下药。个别失误分析原因，如果属于习惯性，肯定又有再发生的可能，所以要有针对性地制订计划，寻找机会，挽回影响；

（2）扬长避短。总结个人长处适时注意发挥，抑制潜藏的不足，防止失误发生。

3. 未接纳的形象

大学生到用人单位，由于个人准备不足或行为细节不检点，虽没引起员工的反感，却处于既不接纳也不反感拒绝的形象状态。例如，多花钱穿高档服装既可能被猜疑不像能吃苦做事的人，也可能被误解为华而不实、不值得交往的人。

对于留下未被接纳的形象应采取以下两个措施：

（1）冷静反思。查找个人形象设计的漏洞，有无习惯性，有无易被误解的细节，找出相应的解决措施；

（2）消除误解。尽可能不用语言，而是用行为证明。例如，知道有劳动机会，就准备好工作服证明自己能干，使大家对原来穿高档服装的理解是出于职业形象、工作需要，而个人是什么场合干什么工作，懂得穿合适的服装。

4. 不受欢迎的形象

由于大学生身上普遍存在的弱点事先被大家所认知，产生了"刻板现象"，即对一类人所进行的固定化判断的心理倾向。例如，这个人举止言谈叫人感觉太狂妄，说话口气太大。于是，联想狂妄之人的种种表现与结果，在一种"似曾相识症"的知觉错误作用下，把不那么严重的行为放大，产生不欢迎的认知。

对于不受欢迎的形象应采取如下措施。

（1）无怨反省。不受欢迎就扬长而去是错误之举，类似的事件还会发生。无怨是指即使是对方心理认识之错，我们也无法决定"对方应采取什么，不该采取什么"。无怨不是不该怨，而是怨之无用，不如冷静反省。一个大学生个人行为的错误，影响的不仅仅是其本人，如果不懂得反省自己，恶性循环会不断延续。

（2）放弃讲理。由于大学生懂得道理，总想"以理服人"，这在学校是无可非议的。生活中尤其反映的是心理认识问题，总想"道理上应该如何"、"事情应该怎样"……效果会适得其反，因为环境不一定给予平等说理的机会，而且心理认识有时无法用语言说服，与其讲不明，不如不讲。只要没有"逐客令"，日久自然明。用行动让别人改变看法，而一旦努力达到一定的"度"就会产生形象认识的突变。

☞ **分析衔接**

大学生有时候因为个别弱点过早或过重地显示，在老员工心目中产生"定势效应"。定势效应是指在过去经验和知识影响下，在观察和解决问题时所处的一种心理准备状态，如认为这些大学生与以前的人很相似，过去的那些认真教他们，结果不辞而别。这批人也许和他们差不多，干脆别搭理，说不定待几天就走了。

（二）个人形象设计途径的策划

大学生初到工作单位，既有生理上、心理上、环境上的不适应所引发的好奇、困惑、担忧和顾虑，又有急于表现、旗开得胜的渴望，因此提前设计好个人形象是必要的。

1. 服装整洁、注重仪表

大学生刚到新的工作单位，领导和同事都会比较关注，有些人还喜欢评头论足。所以，应注意衣着整洁、大方，并与自己的身份相符，与单位的习惯协调。衣着不一定要高档，但一定不能穿那些花枝招展的奇装异服，应当始终保持整洁。仪容方面，女性不要过分浓妆艳抹，可适当淡妆点缀，以朴实、庄重为最好。男性应该注意修饰边幅，定期理发刮须，不宜蓬头垢面或油头粉面，一般以整洁、干练为好。

2. 举止得体、言谈亲切

初到工作岗位，一个人的言谈举止极为重要。对于大学生来说，切忌"傲气"，夸夸其谈、目中无人；也不能自卑、缺乏自信，过分腼腆与拘束。一定要注意举止文明、彬彬有礼、落落大方、言谈亲切。

首先是要落落大方向大家作简要的自我介绍，然后态度真诚地请教有关工作。最需要注意的是，由于年轻人富有追求真理的精神，没有世故老到，到一个新单位往往很快地发现这样那样的问题，对一些社会现象看不惯，看到一些表面现象就大发议论，事事都要"较真"，爱钻牛角尖，结果往往碰钉子。

3. 虚心好学、不耻下问

大学生的确学到了不少基础理论和专业知识，但走上工作岗位后必须树立"从零开始"的思想，从一点一滴做起。学校内许多知识是在对动态事物静止化后，剔除一些复杂的干扰，老师又条理性讲解后的模拟式解决问题的方法，而工作中遇到的事不是靠背诵定义可以解决的，老员工的经验起到的作用是书本知识无法替代的。

4. 遵章守纪、遵时守信

单位的规章制度的执行，相对校园显得更为严格。校园以教育为主，迟到很少有处分。而大学生到单位后懒散懈怠、大大咧咧的表现，不仅容易引起领导的不满，受到制度惩罚，老员工也会嗤之以鼻，表示反感。"言必信，行必果"是大学生参加工作前，应注意培养的行为信条。

5. 团结同事、待人真诚

初到工作单位的大学生，切记不能拉帮结派，搞小团体，不要随意参与单位或同事之间的纷争，更不要背后议论和评价同事。同事相处，应以诚相见，待人不卑不亢，既不能自惭形秽，也不能傲慢无礼。

三、行为细节设计

（一）形象细节设计（简称十个"一"技巧）

1. 一句问候语

早晨上班与同事见面，上级领导到来，外来客人到来，必须先有一句问候语：您好！……事先设计好问候语，反复熟记，并在镜子前找到表情、音调的感觉。

2. 一句告别话

下班前不忘记说一句告别话，下班时间到了，千万不要不打招呼就走人。诸如："今天还有什么事吗？""主任，我可以走了吗？""师傅，我下班了，还有什么事需要我下班后做的吗？"等等。

3. 一件备用工作服

职业装必须整洁、庄重，但每天早上打扫卫生，穿职业装打扫容易弄脏，从而影响形象。因此，预备一套工作服随时干活随时用，既显得勤奋，又体现了良好的生活习惯。

4. 一些常用小物品

生活中有突发细节问题，需要准备一些常用小物品，如针线随时准备为谁的衣扣松弛使用；如面巾纸、手帕随时可提供对别人的帮助等等。自己可针对工作岗位特点认真思考，准备一些小物品，这样可以在同事心中形成热心、细心的形象。

5. 第一时间了解环境

第一时间了解情况是顺利开展工作的开端，提醒自己记住所在岗位的第一手资料，尽快消除陌生感。

6. 记住"一号人物"

行政一号人物是工作的领导；人际关系一号人物是非正式团队的"领袖"；技术一号人物是提高技能的"师傅"；脾气一号人物是防止产生工作矛盾的重点注意人物。记住一号人物，可以避免见到领导不打招呼，张冠李戴，或引起人际关系紧张。

7. 准备一个记事本

俗话说"好脑筋不如烂笔头"，记下领导布置的事、他人委托的事、应该注意的事、一会儿该干的事等等，培养出办事认真、稳妥的形象。

8. 一天情况写日记

一天情况的总结日记，其作用不可小视，每天发生的事，有经验可学习，有教训可吸取，有想法可研究，有情绪可调整。及时记下这些东西，可以提高自己的工作效率。

9. 物品"一步到位"

物品"一步到位"是指什么东西该放在哪就放哪，养成习惯，就能培养成办事井井有条的形象。

10. 一杯水

一杯水包括客人来了倒一杯水，自己渴了别忘记给别人也倒一杯水。有时别人忙了正准备喝水，此时的主动是办事周到的表现。

以上10个细节看似简单，使用的好坏对提高形象有重要作用。

（二）工作细节设计

1. 尊重上司，"将小事做大"

（1）永远不要忘记老板的时间比你的更宝贵。

当上司交给你一项特殊任务时，请记住：不管你正在忙什么，老板交代的工作更重要。如果正在打电话，请马上挂掉，让老板等候哪怕一秒钟都是一种缺乏尊重的表现。如果是正与客户谈重要生意，老板出现时你要作出反应，用目光交流或用嘴型告诉他正谈生意或快速写张纸条说明一下。

☞ **分析衔接**

曾有一位总经理，面对一位出色员工心事重重要回家乡发展，就执意挽留。因为在公司计划中，准备重点培养这个大学生，于是约她谈话，结果这个大学生正忙着其他事，晚到30分钟，总经理当即改变主意劝退这个大学生。其实这位员工并不是真正想离开，仅仅是有点小事一时想不通，如果准时到场沟通一下，个人与公司皆有好处。经常会有大学生对这样的事情认为经理不对，因为大学生不知者不怪嘛。

（2）粗犷的上司也需要细心的问候。

在一位性格、行为显出粗犷特征的经理去广州与厂家谈判的前几天，腿部有疾患却停止使用有效的风湿膏，助手问之，他说面对面谈判，什么都要想到细处，人家反感那股气味怎么办？在路上，一位细心的员工常询问经理："是否有些不舒服？"或"是否找地方坐一会儿"，或在上车时特别提示"经理，请注意您的腿"等等，给经理留下办事细心的好印象。千万不要以为刚强的人不需要温情，粗犷的人不需要问候。

（3）尊重不一定来自语言。

上司来检查工作（注意这里是检查工作），有时需要用语言打招呼，有时用目光、笑容更好。例如，在营销现场，正与顾客洽谈，此时停下打招呼问"总经理好"，实质上是工作的停顿。上司希望被尊重，出色的工作更是他们所需要的。

2. 热爱工作，慎说"不"字

（1）将"那不是我分内的工作"这句话从你的行为字典中删掉。

当老板要你接手一份额外工作时，请把它视为一种赞赏。这可能仅仅是一个小小的考验，看看你是否能够承担更多的责任。那些不愿做额外工作的员工，事业将会停滞不前或被那些任劳任怨、热情而勤奋的同事淘汰。

（2）千万不要对你的上司说："不，我没有时间"。

即使你手中还有几件工作要做，而新分的工作又不是你的任务，你所使用的"不"从道理上讲无可非议，但上司听起来就像不愿服从他一样。你应该用"我真的很想做这项工作，但是你想让我先完成哪一项工作呢？"来回答。

（3）棘手的工作是一种"幸运"。

常摊上棘手的工作，似乎是一种"倒霉"，如果表现出无能为力或无从着手的样子，那可真要倒霉了。对棘手工作的每一次完成，将是证明个人能力超群的机会。我们应该"笑对棘手"，当作挑战来面对，想方设法做好它。这也许就是你的幸运，公司通常会保留并提拔那些干工作总是显得游刃有余的员工。

3. 培养主见，要敢于负责

（1）紧急状况，更需冷静。

老板和客户都非常欣赏那些在困难或紧急情况下能出色完成工作的人。如果你始终保持从容冷静，那么一旦发生问题，面对喧闹干扰、无理纠缠，你也能很快找到解决办法，而且能在老板和同事面前表现出应付自如、信心十足的样子。

（2）亡羊补牢，不要问老板"怎么办"。

一旦工作出现失误，要快速对情况作出评估，制订出控制损失的可行性计划，然后直接找老板告知问题所在，以及你准备采取的解决方法，绝不可以没有准备好自己的建议就带着"我该怎么办"的问题去找老板。

（3）当机立断，不要事事请示。

表面看，事事请示是尊重上司，如果有喜欢你这样做的上司，那一定不是出色的上司。下属都有成为大小决策者的机会，必须培养当机立断的能力，不要优柔寡断或过于依赖他人意见。小心谨慎地权衡意见，及时迅速地作出决定是成功决策者的必要条件。

4. 表达窍门，注重小节

（1）不要奢望能被人理解你心中所想。

有的人自觉不自觉地帮最好的朋友讲话帮腔，似乎觉得是正常的。而站在对面角度，可能认为是互相扶持的小团体。经常多与距离较远的同事说话，好朋友、知音更多地用于私下或体现在工作上相互配合。千万不要以为自己怎么想的，他人也会以此作为判定事物的标准。

（2）表达注意小技巧。

① 开会时，在靠近会议桌中间的位置选一个座位，不要坐在容易被忽略的角落。

② 尽早发言，这样在与会者感到"疲劳"之前，你已受到了注目。

③ 陈述观点时，只需说出主要事实就可以了，切忌罗列与主题不太相关的细节、末节。

④ 避免使用模糊、让人们缺乏信心的词汇，"我猜可能是因为……"，"这种观点可能不对，但我觉得……"。

⑤ 在发言时不要急躁，只要你说的内容有意义，人们会一直倾听的。

（3）交浅勿言深。

大学生毕业后到新单位工作，与老员工关系不太熟悉，即使工作一两年，也无法像老员工一样有深刻交往，交浅言深是人际交往大忌。不要以为都是平等人，大学生水平更高些，渗入人际之间发表看法，这样做是非常不合适的。即使所说的话完全正确，也会引来消极影响。

（4）少插少犟。

在他人讲话过程中，突然插话，这样有喧宾夺主、自以为是之嫌。尤其面对长者、上司，更易引起反感。

犟嘴是指"没理争三分，得理不让人"。大学生一般不犯第一句，"没理争三分"对于大学生也不合适，法律规定人人平等，但生活中有时不给同等发言机会。"得理不让人"是大学生常犯的毛病。即使你完全有理，对方生气不说，旁观者也会讲："就算你有理，也该谦让一下。"

☞ **分析衔接**

一位在学校公认是"热情、好助人"的高职生，进入工作岗位之后，态度积极，严格要求自己。但是，却受到上司的斥责。起因是另一个大学生工作粗心，上司批评那个女生，她随口就说：她是因为什么什么原因。上司联想到过去发生过几次接话帮学生找理由的事例，马上对她说出：闭上你的嘴，等你当上负责人时再这样对我说话。这个大学生非常生气，又不好发泄，第二天工作都精神萎靡。表面看该大学生没有犯错误，但是，这种习惯在特殊情境下出现，会引起上司的情绪变化，是应该反思如何做才能更好，而不至于导致自己情绪低落。

（三）工作习惯设计

（1）早来晚走。不是简单的吃苦耐劳，早来是防止头一天忘掉什么事或应该完成的事没完成，可以弥补过失。晚走可以检查是否有没做完的事或有些不妥之处（如忘记关灯、安全隐患等）。

（2）随时记录。一方面防止遗忘，另一方面是办事认真、尊重领导的行为。

（3）重复一次上司指示。防止遗漏，防止误听误记，导致工作失误。

（4）当天事当天完。防止做事养成拖拉习惯，因为寻找理由非常容易，提示自己"再好的理由也是借口"。无论克服多大困难，都要当天事情当天完成。

（5）开大会坐第一排。这是自信的一种显示，同时可以听得清，不溜号。

（6）不懂的事，一定先问清再做。不懂装懂维护了面子，极可能劳而无功甚至效果适得其反。

（7）办事有始有终。不干则罢，干就干好。防止做事虎头蛇尾，更要纠正工作华而不实的习惯。

（8）做事动作利索，应答痛快。即使手头有工作，也要马上应答，防止引起上司的不满甚至发火。

以上这些都是良好的工作习惯，良好的工作习惯无论换到哪个工作单位，都是非常有用的。

【案例分析】

一、说者无意听者怒

一个参加工作不久的女生，属于公司的一个销售小团队。平时团队负责人与大家相处和睦，老员工好开玩笑叫他"老大"。这位女生公开并不面称"老大"，可一次经理下来检查工作提出一些看法，问：你们为什么这样做？这位女生随口答道：我们老大批准的。经理非常恼火地问：我们是团队还是团伙？谁敢称老大？经理随后把团队负责人批评一顿。团队负责人也生气了，回头说这个女生，"平时开玩笑的话都不知道？"使这个女生很长一段时间处于心情况重状态。

问题1：这个女生的做法有无不妥之处？

_____

_____

问题2：遇到此类事，如何解决为好？

_____

_____

_____

二、勤快带来的烦恼

一个大学生毕业后到一个公司担任公司内勤的文员。由于感到工作较轻闲，加之上进心较强，每天吃完晚饭在公司学习或完成白天没完成的工作。一天，这名大学生看见总经理也来到公司，打完招呼后各回各办公室。忽然，来了一个陌生人，挨个敲门和推门，这个大学生主动上去问："你找哪位？可以告诉我吗？"这位陌生人随之说一句："找总经理。"这个大学生边说"我领你去"，边引到总经理办公室。发生什么事情她一无所知，反正总经理出来时没像以往一样热情打招呼，只是随便哼了一声，在陌生人走后一会儿也独自走了。

问题1：这个大学生有无做错什么？谈谈个人看法。

_____

_____

问题2：思考一下大学生可能做错了什么，应该如何解决问题？

_____

_____

_____

_____

三、老员工的"出气筒"

一位从事大学生就业研究的老师，接到一位毕业生的电话哭诉，她觉得很憋屈，想向老师述说。她下班很晚，并且遇到下雨，同班在一起工作的四个同学打伞下来接，正逢自己今天过生日，就没有上楼向负责生活的经理报到，一起到饭店吃了顿饭。生活主任按照不正常归宿上报，并准备罚款。这个女生觉得一切都很正常，"正好过生日，几个同学下来接她，就方便在旁边饭店吃饭"属于特殊的巧合，也属合情合理。老师看她很痛苦就转移了话题，询问这几天生活过得怎么样。她顺便说："前两天我们换了寝室，是负责我们业务管理的经理去宿舍，看到我们房间小，就说那边大房间刚走两个人，搬那边多好，我们就搬过去了。"老师问："调宿舍应该是生活经理负责呀。"这个女生讲："当时她在旁边没说不同意见呀"……

【行为导航】

老师帮助她分析出以下几点。

（1）生活经理的职权工作被管理你的业务经理取代，换成你会高兴吗？

（2）现在企业老员工之间竞争激烈，面子上又不显露这一点，作为新进入这个工作环境的你感觉到没有？

（3）地位高于你、资历长于你的生活经理，受到了另一位老员工的干涉，这种不高兴会不会因为心情不好，想找目标进行转移发泄？

（4）如果下楼接你的四位同班同学请示生活经理得到批准或有其他员工与你们一道下去接你一起吃饭，会不会被怀疑事先策划好今天有意识为了过生日，没及时回宿舍报到？

（5）对要罚款有点接受不了，心情非常值得理解。老师告诉她，今天你知道了社会人际关系不仅复杂，而且细腻到连老师在训练时都没想到的程度，难道不应该为今天的收获付出费用吗？

这位女生恍然醒悟，意识到自己有不妥之处，并破涕而笑。

问题1：这位女生的经历说明了什么？

_____

_____

问题2：这位女生的做法有无不妥之处，应如何处理？

_____

_____

_____

问题3：根据这个案例，谈一下个人就业细节应该注意哪些方面。

_____

_____

_____

四、记住他人爱好的好处

一位毕业生所在企业的一个老员工，对来搞调研的老师夸奖该毕业生非常懂事理，且关心他人，老师开始以为是出于礼貌客气而已。后来，问了这名毕业生，你做了什么事让老员工这么高兴地夸你。毕业生说："其实没什么，我刚来时是这位老员工带着我实习的，我注意了他和我讲过他的爱好，正好一次出去玩，看到了他爱好的东西，就给他买了一个，其实不值几个钱。"

其实不值几个钱，却让老员工记在心上并夸奖一番，老师陷入了沉思……

问题1：你猜测一下老师在沉思什么？

_____

_____

问题2：你从中得到什么启示？

_____

_____

_____

第三节　日常工作策划

一、日常工作策划概述

（一）日常工作策划的内容

1. 建立人脉关系

俗话说"广交朋友"，但不是无原则地滥交。在大学生进入工作岗位之后，建立人脉关系包括有计划地掌握常用的交际礼节，对工作中可能遭遇的排斥心理进行适应，对发生的人际冲突进行调解。

由于大学生走上工作岗位后即成为"社会人"，只有在社会中才能发展自己。而个人能力的判断，并不仅仅由个人自我认知，社会周围其他人的判断更为重要。由于人与人之间交往多带有以自我为主的主观意识，大学生只能主动、热情地与人交际。

2. 提高工作效果

包括合理计划日常工作，养成良好的工作习惯。

新参加工作的大学生做不好重要工作，完成不了繁重、复杂的任务，可以得到谅解。而细小环节的不重视，自恃理论深厚而轻视现场经验的表现，生活上的不拘小节，语言上的"狂妄"等则易引起周围的领导和同事的反感，甚至发展成对大学生整体的误解。

3. 应对生活挫折

挫折包括生活中可能遇见的寂寞、单调、孤独、不公等情境，而产生的挫折可能遇到环境的消极误导，更易加重挫折感，所以必须有针对性地制定应对措施。

（二）工作策划的程序

1. 树立目标

在合同期限内为个人制定的目标或从时间上确定 3 年奋斗目标。

2. 进行目标分解

纵向分为前一年和后两年，横向可以分几种能力分批提高。

适应期的前一年是了解公司、岗位、工作方法的阶段。后两年是重点培养技能或在公司内换岗调整的适应期。

3. 制订计划与措施

要明确今年学什么、怎么学、向谁学、达到什么标准、明年学什么……也要明确起步怎么干，如何培养工作乐趣，工作效率如何提高。

计划与措施越详细越好，还要考虑到补救措施。制订计划不能纸上谈兵，要及时付诸行动、及时总结。

二、人脉关系建立

（一）做好充分准备

进入工作岗位后，希望风平浪静、工作配合、相互无猜是大学生的主观愿望，也是正常的要求。然而，身在复杂的社会，大学生是无法选择周围的人际的。遭遇到令本人内心不快、反感之事，甚至毫无瓜葛而被株连的冤枉，无故被猜测、误解的委屈，对于初涉社会的大学生，尤其是很少受过委屈的独生子女一代，心情马上会变得沉重，表情立刻有了反应。

1. 强化自我

（1）认知自我。

主要是认知个人身上存在的人际交往方面的优、劣势。优势有哪些？适用于什么场合、什么时间？劣势有哪些？在什么场合下会发生什么后果？尤其是对劣势必须做到心中有数。

由于个人存在着"背脊的自我"和"潜藏的自我"，应提前多加防范。

所谓"背脊的自我"，是指别人知道而自己不知道的特征表现，可以借助他人的力量认知后记在心上。

所谓"潜藏的自我"，是指别人不知道而自己也不知道的自我特征表现，就需要在一露苗头时加紧改正，并引为以后必须记住的内容。

（2）设想可能发生的事情。

从生活中已知发生过的人际矛盾的分析，设想个人可能会遇到哪些？在什么情况下、什么时间最容易发生。可以通过网上浏览大学生就业的行为叙述，多了解工作适应期发生的令人不快的事例。

（3）设计反应方式。

针对设想可能发生的事情，通过征求师长意见，听取参加过工作的大学生观点或到一些心理咨询机构进行预防咨询。做好充分心理准备，就是为自己打抵制"交际病毒"侵害的"预防针"。

2. 有"礼"走遍天下

有"礼"走遍天下是当今社会人际交往的特点。

（1）熟用礼貌用语。

① 礼貌用语要文明雅致、措辞恳切、用语暖人、语气和蔼。

② 问候的用语：早晨好！您早！晚上好！晚安！

③ 致谢的用语：请多关照、承蒙关照。

④ 慰问的用语：辛苦了、受累了、麻烦您了。

⑤ 赞赏的用语：太好了、真棒。

⑥ 谢罪的用语：对不起、实在抱歉、请原谅。

⑦ 挂念的用语：身体好吗、怎么样、还好吧。

⑧ 迎送的用语：欢迎光临、再见。

⑨ 道歉的用语：实在对不起、请原谅、打扰您了、失礼了、完全是我的错。

⑩ 征询的用语：您有什么事情？需要我帮您做什么？

⑪ 应答的用语：没关系、不必客气、照顾不周的地方请多多原谅。

（2）常用客套话。

① 慢走——用于送客人。

② 留步——用于客人告辞语。

③ 劳驾——用于请别人做事或让路。

④ 少陪——用于对人表示因事不能相陪。

⑤ 失敬——用于向对方表示歉意、责备自己。

⑥ 久违——用于好久不见。

⑦ 恭喜——用于祝贺别人的喜事。

（3）养成微笑习惯。

微笑既代表个人快乐又给人以快乐。微笑给人感觉温暖如春，满脸严肃给人以冷若冰霜的感觉。真诚的微笑在人际交往中，寓意为"我喜欢你，你是我的快乐，见到你很愉快。"

微笑也是力量、涵养的暗示。目前大学生被许多人误解为"狂"，起因是一些个别大学生不会合理定位，从而引发误解。因此，进入工作岗位后，应充分利用交际礼仪赢得认同。

3. 发现他人的美好

（1）赞美他人。

任何人都有渴望被肯定、被赞扬的高级心理需要。适度地赞美他人，不仅会拉近彼此心理距离，更可以增加相互理解的沟通。

赞美和奉承有区别，譬如，"我太崇拜你了"，"我真佩服你的能力，太厉害了"，"我常回忆你对我的关心和帮助"，"你太正直了"。这些是夸张了的赞美，是属于奉承。赞美原则是发自内心、适时、适度、合理、具体的。

（2）学习他人。

每个人都有美好的一面，即使是令人讨厌的人身上也存在着可学之处，只是有时这些人把优点潜伏，自暴自弃而已。学习别人的优点不仅是增长才干，也是合理沟通、提高交际范围的最佳方法。尤其当那些让人讨厌的人知道，你发现了他的优点并真心学习时，他的良知会激发他收敛错误，发扬优点，从内心开始赞扬、承认你。

（二）人际冲突的缓解

许多大学生一年之内离开工作单位，重新选择，其中有很大原因是发生了人际冲突。有许多人际冲突起因并不严重，由于缺少有效沟通，双方以各自主观臆断对小误解进行"放大"后，导致产生对双方皆不利的后果。大学生的主观想法是这里人际环境不好，说不定其他地方好，于是再次重新择业，这种回避方式是人际交往的消极做法。有人群的地方就有人际冲突，想躲避是不可能的，正确的做法是学会缓解人际冲突。

1. 适应心理排斥

当大学生初进工作岗位，少数时候可能得到客气的接待，绝大多数时候是会受到心理排斥。

☞ **分析衔接**

由于老员工相互熟悉，对新加入者陌生，不了解其个性特征，会在心理上暂不接纳。

由于工作存在着竞争，"教会徒弟饿死师傅"的传统观念，会使老员工对新人产生本能似的心理排斥。

由于老员工对大学生抱有"狂妄"、"好高骛远"等成见，会在心理上产生"不是一路人"的先入为主观念等等。

对于排斥心理可以采取以下心态逐步适应，采取"四宽"原则。

（1）宽厚。

宽厚即宽大厚道，首先体现在一个字"善"上。宽厚的对立面是刻薄与奸诈。与人为善体现出的是一种人格和一种道德品质。

（2）宽容。

宽容是指有气量，不计较，不追究。宽容比宽厚更进了一层，体现一种待人处事的态度和对不礼貌行为的容忍和原谅。宽容是一种胸襟，也是一种美德，宽容的对立面是斤斤计较。

（3）宽让。

宽让是指宽容忍让。在交往中让着他人，不无端与人争执。宽让不仅是一种美德，而且是一种能力表现。古代的蔺相如就有一种惊人的度量，其宽让气度最终感动了廉颇。

（4）宽恕。

宽恕是指宽容饶恕，是对人的道德品质、涵养及胸襟的最高要求，是虚怀若谷的品格，又是感化他人、团结他人的有效方法。

保持上述心态，一如既往地安心工作、热心学习，让时间和个人行为证明一切，在这个过程中，越想用道理说服，越着急解决，越欲速则不达。

2. 化解人际矛盾

大学生遇到的人际矛盾会有很多，主要有以下几种。

（1）因个人不善交际使得处理问题的方法不妥而发生人际矛盾。这种矛盾由于是自身缘故，相对容易解决，个人也容易认知错误，会主动和好。

（2）因对方品质不好或对方非故意而产生责任全在于对方的人际矛盾。如果对方能意识到错误，即使不主动示好，也不会产生大失误，只要大学生大度一些，矛盾就不会再发生。

（3）因误解而产生的人际矛盾。由于大学生与领导、老员工在工作理念、思想意识、个人爱好等方面存在差异，有些方面甚至差异很大。有些事情极可能一方无意，另一方多心，造成误解，使大学生感到很冤枉。这种情况解决不好，会使大学生产生非理智的行为选择，因为青年人易感情用事，难以接受委屈和误解。

（4）因祸起萧墙而引起的人际矛盾。老员工之间存在着矛盾痕迹，大学生夹在中间，稍不注意，就有可能成为双方的"撒气筒"。这类人际矛盾对大学生心理打击很重，最让大学生接受不了。

3. 善于与不同类型的人打交道

生活中可以选择朋友，但无法选择你所处的人际环境，所以，必须善于与下列不同类型的人打交道。低级趣味类型的人的表现特征分析如表 9 - 1 所示。

4. 合理选择沉默

沉默具有消极影响，如果是性格原因，或不适应陌生环境，过度沉默，不但不能得到默默工作、埋头苦干的评价，而且会引起误解。如经常一言不发，易被误解为"傲慢"，交谈中突然一言不发，易被理解为抗议、厌倦，直接影响对方情绪。

表9-1　低级趣味类型的人的表现特征分析

类　型	行为表现	交往要点
心术不正	耍阴谋、权术、欺骗、陷害、口是心非、出尔反尔、上推下卸、不从正面挑战而在背后搞小动作	谨言慎行、适当警惕、少往来、不卑不亢及必要的斗争
爱出风头	有野心、自我评价过高、爱表现自己和贪图虚名	适度关心、帮助，友善地去说服
骄傲自负	小成功沾沾自喜，凌驾他人之上，贬低他人，独断专行，最后导致成为孤家寡人	虚怀若谷，善意批评，必要的帮助
嫉妒人	当失去优越地位后对他人的憎恨	警惕，敬而远之
饶舌	想起什么说什么，言事无节制，说话不负责任，传话，造谣，搬弄是非，往往很难建立稳定交往关系	用事实说明真相，不与之纠缠，必要时澄清与批评
顽固人性	将自己的意见强加于人，不考虑给别人造成的麻烦，听不得反面意见，强烈的自我中心主义	注意策略，以情动人，以理服人，不"抬杠"
暴躁易怒	急脾气，不冷静，易得罪人，伤众，听不得批评，不虚心，不吃亏，强烈的攻击性	少刺激，宽容与忍耐，温和对待，适当回避
小心眼	爱猜疑，心胸狭窄，斤斤计较，记仇，往往以小人之心度君子之腹，有强烈报复心	宽宏大度，不计较，坦荡待人，敬而远之
吝啬小气	过分看重金钱、物质，无度占有他人便宜，不帮助别人，极端自私，没有真正朋友	不计较，大度与大方，少发生金钱物质交往关系

　　沉默也具有积极作用，在保持适度的礼貌状态下，初到工作单位的大学生，还是少说为佳。青年人由于阅历较浅，凭着血气方刚的热情，发表自己的见解，如果碰上主观的领导或同事，往往会感到你傲慢、偏激、自不量力。沉默多思考，多听别人意见，可以给人留下厚道、稳重的良好印象，沉默中用无言的微笑代替说话，容易被同事接纳。

三、提高工作效果

（一）工作目标合理

1. 简化设定目标

　　目前专门研究职业生涯设计的专家都提倡同一时期目标不宜过度，重点在于一个目标的突破，即目标聚焦。目标较多，会顾彼失彼，到最后连一个目标都实现不了。

☞ **分析衔接**

　　某高职营销专业毕业生去一个公司报到后，经过培训上岗。学生纷纷打来电话，问专业训练老师如何树立目标，老师直接告诉他们，目标最简单：保证一年内向家长上交五千元钱。学生有点迷惑，老师告诉他们，信则成功，不信则失败。事实证明，这样树立目标直截了当，非常具体，好学生完成了一万元指标，业务水平上去了，公司评价上去了，自信心也上去了，而个别学生因为三心二意，既没有实现设想，经济上还囊中羞涩，自信心都受到影响。

---

2. 目标细化、制订行动方案

为了完成指标，尤其在节假日如何收到突破性结果，应使用哪些工作手段技巧？如何学习掌握技巧？一旦上月计划没完成应怎么补救？目标细化如表 9 – 2 所示。

表 9 – 2　目标细化

年目标	5000 元
月目标	5000/12 = 417
旺季提高 20%	417 ×（1 + 20%）= 500 元
月储备	最低 417 元，最高 500 元
每天均完成（每月按 25 天计算）	最低不低于 17 元，最高达到 20 元

以孝敬家长为目标的策划，会收到很多效果，增强了责任感。事实证明，自我给压力能提高工作水平，得到了公司的认可。一般情况下，有孝敬家长行为的必体现出一种责任感。许多公司认为："你连家长都不孝敬，怎么可能忠诚公司呢"？

👉 分析衔接

一位成功的经理人在叙述自己的打工生涯时，给自己制定了"惩罚性"自我激励法。每天销售指标为 30 个产品，如果完成了就肯定自己。如果超额了，就告示自己是自己低估了自己的能力，所以多干是应该完成的，没有什么超额。如果没完成则是自己的责任，第二天一定要弥补，之后继续完成 30 个标准。

相反，多数人是自我安慰，用超额平均欠缺。越是这样，越容易弱化自己的前进动力。

（二）遵循高职特征

高职工作特征需要记住一句话，即"下得去，上得来"。道理简单却极为关键，这是高职大学生成功与失败的关键点。

1. "下得去"的含义

高职培养目标是培养既懂技能又懂经验的管理者。"下得去"是指能深入工作基层，安心从简单的工作做起。高职大学生就业后与本科的学生相比做技术研究、做白领都不占优势。高职生进入工作岗位应暂时忘却自己是大学生，而是扎进基层从最简单的工作做起，以最快的速度实现熟练，然后通过技术精湛赢得认可。同时，学会建立人脉关系、合作意识、顽强意志、管理方法等，争取在容易被忽略的工作位置上脱颖而出。

低调做事是当今大学生不愿意选择又是能尽快被接受的选择，"下得去"是高职生的明智之举。

2. "上得来"的含义

高职生一旦"下得去"并不代表能成功就业，经常会有高职生深入一线后，不是按照高职目标发展，而是被基层劳动者"同化"。高职生与基层劳动者的区别在于高职生有文化基础、专业知识，缺乏基层技能，需要积累经验。"下得去"不是放弃原有的优势，改变自己成为基层优秀劳动者。学习基层在于管理基层，如果不能及时将理论跟进，形成理论与实际相结合，升华个人综合素质，就相当于"黑瞎子掰苞米，掰一穗丢一穗"。

☞ **分析衔接**

　　"下得去"是为了被接纳，学会技能和经验，"上得来"是为了实现高职就业目标。很多在实践中做得出色的高职生，忙于技能精湛、积累经验，却忽视了理论升华，不懂得用专业知识与实践相结合进行综合提高，结果，公司准备提拔其做管理层工作时，考核却没通过，很叫人感到惋惜。

（三）适应管理

1. 理解与服从

　　工作单位制度比较细腻，奖罚比较清晰、严厉。大学生必须理解这是工作需要，不理解也要服从，千万不要引用书本理论讲什么"应该"、"如何"。

☞ **分析衔接**

　　学校也有规章制度，有些学生干部已经习惯对别人使用规章制度，但是并不能保证自己能适应企业制度。学校侧重于教育，有些小毛病都在允许范围内，而企业不行，细小误差可导致机会丧失，是100%的失败。另外，企业没有耐心也没有时间进行说服教育，成本概念浓厚，因此，对违反规章制度的行为往往以惩罚为主。

　　对制度理解也需要换位思考，不要把自己仅仅当做被动的、被管制的角色执行制度，那样心态会消极，情绪会低落，抗拒心理会潜在。换位思考是把自己作为未来的管理者，体验被管理的感受，体验管理制度不完善带来的危害，思考最佳管理思路。今天的被管理是学习体验阶段，是为发展期打基础，这样不公平心情会变好，而且会产生积极热情，进而喜欢制度。

----

2. 谦虚而自律

　　目前大学生去民营企业就业的较多，发现其管理手段五花八门，参差不齐。管理者水平各有高低，出身也不相同，个性更不一样。而学校里讲授的管理策划与方法，是对过去经验的升华总结，在现实中生搬硬套会产生公司认知上的误解。

☞ **分析衔接**

　　有的公司既有家族成员，又有同时创业的员工，既有过去国有企业的工作人员，又有靠

拼搏逐级上升的实践者。管理理念、方法不仅不同，管理中也并不全是理智行为，情绪化行为较多。面对个人看不惯、不理解的管理，大学生必须谦虚处事。你有理论优势，人家有经验优势，你有理论需要到这里打工，人家的经验能维持公司存在。公司在管理上需要改进，人员素质需要提高，这是无可置疑的。问题是从一个打工者口中指出对方的不足之处，不是道理不对，而是情感上不能接受，而我们可能有许多机会也会暴露缺点或弱点，不仅会增加对方加重处罚的想法，也可能会被指责为"狂妄"之人。如果能谦虚自律，待对方发现我们的能力后，再认真提出合理建议。

（四）学会计划

1. 日常工作计划

对工作要学会分出轻重缓急，培养有条不紊的工作精神。

1）A、B、C 分类管理卡

A 类工作为关键工作，B 类为一般工作，C 类为次要工作。A 类工作在时间上紧迫，重要度较高，所以不能忽略，而 C 类工作可能影响性小，不太重要，属于可推迟完成的工作。

A、B、C 分类管理卡如表 9-3 所示。

表 9-3　A、B、C 分类管理卡

类　别	项　目	时　间
A	1. 2. 3.	
B	1. 2. 3.	
C	1. 2. 3.	

2）工作记录卡

工作记录卡如表 9-4 所示。

表 9-4　工作记录卡

时　间	项　目	耗　时
上午 8：00 ⋮		
下午 14：00 ⋮		
晚上 20：00 ⋮		

把工作记录下来，一是可以看到个人成功效果，二是为下一步改进工作方法，提高工作效率提供改进方向。

3）重要工作细节的标注

每项工作在操作之前，首先要弄清此工作达到目标所需要的方法及条件。其次要找出重要的工作细节，写在纸上或做以特殊标记，以提醒自己。

4）其他工作细节

例如，工作时间紧迫而接待来访者，如果问题简单，最好站着谈，这就是一个细节。再如，把最重要的工作放在最佳时间完成（精力最旺盛时）也是一个细节。又如，天天工作保持微笑，这不仅可以提高自己的工作效率，也可以感染周围的人的心情。

（五）学会学习

学会学习是指有效地学习、高效地学习。

在工作中能直接创造价值的不是知识，能创造价值的是技能，所以适应工作，要全身心投入学习工作技能。

1. 学成技艺

许多新参加工作的大学生，总发现一些怪事，如同样的工作基本方法都已经掌握，就是工作效率与工作结果不一样。其实，这里面有技能与技艺的差别。过去有个说法："一招鲜，吃遍天。"在专业化分工愈来愈细的今天，把一门技术练到炉火纯青，发展前景就会更加广阔。职业生涯设计，与其十个目标都做一些，不如聚集一个目标的完成。作为学生，十个复杂问题似懂非懂，不如一个原理掌握透彻。作为工作，十种方法不精，不如将一个简单招式练到极致，因为那是绝招。

2. 学会励志

学会学习，要做好励志的心理准备。励志，即奋发志气，通过坚持每周的励志学习计划，就可以不断为自己输送精神力量。

（1）学习名人、成功者的成长史。

每一位成功者所走过的路，都不是平坦顺利的，而经历的苦难愈多，其成就的事业愈宏伟，这是带有普遍性的常规。

（2）消除排斥学习的心理。

有许多大学生一方面认为自己不行，另一方面对别人的长处、成功经验又不学习，这种自相矛盾的行为是一种排斥心理造成的。例如，成年人走过的路，他说"过去与现在不同了"而排斥学习。老员工的经验，他说"我与他不是一个发展目标"而排斥学习。同学成功的事实，他说"人与人之间不一样"而排斥学习。由于这种排斥反映在心里，比公开拒绝还有破坏性。公开拒绝学习是可以帮助的，而这种内心排斥有时无法确定。

（3）激励自我写日记。

学习世界上最伟大的推销员一书中的《成功记录表》，收集对个人成长有益处的激励词，针对自己进行成功激励。

四、应对生活挫折

(一) 常见的生活挫折

1. 寂寞、单调和孤独

虽然在任何一个地方工作，并不缺少人群，但是由于缺乏自己熟悉的人群，不适应新环境，许多快乐不会寻觅，因此感到精神寂寞。

由于生活发生根本改变，刚刚进入工作岗位，工作比较简单、重复，又受制度严格制约，于是产生一种生活单调之感。

参加工作虽然都有经济收入，但收入高低与劳动强度、时间一般成正比。收入低的工作虽然身体不累但需要花费心思计划着花销，有时遇到困难总觉得孤立无援。收入高的工作，下班之后，虽有想吃可口饭菜的愿望，但疲惫之躯加上单调所带来的精神疲惫，于是选择了"对付一碗方便面吧"的念头。当口嚼乏味的方便面回想家中可口美食时，马上会产生孤独之感。

2. 不公与委屈

任何单位人际之间有远近，各有归属。老乡、校友、同门都可能成为照顾、偏向的理由，性格、处事的不同也可能使上司在安排任务时产生有所侧重的情况。而公平心理是人之常情，受到不公甚至一再出现，必然产生生活的挫折感。由于人与人之间的信息传递存在误差，心理学家研究发现，原始信息每经过一个环节将损失 0.05，如果原始信息为 10，再经过十个环节，其原始信息将不足 0.5。既然如此，生活中就有可能因为信息不畅、领导误解而产生委屈。

(二) 生活挫折发生时家长的作用

1. 积极作用

如果是有远见、有理智、负责任的家长，当子女遭受挫折时，他们会一方面关心子女，另一方面激励子女。家长在子女走上工作岗位的第一年，所起的作用非常大。

2. 消极作用

目前有许多家长心理承受能力甚至不如学生，学生易受教育激励，当看到同事、同学在拼搏，也会受之感染激发出一股干劲。而有些家长缺乏理智，缺乏远见，在一种所谓感情色彩的表达后面，掩盖着对孩子的不负责任。尤其逢年过节，本来子女思乡心切，此时却成为打消子女安心工作的时机，工作一年简直成为一道坎，使许多参加工作的大学生产生退意。

(三) 生活挫折的合理防卫

1. 升华

将打工式、学习式的就业，上升到"我是成年人，这是我承担未来扶养老人的开端"的责任感，把挫折当作磨炼，是避免在更大挫折来临时缺乏应对能力的保证。

2. 合理化

明确人生就是有苦有乐，"先吃苦，必有甜"。"吃亏是福，多干有得"，把发生的各种挫折看作是有理由的，应该正常面对。

3. 认同

把个人与身边成功之人相认同，与社会上事业成功者相认同，今天吃得苦就是将来与他们一样享受苦后甜，他们能做到的，自己也应该做到。

4. 想象

想象一旦熬过之后成功的喜悦；想象未来一天用个人经历作为资本教育别人；想象成功之后，能在人前证明自己。

总之，在工作适应期只有暴露个人的不适应，才能改变自己，完善自己。

【课内练习】

一、奇怪的家长

当子女临近就业，比子女都着急；

当子女去外地就业，比子女都上火；

当子女两天没通电话，比子女都坐立不安；

当子女遇到挫折，比子女都先考虑退却；

当子女需要激励，往往先心痛劝退；

当子女怕苦怕累，往往召唤回到身边；

当子女需要立业，往往关心先要成家；

当子女习惯养尊处优，反过来又责怪不如别人。

问题1：你相信有这样的家长吗？

_____

问题2：假如你相信，你打算如何说服这样的家长？

_____

_____

_____

二、家长的对比

冰上运动员李成江在亚冬会比赛之后见到了父母，询问父亲头发怎么掉了，父亲告诉他，是化疗和放疗造成的，此时此刻，他才知道父亲得过癌症，却一直瞒着他。

一所高职学院让老师送几位同学到南方就业，在路上学生把老师的电话号码告诉过家长，过了三个月后，突然这位老师接到电话，是学生家长询问孩子为什么不来电话。老师问多长时间了，家长说是一周。老师告诉他前天还和公司通过话，说一切都好。家长说：这年头坏人这么多，社会这么复杂，谁知道会出什么事。家长的话让老师感到十分不解：一个农村长大的小伙子，至于这么担心吗？又至于这么看待他人与社会吗？

问题1：谈一下你对两个家长关心子女的不同做法所持的看法。

_____

_____

问题2：如果你参加工作后，希望家长如何做？

_____

_____

_____

_____

_____

第四节　事业发展设计

一、事业发展概述

（一）事业发展的途径

无论选择何种职业或岗位，无论在任何单位工作，要达到自己期望的目标，可以有不同的发展途径。发展途径有长、短之分，也有难、易之分，但有两点是肯定的：一是任何途径犹如一条线路，中间不能"断链"；二是每个人并不适应所有的途径。

事业发展策划的合理性要求每个人要依据个人的专业、个性特征（兴趣、价值观、性格、气质、能力等）、人际关系等综合分析，确定合理的发展途径，避免"事倍功半"和"半途而废"的努力。

1. 职业经理人方向发展

假定去一家经贸公司任职，职业发展目标是担任副总经理。副总经理往往负责几个部门的工作，并且几个部门都必须工作过，比较熟悉相关业务才能胜任高层管理。作为不同专业的人，在逐级上升过程中，与专业对应的工作积累经验往往不同，有的部门对专业依赖性很强。作为个性特征，对不同工作的效果有促进和弱化作用，对担任不同领导位置也起到适合与不适合的作用，而上级的决定聘用也必然考虑个性特征是否适应。此外，人际关系也要作为个人选择的因素之一，任何工作都是由人来完成的，工作过程从某个角度看，就是解决人的问题。因此，人际关系与工作成败的相关性极强。每个人都可以根据所在的工作单位，设计出如图9-2所示的路线图，进行合理性策划程序设计。

2. 自我创业方向发展

高职生不乏期望自己做老板之人群，原则上不是错误，但时机选择不好，不仅是错误，极可能使自己陷入一种危机境地。

☞ **分析衔接**

一个2000年毕业的大学生，因为一个原来想去的大型化工公司处于低迷状态，公司开始精减员工。于是在徘徊一年之后，在郊区开设一个小型印刷厂，在市内开一个小小的门

市，借用家长原来就是国有破产的印刷厂的工作经验和认识的人脉关系，生意做得很顺利。见到老师说：如果当初就是进入化工企业，的确是铁饭碗，也能挣三四千元的工资，那样我就是一个劳动者。现在我招了16个员工，基本形成了自己的"回头客"的网络，每个月给这些人开工资，交保险，感觉和自己上班是不一样的，因为我是创业成功者。

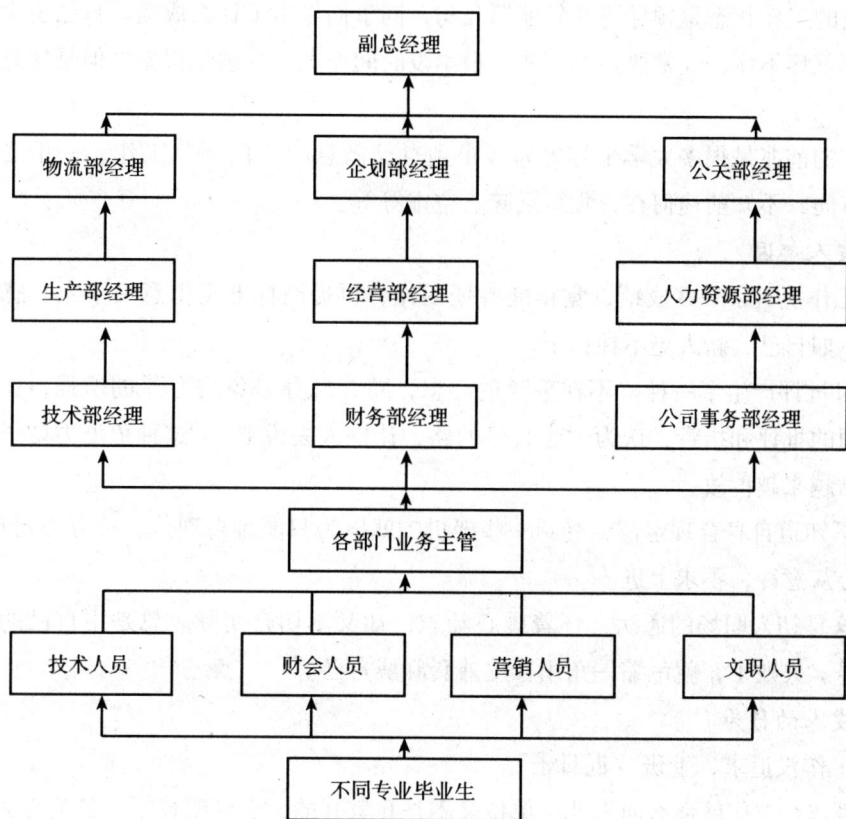

图9-2　职业发展策划路线图

分析衔接

一位高职生厌倦打工生涯，又看到自己熟悉的邻居从事一种销售门店很红火，于是央求家长投资做相同的买卖。经过一番努力，在闹市区以半年五万元的租金租下门面，花三万元进行了简装，仅仅剩下两万元进货。由于没有人脉关系、商业信誉、经营经验，不久就陷入了"危机"。向邻居借款周转被拒绝，因为过去是邻居朋友，现在是竞争对手，不愿意借钱给没有工作经验的对手。没办法，只好草草出兑，还赔掉了家里辛辛苦苦积攒下的十万元。在设计事业发展时要记住的是：世界没有不挣钱的行业，却有不挣钱的人。

（二）事业发展的大忌——橡皮人

1. 橡皮人的含义

有些地方对橡皮人的注解是"他们没有神经，没有痛感，没有效率，没有反应。整个人犹如橡皮做成的，是不接受任何新生事物和意见的，对批评和表扬无所谓，没有耻辱和荣誉感的人"。

橡皮人的工作状态是领导骂几句就骂几句，同事们作出了什么成绩，自己也无所谓。对什么事情都不疼不痒，经常要参加应酬，根本没时间充电，总感觉很累，但是休息下来又很无聊。

橡皮人的前兆是很多大学生好容易寻求到自己满意的"白领"工作，一年之后即开始感到没有方向，不知前途何在，觉得乏味、空虚等等。

2. 橡皮人起因

（1）工作上有了一些成绩，觉得能胜任工作，再提高标准觉得意义不大，感觉上司有些方面还不如自己，新人更不在话下。

（2）对批评产生了一种"不在乎"的心态，随着自身"免疫力"的增强，让其越来越适应各方面的批评和指责，认为"走自己的路，让别人去说吧"。这种免疫力增强的橡皮模式使得自己越来越世故。

（3）不知道自身合理定位，受到一些挫折，就以为只能维持现状。一方面对现状不满，另一方面心灰意冷，不求上进。

（4）这是初入职场的通病，怀着雄心壮志，却又不切合实际。总是用自己的标准来判断整个世界。失败了，就龟缩一角用橡皮外套麻痹自己。

3. 橡皮人的行为

（1）工作没追求，上班"混日子"。

典型语言：工作就那么回事儿，单位又不是我家开的，干到哪算哪。最关心的已经不再是领导和同事对自己的评价以及在单位里的业绩，只要每个月的工资、奖金按时发给我就好了，别的都无所谓。

（2）抱怨不公平，牢骚四处发。

典型语言：我做得最多，成绩最好，效率最高，可是升迁的不是我。这是什么社会，一点都不公平。今后谁管谁？就是想想自己吧。

（3）定势看工作，不思求发展。

典型语言：我们是国有企业，看见的生活是单调的、日复一日的。几乎现在的生活怎样，二十年后的生活也是怎样。我的倦怠情绪随着习惯无限加深，没有关系网或者出色的交际能力，就只能原地踏步地做同样的事，所以只能郁闷。

（4）不求有功，但求无过。

典型语言：干得再多也无功劳，因为"能者应该多劳"。平平淡淡过得不错，至少没犯错误。干错了自己麻烦，反正我天天上班了。

二、职业经理人发展条件积累

每个大学生都可以根据自己的追求、特点、专业，加上工作中的再学习，寻找个人成就事业的路线，其中在某一层次，需要横向换岗学习提高能力，纵向不可缺少某个环节，如果缺少扎实的基础而急于求成，不是理想的选择。要积累事业发展的资本，因为资本是能带来剩余价值的价值。个人资本是在未来职业生涯中能成倍增值的因素，包括资金积累、技能积累和无形资产的积累。

（一）资金的积累

未来的事业不是个人工作的小打小闹，创业离不开资金。所以，工作发展期的收入要学会合理安排，养成一个"能挣会花"的好习惯。在工作适应期也不乏获取显著收入的年轻人，但是由于缺乏控制使用资金的能力，结果是挣多少花多少。

☞ **分析衔接**

一批刚参加校企合作实践的高职生，最初因为免费食宿，中午一次午餐需要自己承担，结果800元的生活费感到紧张。三个月后有了提成，收入1 500元还是没有剩余。由于工作技能提高，有了奖励，收入2 200元反而借钱。不同时间段都是一种感觉，即钱不够花，这种习惯将是未来创业时的大忌。

（二）技能的积累

想成为管理者，下属技能的提高、纠正、培训等方面的工作都要胜任。工作发展期是个人技能升华期，必须练就一番出色的技能。

1. 个人创造价值的技能

出色的管理者一定在业务上让下属产生敬佩感，在工作中，一个技能不强的人是无法胜任管理他人的工作的。

2. 指导、培训他人的技能

个人的技能出色，可以成为专项工作高手，可以创造出众的价值。但是，作为管理者，还要具备指导、培训他人的技能，点化他人能迅速掌握工作技巧。

3. 激励他人积极性的技能

领导者不仅体现出个人冲锋陷阵的形象，领导者身先士卒是必要的但不是主要的，还要能调动他人干，尤其从"要我干"改变成"我要干"，是需要领导艺术才能实现的。

（三）无形资产的积累

无形资产包括个人的人格、信誉、度量等。人格魅力有时发挥的作用很巨大，有许多成功者在困境时身边不乏同甘共苦者，在利益诱惑面前忠诚不贰，其重要因素不是物质的力量，而是因为人格魅力发挥着不可或缺的作用。信誉是事业成功不可缺少的条件，在社会交往中，诚信就是"个人品牌"的重要组成部分，能给人的一生带来无形的财富。保持宽宏大度是心理健康的一个方面，也是一门做人的艺术，是治理企业之道。宽宏大度要求能容忍别人反对自己，这是创业中难得的美德。

总之，大学生就业后应在适应期间，就开始构思发展期的目标，使个人的就业过程最大限度地实现合理。

三、自我创业发展

（一）创业机会与风险

1. 创业机会

创业机会是指具有时间性的有利情况。失败率是指创业过程出现失败的概率、比例，二者呈正相关关系。

（1）创业机会是可以为购买者、使用者创造或增加价值的产品或服务，它具有吸引力、持久性和适时性。

（2）创业机会是可以引入新产品、新服务、新原材料、新市场和新组织方式，并能以高于成本的价格出售的情况。

（3）创业机会是一种新的"目的—手段"关系，它能为经济活动引入新产品、新服务、新原材料、新市场和新组织方式。

（4）创业机会主要是指具有较强吸引力的、较为持久的有利于创业的商业机会，创业者据此可以为客户提供有价值的产品或服务，并同时使创业者自身获益。

2. 创业风险

对创业风险的界定，目前学术界还没有统一的观点，大多数国内外学者都只针对自己所研究的领域或角度来界定，而并没有将其一般的概念提炼出来。

创业风险是指大学生决定自我创造事业时，某一特定危险情况发生的可能性和后果的组合。创业需要资金、社会关系网络、工作经验等，而这些都是大学生的薄弱环节。

不可否认，目前公认中国是全球创业机会最多的地方，同时也是缺乏科学的创业教育的国家。在这样一个国家里，羡慕创业者成功而激发起来创业的热情，缺乏创业者的基本素质，只能提高创业的失败率。美国的创业教育涵盖了从小学、初中、大专、本科到研究生的正规教育，而我国面临大学生就业难的严峻状态，所进行的就业教育多是道理性认识，充其量是认识上的"临阵磨枪"。

应该看到，教育界的就业部门还是关心大学生就业的，有很强的创业的引导意识，只是采取的方法是传统的"榜样的力量"而缺乏创新性，难以收到实效。用成功者的幸福甜蜜可以使大学生跃跃欲试，却不提供饱尝失败苦果的心理如何提前防卫，也会对大学生产生误导。

📖 分析衔接

网上有一篇博文，提到"在当前大学生就业困难的情况下，用比尔·盖茨和戴尔的创业故事去盲目鼓励刚毕业的大学生创业，是一种误导，也是一种不负责任的做法，就像对待一个姗姗学步的孩子，非要他到田径场上去拼杀，其后果是可想而知的。为了写这篇博文，我上网查看了鼓励大学生创业的各类文章，几乎很多都是没有从事过经营管理，或者不了解生意场的好心人所写的。一般情况下，会写文章的人不经商，经商的人又不写文章，所以形成大量隔靴搔痒的说教，反而容易误导大学生"。

这位作者绝不是在蛊惑人心，学校教育者的好心以及思考问题的起点，与大学生真正创业的处境、心理是不一样的。

就业部门的任何人都是在没有后顾之忧情况下的"纸上谈兵"，如果不是有按时开资的薪水做后盾，而是现在就下岗，是否还能轻描淡写按照自己的说法，自己也真的能够成功就业吗？处于失业惶恐不安的心态下，是否还能冷静地分析如何做老板？如何去克服来自方方面面的突发事件？如何运用经营技巧？如果仅仅会谈方向性、可能性问题，看到打工就业难，就想起何不提倡学生创业，很容易让人想起古代一个皇帝出去巡访，看到灾民没有馍吃，处于饥饿状态，就问自己手下，没馍吃干吗不喝肉粥。因为皇帝平时爱喝，有条件喝肉粥。灾民有肉粥还能饥饿吗？灾民是因为不会做馍、不会做粥才这样吗？

（二）创业能力
1. 大学生要有创业能力

📖 分析衔接

据说1969年中苏在珍宝岛发生了武装冲突，当时苏方出动的是当时最先进的T—62坦克，显然在武器水平上中国边防军处于劣势。但是，最终我国边防军将进入我国领土的苏军驱逐出去，并缴获了当时最先进的T—62坦克一辆。当时的宣传中大量报道的是，很多新兵表现出"一不怕苦、二不怕死"的大无畏精神。私下里却传出，当时很多新兵敢于冲锋，却不会保护自己，甚至背靠大树开枪。其拼命精神能使战斗取得胜利，这一点无可非议。但是，因此多付出牺牲应该是个教训。军人不怕牺牲，绝不是可以不珍惜生命。仅仅学会开枪不是一个合格的士兵，增加了不怕牺牲精神，也不是出色的士兵。能够有效地保护自己，又具备不怕牺牲精神，同时会使用武器，才是一个好兵。

提倡大学生创业，不要仅仅拿出"榜样"来激励，更要告知他们有多少创业苦楚，创业过程中有多少曲折艰难要面对，如果怕学生胆怯只鼓励成功有好结果，回避创业风险，就

有"欺骗"之嫌。如果对创业过程所需的各种能力（专业能力、社会能力、心理素质等）没有讲授俱全，如果所有细节老师也不十分清楚，必然导致发生只教会如何开枪，没教会如何打得准，更没教会如何利用地形自我保护的情况，这是倡导自杀式的冲锋。

创业基本点在于：科学的创业意识和正规的创业教育；合理的创业环境；适合创业的综合素质；相应的工作经验、社会阅历、人脉关系。

这简单的4个方面都是当前大学生的软肋。因此，盲目地倡导大学生创业，不仅对就业难顽疾不能解决，还可能导致更严重的社会问题。

2. 创业需要会创业的老师

教师是一种职业，更是一种事业。作为职业，可以付出劳动按时间收取报酬而心安理得。但作为事业，教师队伍是一类人的集合（传授知识、技能、技艺的同时塑造素质的人），无论是从知识的传授层面，还是做人的标准方面，教师都将影响学生甚至会影响他们的一生。

教师如果讲授的是过时的知识、有弊病的知识、无法使用的知识，则培养的学生命运不佳；教师如果不会做专业岗位的事，则不能让学生由"不会"转变成"会"。在绝对多数教师对创业没有成功的职业教育界，只能给大学生自主创业留下"先天不足"。

（三）大学生创业的误解和误导

1. 大学生对创业的误解

为了拓展就业途径，各级相关组织极力提倡大学生自主创业，甚至银行也给予优惠贷款。这种思路将人们引入一个误区："就业不行可以创业"。

这个误区的关键点在于：这似乎在暗示大学生创业比就业更为容易或者说创业和就业相似。

☞ 分析衔接

在一次毕业生与在校生交流会上，毕业生认真倾诉了如何从最简单的工作起步生存，如何忍受挫折学会交际，如何意志顽强，如何全力竞争等等。在校生对这些似乎兴趣不大，因为做简单工作、挫折、竞争、吃苦都是在校生不喜欢思考且想回避的内容。于是，在校生转移话题说：我们自己创业行不行？一位经历四年社会拼搏已经是一个较大型矿泉水公司销售部副经理的毕业生说：现在提倡创业，不是因为创业比就业容易，是因为就业人多、就业太难、用创业缓解矛盾的一种提议。如果就业一难大家就能改道创业成功，那就业就不会难了。就业难创业更难，做好最简单工作、忍受挫折、顽强竞争，这些不喜欢的事情一样少不了不说，还要承担赔钱的风险。你的资金来源、你的人脉关系、你的管理经验等一切都是空白，谈何创业？

师哥经历过实践的一席话，并不能消除在校生"一相情愿"的幻想，因为创业成功的案例不仅有辉煌的诱惑而且与在校生不愿意吃苦的好高骛远的现实心理相符合。

2. 创业竞赛掩藏下的误导

☞ **分析衔接**

在提倡大学生创业的思路引导下，某城市团委组织了全市大专院校开展大学生创业竞赛，虽然是纸上谈兵，但也唤起了学校和大学生的满腔热情。一个学校的营销专业策划了养猪项目，一个工商管理专业策划开办婚礼、喜庆礼仪公司。创业方案中70%的篇幅是谈创业意义、成功效果，其水平、逻辑性叫老师自叹不如，看来这些创意从网上下载的可能性极大。策划方案的格式、步骤完全符合教材中的标准格式环节过程，看来是接受了懂理论的老师的指导。但是，最重要的内容却不足一页纸，这一页纸上非常乐观地估计：如婚礼、喜庆礼仪公司自己所说，选址是一个至今没人选择的较为繁华的闹市区，一定会有很多公司庆典业务，并且可以让人感到公司业务水平有档次；五个创业的同学各行管理责任，从业务洽谈、接待、财务、策划、市场开发各把一关；国家优惠贷款五万元，每人集资一万元，将这十万元各方面投资分配完毕，五个人每月工资×××元，如果每月保证有××项业务，收入×××元，半年能够收回成本。一个创业方案出来了，视乎能够解决五个人的就业问题。

1）太容易了的诱惑

生活中经常是"太顺利了"的后面连接着"太可怕"的后果，如果创业如此简单，还有谁怕下岗呢？令人感到意外的是，创业方案一个得了全市二等奖，一个得到了三等奖，是很叫人茫然的一个结果。

2）分析后无法解析的问题

首先，分析当一个地点没有一家相同的公司，是因为目前所有经营同类业务的多年的经营者意识不到或因为缺乏专业知识没有发现这个黄金地段，还是这里不适合开公司或者开公司也行但成本过高？这一点大学生清楚了吗？当一个密集居住很多居民的街道，你发现没有一个饭店，是不是就应该尽快开办一个饭店？那些非要集中到一个食品街道挤着开大饭店的老板是不是脑袋反应迟钝？好好想一想，表面看到的有利因素后面，有没有致命的细节问题？

其次，一个单位有礼仪方面的业务，是不是所有相同的公司都在争取，这个单位的业务是随意给任何公司，还是给有亲密人脉关系的公司？是给一个新公司还是给有成熟业绩的公司？作为一个新公司开展业务初期是从老的业务公司"虎口夺食"，靠什么？只能是以质取胜。学生仅仅有书本知识，这个高质量业务靠谁来完成？靠自己还是高薪聘请？靠自己完成，能力不是自然形成的。靠高薪聘请（挖人），会增加多少直接成本？会带来多少对手的挑衅？这些问题在策划中都要涉及。

最后，在黄金地带设置办公室，几个部门隔开需要多大面积？预交一年房费是多少？装修费用是多少？设备购置费是多少？假如房费一年五万元，装修费二万元，办公设备购置费三万元，也就是说，没等开工经费已经所剩无几了。

这样一分析，这还是一个可行的创业方案吗？如果大学生真的这样做了，就不是挣钱的问题了。

👉 分析衔接

政府部门组织大学生搞创业策划竞赛，老师热情组织学生，大学生开发脑筋突发奇想写方案，大家都没有错。但是，任何创业过程不仅仅是靠理论上完美设计、大方向的准确指导和主观上的热情高涨就能成功的。

很万幸的是，做过创业竞赛的大学生没有一个按照得奖的项目去创业，避免了创业失败。但是又引来一个新问题，为什么学的东西就是属于学的，做的事情是另外一回事？这也是创业教育脱离实践造成的。

【网上忠告】

1. 敢于创业的大学生往往不怕吃苦，但创业经商是不会因你能吃苦就成功的。农民工最能吃苦，为什么他们没去创业？因为学习知识与学习了有用的知识有很大的差距，这是许多大学生不易明白的道理。

2. 我国传统的教育观念和教育体制培养出来的大学生，有非常明显的创业缺陷，更多的是比较"听话"的好学生，未必是敢于拼杀、敢于创新的创业骄子。

3. 大学生创业，本质上就是做生意、搞企业，项目、技术、资金、经验、毅力、人员、团队、社会资源等常常是任何一个环节，都有可能把你逼上无路可退的境地，实际上有很多失败，后果不堪设想。

4. 很多自主创业的大学生往往以为自己最终的失败是因为资金短缺，其实资金的问题，只能是创业或做公司的第一步，就是解决了资金问题，也只是"万里长征"才起步，后面的困难也会接踵而至；最为缺乏的是社会经验和社会经历，尤其是社会人际资源。

5. 大量企业成功人士的经历证明：经营企业，你可以不去做违法的事，但是你一定要有应对那些违法乱纪人员和对手的勇气与方法，这是当前中国任何一所大学都没有的功课，也是为什么很多人不适合创业经商的根本所在。

问题：如何在坚定创业信念的同时，理解这些创业忠告？

_____

_____

_____

_____

【案例分析9-1】

三个兄弟的奋斗经历

三个童年伙伴在20世纪90年代初，决定到南方创业，一起经销服装生意。从最初批发零售艰苦创业，同甘共苦，几年后终于初见成效。三个人逐渐有了不同想法，一位对所从事的服装生意充满热情，在已掌握的市场经验的基础上，实现前向一体化的经营方式，开办了自己的服装厂，几起几落，形成了自己的品牌，年销售收入达到上亿元。另一位从小对餐饮业情有独钟，借南方创业之机，对某个菜系产生浓厚兴趣，于是选择将此菜系引入家乡，经过艰苦创业，开设了十几家连锁店。最后一位看到房地产的开发回报率高，感到何不改行做房地产，由于资金有限只能做大公司的下属单位，开始尝到了甜头，后来突遇挫折，将多年的积蓄化为乌有，只好重操旧业，给别人打工。

问题1：第一个成功者的行为策划说明了什么？

_____

_____

问题2：第二个成功者的行为策划说明了什么？

_____

_____

问题3：第三个人失败的缘由是什么？

_____

_____

问题4：你从中有何感想？

_____

_____

_____

【案例分析9-2】

有一位下岗工人经熟人介绍去南方一家公司打工，做最简单的销售工作，卖的产品也是普通的家用清洁工具。然而，家庭的困境引发出其强烈的责任感，靠吃苦精神加上智慧研究，练出了个人的销售技艺，创造了公司销售纪录，一个月工资收入达一万元之多。当他因为老人生病需要照顾而要离开公司时，总经理极力挽留，并帮助他解决了家庭困难，同时扶持他承包了西南一个城市的经营管理。他不负总经理的委托，靠几年吃苦积累下来的技艺，成功地开发了市场，每年为公司创造了上百万元的纯利润，个人收入也发生了惊人的变化。

问题1：这位下岗工人是靠什么成功的？

_____

问题2：从中你有哪些感受？

_____

_____

_____

_____

【课内案例】

吉林市繁华的餐饮街突然出现了一座特殊的饭店，其经营的主要产品是玉米面饺子，玉米主食品种齐全，而且玉米面水饺非常有新意。其经营者是四位上海交通大学的毕业生，体现出与众不同的是每个人的大幅照片、专业出身加上工作角色的简介。其经营风格是文化宣传、营养宣传，粗粮细作符合当前健康食品的潮流，食品配方采取有根据的权威人士扶持，国家权威营养学家的照片醒目地布置在一楼大厅。

如果说全过程策划没有经过严密的论证不会出现如此的场面；如果不是要创造一种未来的大型饮食公司的设想，不会产生名牌学校研究生或本科生甘当服务生的举动；如果不是真实的营养、健康也不会引起顾客盈门。然而半年之后再也见不到踪影，不知什么原因。

【行为导航】

1. 开业分析

（1）开业之初，顾客盈门，自然产生等待品尝的"繁荣"现象，而繁荣的背后却潜藏着危机——等待违背了消费者习惯。消费者习惯等待时应先上一些小拌菜、花生米、卤菜来消磨时间，但案例中的饭店却一样没有。如果想按照现代饮食规范化操作，应该符合麦当劳、肯德基专卖店的营销理念之一——快速。

在中餐领域"行有行规"、"顾客有习惯"，其他饭店很平常的事这里没有，就应该有其他措施能替代，或十分钟能保证上菜，或有独特的替代品，防止顾客无聊等待，看着别人吃饭是一种"痛苦"。

（2）大学生提供服务时可以提供理论上形象价值、人员价值等最大让渡价值，但很多顾客并不会抛弃以往的习惯，文质彬彬的形象总感觉与饭店服务角色不协调，缺乏亲和力。"在商言商"，饭店里是"雅俗共享"的地方，那种略带张扬的招呼，顾及面子的套近乎，不是一下子可以取消的。当时，现场给人印象较好的却是请来临时帮忙的中年妇女，只有她像开饭店的，而几位大学生让人感觉有些滑稽，与饭店服务的角色极不协调。

设想一下，这个饭店一旦成功并建立几个连锁店，这几位大学生完全可以胜任几个部门的管理工作，而且是属于文化型、学习型企业家的特征，不像有些"草根"成功者还需要特意包装。但是在目前小型饭店经营中，客观上要求"做啥像啥"，显然又是失策。

2. 经营中分析

开始可以有半年左右的新鲜感和奋斗追求，接踵而来的将是让人感到烦恼、甚至"欲罢不能、欲干难受"的折磨阶段。客观上，这个阶段会出现庸俗的骚扰、恶意的竞争、违纪分子的刁难、对书生的偏见等等。主观上，面对自己完全可以寻找合适工作的名校大学生，此时此刻完全有理由思考自己有些"自讨苦吃"，于是有许多正当的退却理由。

虽然对到底如何关店的原因不清楚，但是细节没有考虑周到或者细节方面无法处理完全可能。有些细节可能是庸俗的，也可能是未来要淘汰的，但即使这样，这些细节在目前依然能够决定事物发展的成败。

问题1：你认为对案例的分析是否有道理？你还有哪些补充性看法？

_____

_____

问题2：如果从这个饭店必须坚持到底的角度分析，应该如何操作？

_____

_____

_____

复习思考题

1. 工作发展策划的内容、意义有哪些？
2. 试述就业被接纳的状态分析。
3. 人际交往为什么要进行细节策划？
4. 简述工作细节设计内容。
5. 如何提高工作效果？
6. 事业的发展途径有哪些？
7. 创业有哪些风险？